日本語随筆テクストの諸相

ひつじ研究叢書〈言語編〉

【第41巻】発話行為的引用論の試み-引用されたダイクシスの考察　中園篤典 著
【第42巻】現代日本語文法　現象と理論のインタラクション
　　　　　　　　　　　　　　　　　　　　　　　　矢澤真人・橋本修 編
【第43巻】日本語の助詞と機能範疇　　　　　　　　　青柳宏 著
【第44巻】日本語のアスペクト体系の研究　　　　　　副島健作 著
【第45巻】九州西部方言動詞テ形における形態音韻現象の研究　有元光彦 著
【第46巻】日本語における空間表現と移動表現の概念意味論的研究
　　　　　　　　　　　　　　　　　　　　　　　　　　　上野誠司 著
【第47巻】日本語助詞シカに関わる構文構造史的研究-文法史構築の一試論
　　　　　　　　　　　　　　　　　　　　　　　　　　　宮地朝子 著
【第48巻】授与動詞の対照方言学的研究　　　　　　　日高水穂 著
【第49巻】現代日本語の複合語形成論　　　　　　　　石井正彦 著
【第50巻】言語科学の真髄を求めて-中島平三教授還暦記念論文集
　　　　　　　　　　　　　　　　　　鈴木右文・水野佳三・高見健一 編
【第51巻】日本語随筆テクストの諸相
　　　　　　　　　　　　　　　　　　高崎みどり・新屋映子・立川和美 著
【第52巻】発話者の言語ストラテジーとしてのネゴシエーション（切りぬける・交渉・談判・掛け合い）行為の研究
　　　　　　　　　　　　　　　　　　　　　　　　　　　クレア マリィ 著
【第53巻】主語と動詞の諸相-認知文法・類型論的視点から　二枝美津子 著

ひつじ研究叢書〈言語編〉第51巻

日本語随筆テクストの諸相

高崎みどり・新屋映子・立川和美 著

ひつじ書房

Excerpt

Preface

The articles collected in this book discuss the characteristics of Zuihitsu from a perspective of text/discourse analysis, based on a vast corpus of five hundred pieces of Zuihitsu. Zuihitsu is a genre of writing which is unique to Japanese and distinct from what is called "essei" or "koramu" (See Tachikawa in this volume). Zuihitsu covers a wide range of issues. Its topics include travel, films, performing arts, music, news and miscellaneous episodes related to writers' occupations. The backgrounds of writers vary as well. There are no rigid rules for Zuihitsu writing. Zuihitsu, with such diversity and flexibility, has tempted many people to read and/or write and established itself as one of the most familiar writing genres for the Japanese.

The data analyzed in this collection comprise five hundred pieces of 「巻頭随筆」 [Kanto Zuihitsu; The Leading Zuihitsu] that appeared 『文藝春秋』 [*Bungei Shunju*], a monthly magazine, from April/1999 through August/2003 issue for they are considered as a prototype of Zuihitsu. Each piece contains approximately two thousand Japanese letters. They are incredibly diverse in terms of the topics. The writers are not only professional writers but also people in various occupations such as musicians, film directors, actors, academics and businesspeople.

In this book, Tachikawa explores how referring expressions are used across the data (Chapter 1,2). Takasaki analyses predicates that appear at the end of sentences, i.e. sentence-ending predicates, and quotations and repetitions with special reference to some properties of the texts (Chapter 3). Shinya focuses on the usage of nominal predicate sentences and examines what they express (Chapter 4). Tachikawa argues that Zuihitsu stands an independent genre of its own (Chapter 5). The followings are abstracts of each chapter. Note that translations of terminologies reflect each contributor's discretion and thus may not be consistent across the chapters.

This book is published by the support of Grant-in-Aid for Publication of Scientific Research Results.
(Midori Takasaki)

Chapter 1   The earlier studies about Reference in Text

In this chapter, I survey some earlier studies about reference both in Japanese and in English to see the fundamental theory.

1.   A history of study about reference in Japanese text analysis

The first attempt to analyze the Japanese written text was made by Tokieda (1950). This study pointed out that the essence of reference study is to clarify the relationship between speaker and their expression. After that Ichikawa (1978) followed this study and viewed the usage of reference (*kosoado* in Japanese text) as follows.

[Usage of reference]
1. To point to the real fact on the spot to highlight the fact
2. To indicate something in the text
3. To indicate something outside of the text

In this indication Ichikawa also thought that in some cases text readers recognized the meaning of reference through text reading, and this comment is noteworthy.

In Nagata (1995) we can see his unique way of observing text, which is called *"Renbunron"* (observing text as chains of sentence). In this study endophoric reference is called *"Mochikomishi"*, and it defines its meaning by taking into account the meaning of preceding (following) sentence.

The works of Hayashi (1983) and Ikegami (1983) introduce text linguistics in English. Hayashi (1983) focused on regaining the meaning in using the reference from a grammatical point and a semantical point. Ikegami (1983) classified reference, such as Endophoric reference and Exophoric reference. The former is subdivided into anaphora (backward) and cataphora (forward). These terms were popularized by Halliday & Hasan (1976).

In recent studies, Iori (1994) pointed out that demonstrative pronoun *"ko* and *so"* are important means of cohesion, while *"a* and *so"* are those of information management. Kameyama (1999) analyzes references in discourse from both quantitative linguistics and artificial intelligence. Besides these, there are see many studies about reference. For example, there are studies about cataphoric reference (Baba (1982), Takita (2001)), and about demonstrative pronoun *"a"* form which is often said that we cannot find the meaning in text but in writers' mind, so *"a"* form is seldom picked up in analyzing text. (Haruki (1991), Togo (2000) and Okazaki (2002))

From a grammatical standpoint Kinsui and Takubo (1992) analyze reference in Japanese by using discourse management theory, which explains the functions of reference through mental space theory.

2. Studies about reference in English text: As a means of cohesion

In English grammar, "demonstrative" or "reference" are divided into Exophoric reference and Endophoric reference. The latter is the textual reference, subdivided into anaphora and cataphora. After Halliday & Hasan (1976) pointed out that reference is one of important means of cohesion, we can see a lot of reference studies in text. For example, Brown & Yule (1983) analyze the text by means of "co-reference", and McCarthy (1994) presents the study of Fox (1987) which clarifies how pronouns work in a segment part of the text.

All of the above is the outline of reference study in English text linguistics. In this area the reference is thought to function as a means of cohesion and coherence in the text.

Chapter 2   Reference in Japanese Zuihitsu text: In case of "Bungeishunju"

1. Introduction

In this chapter I investigate how references appear and function in Japanese zuihitsu text. For this investigation I use some prior research for a reference not only in Japanese text analysis but also in English text linguistics.

2. The framework of this study

First, I notice the fact that reference in text is an important item of coherence and cohesion. Second, I consider that reference has an important role for text understanding in this respect that it shows the writer's attitude to the object, and that it turns over the preceding contents to the following ones.

In this study I investigate demonstrative (Japanese *ko*, *so* and *a*) in zuihitsu text and use the framework as follows. This framework is based on the study of Horiguchi (1978) and Halliday & Hasan (1976).

[The classification of reference in this study]
   [Use 1]   Exophoric reference (situational reference)
   [Use 2]   Reference which isn't relevant to the where receiver is (ex. *konogoro* which means these days or nowadays)

[Use 3] Reference which points something in writer's mind (this type is often seen in *a*-form.)

[Use 4] Endophoric reference (textual reference: anaphoric, cataphoric)

Because I analyze the written text, main usage will be endophoric reference ([Use 4]). However, I consider that all reference in text must have been influenced by the context.

For example, in Japanese some *so*-group (ex. *sokokara*) cannot distinguish reference from conjunction. Yet in this study if the meaning of reference is understood by the contents of the text, all cases are interpreted as reference. In prior research in Japanese text, idiom phrase and interjunction, such as "*Souda!*", "*Are?*" are excluded, but every reference in text are thought to have a relationship to the context in some way, so these are analyzed as well.

In addition to these, I will check about postpositional nouns and particles because they are also important items in text development.

3. The references in all of the corpus.

In this study I use the database which contains 500 zuihitsu text, "*Kantou Zuihitsu*" (Essays in Opening Page in "*Bungeishunju*") by Excel. In this chapter I describe the references in whole database of this.

The references (demonstratives) totaled 9357 examples, and *ko*-group is about 38%, *so*-group is about 58%, and *a*-group is about 4%. I will explain about the characteristic of each demonstrative usage below.

Concerning *ko*-group, [Use 2] (see proceeding section), which indicates writers' area or view is often used and [Use 1] is also seen frequently.

So-group and *a*-group are often used as idioms or interjunctions and this usage is especially so in conversation parts in text.

In *a*-group, "*ano*" and "*are*" forms are often used as [Use 3]. In this usage the writer explains the meaning of "*a*" in detail thorough text, therefore writer can share their specific view and experience with the reader of the text.

4. The concrete data of references in Japanese zuihitsu text.

In this section I explain the function of reference in zuihitsu text concretely. For this I selected arbitrary 50 texts in database above.

4.1. Study items and criterion

[About reference]

I analyze two points about reference. First, in what part of the text does the reference exist. Secondly what does the reference mean. These points demonstrate the function of cohesion in text. Especially about *ko*-group and *so*-group I pick out postpositional noun and particle because they show the way of contribution to the text development.

[About genre]

First, I check the theme of the text: whether its theme is about oneself or another person, and whether about persons (animals) or facts. Secondly, I check the text style: whether descriptive or logical, and whether emotional or intellectual.

Most of the zuihitsu texts are "other-facts-descriptive-intellectual" type, or "other-facts-logical-intellectual". However, the descriptive and persons (animals), the intellectual and others have a close relation.

4.2. The result of investigation

4.2.1. The frequency of reference in zuihitsu text

By investigating 50 zuihitsu texts I calculate an average of frequency per text as follows.

ko-group=6.86   *so*-group=10.62   *a*-group=0.66

whole frequency of reference per text =18.14 (max=30, min=8)

We cannot see a remarkable distinction in frequency distribution, therefore we can conclude that usage of reference is diverse from text to text. This means that as a genre "zuihitsu" contains various kinds of text and each writer's style comes out clearly in each text. This diversity of text character leads to a feature of zuihitsu reading.

4.2.2. Reference and cohesion

I analyze characteristic of this genre by comparing texts which have many references to texts which have a small number of references.

First, writers who often use reference tend to use the demonstrative *so*-group frequently. *So*-group tends to cover the narrow part of the text. Therefore, it is used frequently. For example, *so*-group in the first sentence of the paragraph often points to the preceding part of the same sentence.

Second, *ko*-group, when used as [Use 4] (endophoric reference) often points to the broad part of the text, and when used as [Use 2] often has a characteristic that both writers and readers see the context from the same point of view. This character shows that zuihitsu is the genre which has a character of discourse although it is written text. This effect relates to building a tight relationship between writers and readers, and to making a field where both can stand together.

Next, I will discuss postsituational particles. First, we can see the peculiarity in the particle "-*no*", in form of "*ko*-group + noun 1 + -*no* + noun 2". In this form noun 1 can have the special meaning which is peculiar to the text, and after that noun 2 focus is on a specific meaning of noun 1 and shows the direction of the text development.

Second, *so*-group, which is often considered to include an objective attitude, combines with the particle *ni*-form which means time and space, and indicates the change of time and space in text.

Third, "*de*" form, when used with *ko*-group, has various usage such as cause, and condition, but when used with *so*-group more than half of its usages are scene.

Finally, if a postpositioned noun occurred with cataphoric reference it often becomes hyperonym of the following contents, so it predicts the contents of following text and makes a cohesive tie in the text.

4.2.3. Reference and Genre.
We can see that the text which has a lot of *so*-group often describes about others and has a descriptive style, and the text which has a lot of *ko*-group describes about persons or animals. Other than this no particular character of this genre can be seen as zuihitsu genre. This fact means, this genre contains various types of subgenre and each text contains various features as well.

The text which contains *a*-group is often "descriptive" and its theme is about "person or animal", and demonstrative *a*-group points to something which exists in writer's mind. Above this we can understand that in this type of zuihitsu text the writer stands for the reader's side. This technique is often used in zuihitsu and as a result, the writer approaches the reader to share the same viewpoint.

5. Conclusion
In zuihitsu text the writer tends to think about the reader's situation. Therefore, the relation between the two becomes so tight it is as if they have created an oral discourse in the same field.

Chapter 3 The characteristics of Zuihitsu
1. Introduction
Aiming to understand the characteristics of Zuihitsu, this chapter focuses on sentence-ending predicates and quotations. Previous studies on sentence-ending predicates and quotations mainly deal with their forms within the framework of

sentence grammar. The present approach examines them in the light of the whole texts which contain them.

2. The sentence-ending predicates
2.1. Study 1

Predicates of sentences in Zuihitsu are examined first. Typologically, Japanese is a SOV language and its V corresponds to a predicate. To be more specific, a predicate in a Japanese sentence is a combination of a verb (V), noun (N) or adjective (A) and a particle (joshi) or helping verb (jodoshi). The category of joshi/jodoushi embraces formalized (i.e. grammaticalized) verbs, nouns, and adjectives. For example, in such a sentence as まず学者のなかには少ないといってもよい [mazu gakusha no naka ni wa sukunai to itte mo yoi] (from 「気配りとずるさ」 [Kikubari to zurusa; Consideration and slyness]), 少ないといってもよい [sukunai to itte mo yoi] stands as its sentence-ending predicate.

There are 21,447 sentences in the data, each of which involves one sentence-ending predicate. Among the set of 21,447 sentence-ending predicates, 2,374 combinations of parts of speech are found. The most frequent one is the combination of V -ta; there are 4,372 instances of this combination. The following is the list of the eight most frequent combinations:

1. V-ta
2. V
3. V-teiru
4. N -dearu
5. N
6. N-teita
7. N-datta
8. A

For other somewhat less frequent combinations, 1,627 combinations are found to have only one instance respectively. That is, although the writers exploits a wide range of combinations, they recurrently use limited types of combinations, particularly those with a V or N.

The most frequent combinations as shown in the list above are relatively simple in terms of their forms, i.e. a V, N or Adj followed by -ta/-teiru or by no other elements. The less frequent ones are in general longer and more complicated, such as N+になっていないことだろう [N ni natte inai koto darou] and V+ているζとも疑えない [V te iru koto mo utagae nai].

The data suggests that V, N and A are essential for sentence-ending predicates. Also suggested is that V is used most frequently. The usage proportion of V, N and A is 7.6:3:1.

2.2. Study 2

Here two pieces are drawn out for a detailed text analysis. One is (i)「母の死」 [Haha no shi; The Mother's death], which depicts the writer's mother at her death; the other is (ii)「気配りとずるさ」[Kikubari to zurusa], in which a university professor reviews a politician's autobiography. A comparison of (i) and (ii) demonstrats that these texts differs in the variation of sentence-ending predicates. While (i) uses certain limited combinations, (ii) exploits various combinations. (i) contains 16 short and simple combinations (e.g. V-ta, and V-teita). (ii), on the other hand, contains 36 combinations (e.g. N+だといってもよい [N+ da to itte mo yoi], N+かもしれないという気がしてくる [N+ kamo shire nai to iu ki ga shite kuru], and V+ているほどなのだ [V+ te iru hodo na noda]).

Another difference between (i) and (ii) is captured when their themes and writing styles are taken into consideration. (i) unfolds the death of the writer's mother in a descriptive way. Without using many modal expressions, the writer conveyed his deep-hidden grief and provoked readers' sympathy. In comparison, (ii) dealt with a politician's personal account and carried a number of modal expressions of judgment and explanation. By putting various elements together into sentence-ending predicates, the writer makes his argument objective and persuasive.

3. Repetition

Previous studies in general discuss repetition from a quantitative perspective. This chapter addresses patterns in which a word or a string of words (henceforth referred to as "phrase") recurrs along with a linear development of Zuihitsu texts. A typical piece of Zuihitsu generally consists of, and was developed in the order of, the seven components; The components are Daimei (title, henceforth abbreviated as D), Hissya mei (writer's name), Shokugyo mei (writer's profession, henceforth P), Boto bun (lead, henceforth B), Zenhan (the former half of the body, henceforth Z), Kohan (the latter, henceforth K), and Saishu bun (conclusion, henceforth S).

According to this linear organization model above, the repetitions in Zuihitsu are first divided into three types. When a word/phrase in D is repeated, the instance is categorized as Type I (D-originating repetition). When a word/phrase in P or B is repeated, the repetition is categorized as Type II (P-originating repetition) or Type III (B-originating repetition), respectively. As a writer's name generally appears only once, its repetition is not considered.

Repetitions of Type I, II and III are then subdivided into patterns. A pattern is determined by identifying where in texts the word/phrase is repeated. For instance, when a word in a title is repeated in the B and Z, the repetition is considered as DBZ pattern.

With this categorizing formula, 50 pieces of Zuihitsu are analyzed. The result obtained is as follows. 207 instances of repetition are found. That is, there are approximately 4.1 instances in every piece. Some texts contains more instances than others, but all of the texts examined includs at least one instance of repetition. Type I has 100 instances (48.4%), Type II has 22 instances (10.0%), and Type III has 85 instances (41.6%). The most prevalent pattern turns out to be the BZ pattern (35 instances), followed by the DZK pattern (34 instances). An exhaustive pattern of DPBZKS is possible according to this formula, but no instance is found.

In addition to this categorical approach, two pieces are examined for text analysis. One of them, titled 役をつとめる [Yaku o tsutomeru; To play a role], was written by a 60-year-old kabuki actor pondering his past career and future mission. The other is titled 秘密のコレクション [Himitsu no korekusyon; My secret collection] centered on the writer's own collection. They differs in variation of the frequency of repetition and the repeated words. The former contained 74 instances of repetition, repeating 9 particular words/phrases. In the former, repetition of Type Ⅰ, Ⅱ, and Ⅲ are all observed. The latter contains only 10 instances, repeating 3 words/phrases but no instance of Type Ⅲ is found.

4. Quotation

The data contains numerous descriptions of verbal activities and linguistic expressions presented at some moment by the person (s) being depicted or by the writers themselves. That is, Zuihitsu is rich in quotation and quasi-quotation. While quotation is discussed in terms of its forms, it may be worth approaching the use of quotation from a different angle.

As Takasaki (2005a) reformulates, quotation means incorporating a text into the text just being made. An incorporated text is originally produced in a situation which is temporally/spatially distinct from the situation of quoting. There is a great diversity of texts being incorporated. Some are spoken language and others are not. Even a fabricated text may be incorporated. The length of quoted text varies. The original speaker may be a writer him-/herself or someone else.

For this being a case, to quote a text entails to incorporate a text of different origin into an ongoing text. When making a quotation, a writer risked the consistency of a text as a whole. In order to keep the whole text in progress consistent, the writer needs to modify the original text in one way or another. Some writers explicitly noted that they made some modifications to the original, others implied that. In some cases, quotations shows writers' evaluation or emphasizes their objective ways of writing. In other cases, quotations serves as modifiers similar to metaphor/simile, describing entities or events. In addition, when a writer's own arguments are quoted with such forms as といえる [to ieru], といってもよい [to itte mo yoi] and the like, such a quotation externalized the writer's argument and convinced readers of his/her objectivity.

The two pieces discussed in the previous section are analyzed again. The case (ⅱ) is in some sense a meta-text, since it is a review of a politician's autobiography. (ⅱ) incorporates many texts which are originally produced in situations disconnected from the situation in which (ⅱ) is being developed. (ⅱ) contains 16 instances of quotation. It turns out that they fall into one of the following categories.

① Extraction of the politician's arguments from his biography
② Rhetoric for persuasion
③ Idiom or formalized meta-linguistic expression

① is taken as prototypical, but ② and ③ also stand as quotations. In (ⅱ), an example of ② was 他人への気配りは日本人の美徳と言われてきた [tanin he no kikubari wa nihonjin no bitoku to iware te kita]. By deploying this quotation in the lead, the writer avoids making too assertive a statement which might cause his readers' antipathy. It is as if he only represents a common belief on behalf of other members of the society. Examples of ③ are formulaic expressions such as 奇麗事を言う [kirei goto o iu] and meta linguistic expressions such as 逆に言えば [gyaku ni ieba]. It appears reasonable that such different quotations are observed in (ⅱ). ① is essential as the writer is reviewing a text produced by another person; ② is necessary for the writer to support his argument; and ③ seems to be motivated by the fact that development of texts often relies on certain formulaic quoting expressions.

(i) turns out to be very different from (ii). 40 instances are observed in (i). (i) centers on the episode that the writer's mother passed away in the hospital and he describs where the episode took place and how it evolved. He integrates descriptions of events with conversations. (i) in fact includes a number of duplications of actual utterances. Compared with (ii), (i) relies exclusively on ①, but not on ② or ③.

Chapter 4   Japanese Sentences with Nominal Predicates in Zuihitsu

In Japanese texts we find a considerable number of sentences with nominal predicates. This paper explores types and functions of such sentences that appeared in Japanese essays known as zuihitsu. The materials examined are 50 opening essays in "Bungeishunju" (Apr.-Sep. 1999).

Sentences with nominal predicates in the data could be classified into the following types based on their semantic structure. The figure in parentheses shows the number of examples.

1. Predicational sentence <1> (131) e.g. *Tarō-wa chōnan-da.* Taro is the first son.
2. Predicational sentence <2> (70) e.g. *Tarō-wa kesseki-da.* Taro is absent.
3. Specificational sentence focusing on the following clause (80)
    e.g. *Kore-o tsukutta-no-wa Tarō-da.* It is Taro who made this one.
4. Specificational sentence focusing on the preceding clause (7)
    e.g. *Tabako-no hi-no fushimatsu-ga gen' in-da.*
    Failure to put out the cigarette fire caused the situation.
5. Specificational sentence focusing on both preceding and following clauses (17)
    e.g. *Wasurerarenai-no-ga sono toki-no Tarō-no kotoba-da.*
    What I can never forget is Taro's words from the time.
6. Neutral sentence (15)
    e.g. *Nishi-no sora-ga yūyake-da.* The sky in the west is aglow at sunset.

7. Subjectless sentence (108)   e.g. *Ame-da*. It's rain.
8. Sentential noun phrase (51)   e.g. *Are-kara 5 nen*. 5 years since then.

These sentences with nominal predicate perform respective functions in each text such as to be key sentences, to be discourse markers, to specify informational structure, and to give sentences rhythm. Nominal predicates, unlike verbs, do not have categories such as voice, potentiality, aspect, and volition, yet they bring remarkable expressiveness to texts with their structural characteristics and the properties of 'noun'. Frequent use of nominal sentences, especially of not typical types, is related to the fact that zuihitsu is a genre in which authors can write in a free and easy style compared to bookish or stiff texts that are seen in academic papers or editorials. Japanese is considered to be a verb-oriented language. But the result of this study suggests that Japanese can also be said to be noun-oriented in a sense that situation is often seized and expressed by nominal sentences.

In conclusion, nominal sentences of each type clearly show features of Japanese language that are topic-oriented (rather than subject-oriented), predicate-centered, and high-context (rather than low-context).

Chapter 5   Characteristic of zuihitsu as a genre.
1. Genre theory

There are a lot of problems on how to identify a certain text genre because it is very difficult to set up the criteria and judgement may be different between people. Every genre exists within other genre so we always have to think about inter-textuality and trans-textuality.

In Japanese text analysis, genre theory began in the late 19th century, and these days text genre is decided mainly by its purpose. Ichikawa (1978) is the typical example of this theory and has classified text genre through the character of readers, as follows.

[Classification of Text Genre]
Type 1. Text for particular reader: correspondence, notification, declaration, report, certificate, and contract.
Type 2. Text for the general public: explanation, documentary, announcement, article, advertise-ment, answer, and rule.
Type 3. Text for the reader who may read the text afterwards: record

Hirasawa (1992) shows the resemblance among 13 genres by using dendrogram, and divides them into 4 types; message, persuasion, feeling, and a combination of these.

Besides these many studies refereed to text genre, yet zuihitsu does not have a fixed position as a genre in Japanese.

Also in English text analysis it is said that boundary between one genre and another may appear to be arbitrary. The genre of the text often divides in two categories, one is narrative and the other is non-narrative. The former is chronologically organized and the latter is non-chronological. With more circumstances, Aristotle pointed out in "POETICS" that there are three text categories, which are narration, description, and argumentation. In recent studies Kinneavy (1971) recognizes the forth category 'expression' which includes essays and summaries. Furthermore Longacre (1976) puts up four categories of text, which are narrative, procedural, expository, and hortatory.

Yet, we cannot see the definite theory about essay as a genre in English, either. It may be difficult to regulate its properties.

2. On zuihitsu in Japanese
2.1. What is zuihitsu?
Zuihitsu is a genre whose theme and style is fluid and writers can choose their style as they like. This character has been the same as the text from classical to modern times. Moreover, in this genre we can see various kinds of matter, for

example, writers experience, opinion and comment. It is difficult to recognize a particular style or structure in this genre.

2.2. The history of zuihitsu in Japanese.

It is said that *"Makuranosoushi"* (written in the 11th century) and *"Tsurezuregusa"* (written in the 14th century) are the origin of the typical zuihitsu text in Japanese. In Edo era zuihitsu text began to have humorous or ridiculous contents and not only writers but also readers began to enjoy the text.

In Meiji era most traditional zuihitsu writers described themselves objectively, while new writers began to choose the broader theme of society. More and more novelists of that age began to write zuihitsu text. At the end of the Taisho era, zuihitsu was widely admitted as one genre of the text. In the Showa era people were able to enjoy the essay in translation, after World War II, zuihitsu has been written not only by men of letters but also by people in many fields. Today because of this diversification of writers, zuihitsu is thought to be the genre which best expresses the writer's personal experience and opinion.

3. On essay in West and in Japan

The essay history in the West began from "Essais" by Montaigne in 1580 in France. This was published as a text which did not have the right text organization and whose contents were only the writer's own opinion. In the 17th century some moralists used this style, for example, "Pansées" by Pascal. Almost at the same time in England essays were published, such as "Essays" by Bacon and "Essays of Elia" by Lamb. This genre in the West covers topics from comments on science and art to philosophy and autobiography. All drew the reader's intellectual interest.

Today the essay is thought as a genre which is written by students as a part of a course of study or by a writer writing for publication. Essays are well organized, so usually they have the three clear sections, introduction, body, and conclusion.

In Japan there are many writers who call themselves "essayist" and essay can be read broadly. This kind of text has philosophical touch which is often seen in aphorism, while zuihitsu strongly reflects the taste of the writer.

4. The characteristic of zuihitsu text: difference from essay

From above zuihitsu and essay are different genre although there are common points. The reasons are as follows.

1. Both of them do not have the influence of the other genre in process of completing genre.
2. Essay often connotes complicated logic, although writer writes it freely.
3. The theme of zuihitsu text is often set up by reader's pleasure.
4. Zuihitsu shows writer's style strongly but writers insists on their opinion in a very moderate way.

So we can see zuihitsu as a genre which is unique in Japanese text and by studying this genre we can understand the characteristic of Japanese text itself.

目 次

Excerpt ... i

序 章 本研究の位置づけについて ... 1

第1章 テクスト分析における指示語の先行研究 ... 3

   1. 文章論・テクスト分析における指示語の先行研究 ... 3
   2. 日本語における指示語研究の歴史 ... 4
      2.1. 文章論における指示語に関する研究 ... 4
      2.2. 近年の指示語に関する研究 ... 7
   3. 英語におけるテクスト内の指示語に関する研究
      —結束性 cohesion との関係— ... 10

第2章 随筆の指示語
     —『文藝春秋』の巻頭随筆を対象として ... 17

   1. はじめに ... 17
   2. 本章における分析の枠組み ... 17
   3. コーパス全体に見られる指示語出現の概要 ... 23
   4. 随筆に見られる指示語の具体的な出現傾向 ... 27
      4.1. 指示表現に関する調査項目と認定基準 ... 27
      4.2. ジャンル特性に関する調査項目と認定基準 ... 29
      4.3. 調査結果 ... 31

		4.3.1. コ・ソ・アの出現状況	31
		4.3.2. コ・ソ・アと結束性	35
		4.3.3. コ・ソ・アとジャンル特性	46
5.	おわりに		48

第3章 随筆テクストの文章特性　　55

1. はじめに　　55
2. 随筆テクストにおける文末表現　　59
    - 2.1. 「文末」の範囲　　59
    - 2.2. 全体の文末形式の概観　　61
    - 2.3. 具体例に即して　　62
        - 2.3.1. 二つの文章の文末形式比較　　67
        - 2.3.2. モダリティとの関連について　　68
        - 2.3.3. モダリティの文脈決定性　　69
        - 2.3.4. V・N・Aの割合について　　70
        - 2.3.5. 文体との関わり　　70
    - 2.4. まとめ　　71
3. 随筆テクストにおける語彙　　74
    - 3.1. はじめに　　74
    - 3.2. 語句の反復パターン——随筆50編の分析　　75
        - 3.2.1. 「境界テクスト(パラ)」を対象に含めることについて　　75
        - 3.2.2. 反復パターンの設定　　78
        - 3.2.3. 50編の語句反復パターン一覧　　79
        - 3.2.4. 分析　　88
    - 3.3. 具体的なテクストを対象とした分析　　91
        - 3.3.1. 「36.役を勤める」の語彙分析　　92
        - 3.3.2. 「31.秘密のコレクション」の語彙分析　　101

3.4.　まとめ　　　　　　　　　　　　　　　　　　103
　4.　随筆テクストにおける広義引用表現　　　　　　　　104
　　　4.1.　はじめに　　　　　　　　　　　　　　　　　104
　　　4.2.　"広義引用表現"の範囲　　　　　　　　　　　105
　　　4.3.　具体例に即して　　　　　　　　　　　　　　107
　　　　　4.3.1.　「母の死」の広義引用表現分析　　　　107
　　　　　4.3.2.　「気配りとずるさ」の広義引用表現分析　110
　　　4.4.　まとめ　　　　　　　　　　　　　　　　　114
　5.　本章のまとめ　　　　　　　　　　　　　　　　　115

第4章　随筆の名詞文　　　　　　　　　　　　　　　　121

　1.　はじめに　　　　　　　　　　　　　　　　　　　121
　2.　データについて　　　　　　　　　　　　　　　　123
　3.　名詞文の使用率　　　　　　　　　　　　　　　　126
　4.　随筆における名詞文の類型　　　　　　　　　　　127
　　　4.1.　措定文　　　　　　　　　　　　　　　　　128
　　　　　4.1.1.　措定文〈1〉　　　　　　　　　　　　129
　　　　　4.1.2.　措定文〈2〉　　　　　　　　　　　　135
　　　4.2.　指定文　　　　　　　　　　　　　　　　　141
　　　　　4.2.1.　後項指定文　　　　　　　　　　　　141
　　　　　4.2.2.　前項指定文　　　　　　　　　　　　146
　　　　　4.2.3.　無前提後項指定文　　　　　　　　　147
　　　4.3.　中立叙述文　　　　　　　　　　　　　　　151
　　　4.4.　無主語名詞文　　　　　　　　　　　　　　152
　　　4.5.　名詞句独立文　　　　　　　　　　　　　　159
　　　4.6.　その他　　　　　　　　　　　　　　　　　166
　　　4.7.　まとめ　　　　　　　　　　　　　　　　　166
　5.　文章例　　　　　　　　　　　　　　　　　　　　172

6. おわりに　　　　　　　　　　　　　　　　　　　　177

第5章　随筆のジャンル特性　　　　　　　　　　　　185

　　1. ジャンル論　　　　　　　　　　　　　　　　　　185
　　2. 随筆について　　　　　　　　　　　　　　　　　193
　　　　2.1. 随筆とは何か　　　　　　　　　　　　　　193
　　　　2.2. 日本における随筆の歴史　　　　　　　　　195
　　　　　　2.2.1. 中古　　　　　　　　　　　　　　　196
　　　　　　2.2.2. 中世　　　　　　　　　　　　　　　196
　　　　　　2.2.3. 近世　　　　　　　　　　　　　　　197
　　　　　　2.2.4. 近代　　　　　　　　　　　　　　　198
　　3. エッセイについて　　　　　　　　　　　　　　　201
　　　　3.1. 西洋におけるエッセイ　　　　　　　　　　201
　　　　　　3.1.1. 西洋におけるエッセイの歴史　　　　201
　　　　　　3.1.2. 西洋におけるエッセイのジャンル的
　　　　　　　　　　位置づけ　　　　　　　　　　　　201
　　　　3.2. 日本におけるエッセイ　　　　　　　　　　204
　　4.「随筆」の特異性―エッセイと随筆との違い―　　205

随筆500編題名一覧　　　　　　　　　　　　　　　　　211
あとがき　　　　　　　　　　　　　　　　　　　　　235
索引　　　　　　　　　　　　　　　　　　　　　　　237

序章　本研究の位置づけについて

　本研究は、平成15・16年度科学研究費補助金（基盤研究C2）を受けた「日本語の談話における結束性の研究」（高崎みどり・研究代表　新屋映子・研究分担者）において得たデータを使って、新たな角度から分析を加えたものである。平成17年6月に報告書を提出したあと、科研の研究でもデータ整理や専門知識提供の面で協力した立川和美を加えて研究会を継続しており、その成果をまとめた。ゆえに、本書の内容は科研費で得たデータを使用してはいるが、研究内容は報告書と同じものではない。

　本書の意義は、随筆500編という多量のデータを、文章談話研究の角度から分析したところにある。

　まず、データについて紹介する。随筆というのは、本書の5章において立川がまとめたように、エッセイやコラムとも異なる、きわめて日本的なジャンルと言える。職業のこぼれ話から、紀行文や映画・演劇・音楽などの芸術論、またニュース性の濃いもの、など幅広く、書き手も多岐にわたり、書き方にも厳しいきまりもない、緩やかなジャンルである。それだけに日本人の間で好んで読まれ、また、文章のプロもそうでない人も気軽に書く。日本人にとって最も身近な文章と言えよう。その典型的なものが、月刊雑誌『文藝春秋』の「巻頭随筆」である。

　この『文藝春秋』（文藝春秋社）の、1999年4月号〜2003年8月号までの「巻頭随筆」から、500編とった。ただし復刻特集号や非日本語母語話者の随筆は除外してある。また、毎号「巻頭随筆」の始めに位置する阿川弘之のシリーズ「葦の髄から」は、2002年11月号の「新世紀の笑ひもの」他1編

のみをとって、あとは除いた。同じ書き手が何十編もとられると、数字データをとった場合影響がでる可能性を考えてのことである。

　各随筆はほぼ2000字前後の長さである。500人にわたる書き手の職業は、作家や評論家など文筆家ばかりでなく、音楽家・映画監督・俳優やマスコミ関係者、学者や実業家、など多岐にわたっている。テーマにいたっては千差万別と言ってよいであろう。

　各人の分担内容を目次にそって簡単に紹介する。まず、立川は、上述の科研においてデータ整理と専門知識（主としてテクスト言語学における欧米文献の整理・抄訳）を提供、また研究会での議論に加わった経験から、第1章に先行研究、第2章に指示語の出現傾向の諸相についてまとめた。高崎は「文章特性」という角度で、文末表現・語彙・引用表現の3種の観点から見た結果を第3章にまとめた。新屋は「名詞述語文」という角度から、表現性も含めた名詞述語文の使用実態を調査し、第4章にまとめた。また、立川は第5章において、随筆のジャンルとしての位置づけを行った。

　これらの内容は、先行研究などを十分踏まえたうえでの検証というよりも、研究会での活発な議論から生まれたアイデアを発展させたもので、まだ完成の域に達していないとの批判は覚悟している。しかし、時間はかかったが、抽象的な論議でなく、生きたまるごとの全体テクストを大切にして、文法現象や語彙の様相を文脈ごと観察する、という姿勢だけは、貫くことができ、我々3人の貴重な財産となった。それとともに、これから文章談話研究を志す方々に、我々の経験した、大量データを数量的に扱う面白さとともに、現実のテクストを相手に、その内容や個性を排除せずに分析するという質的な研究方法の楽しさも、伝えたいと思う。

　　　　　　　　　2006年10月　　　　新屋映子
　　　　　　　　　　　　　　　　　　高崎みどり
　　　　　　　　　　　　　　　　　　立川和美

第1章　テクスト分析における指示語の先行研究

1. 文章論・テクスト分析における指示語の先行研究

　国語学の領域では、指示語は代名詞の1種とする考え方が基本で、代名詞の下位分類である人称代名詞と指示代名詞の2種類のうちの後者がいわゆる指示詞にあたるとされている(『国語学大辞典』『国語学研究事典』)。また、現代語の話し言葉を研究した佐久間(1951)は、「指す語」の体系を「コソアド」と呼んでおり、日本語教育の分野ではこの呼び方が定着している他、「指示詞」(金水・田窪1992、国立国語研究所1981)という呼び方もある[1]。特にコソアドを含む単語部分に加えてその後に連続する体言や用言までをも含めて考察の対象とする場合は、「指示語句」や「指示表現」などの呼び方が用いられている[2]。

　文章論の視点では、時枝誠記が代名詞を「話者と事柄との関係概念」を表現するものと考え、文章展開上の機能を重視しているが、この指摘は、文章を対象とした研究で現在でもしばしば取り上げられている。

　以下、日本語学において指示語がどのように捉えられ、分類されてきたのかについて、文章論の立場を中心にその先行研究をまとめ、続いて欧米のテクスト分析における指示語についても概観したい。

2. 日本語における指示語研究の歴史

文法論における"コソアド研究"が指示語研究の始まりであるが[3]、文章論の立場で指示語を見ると、文法論とは異なる角度が必要となってくる。例えば、コソアを含む接続詞や接続助詞、副詞等との関連などである。文章論における指示語の研究は1980年頃から始まる。本章ではそれ以降の研究史をまとめておきたい。

2.1. 文章論における指示語に関する研究

文章論研究の先駆けとも言える時枝(1950)は、「語」の本質的な機能は「表現」である以上、「一切の語は、表現によって、表現される事柄をさすものである」(下線立川)と考えた。よって、代名詞を特に「指す語」として規定することは「不充分」であり、代名詞研究の本質とは「話し手と表現内容との関係概念の表示」であると規定した。

また、「文章の構造的特質は、絵画的建築的構図にあるのではなく、思考展開の表現にあることは既に述べたことであるが、このやうな展開を表現するものとして、最も重要な役割を果すのは、接続詞及び代名詞である」(時枝1950: 247)とし、代名詞や接続詞は建築物における「廊下や階段」に等しい任務を持つものだと見た。更に「代名詞は、分裂展開する思想を集約して、これを統合する任務を持つものである」(時枝1950: 248)として、指示語が持つ文章を展開し、その内容を統合する役割に着目すべきだという考えを示した。

以下、この時枝の指摘を受けて本格的に始まった文章論における指示語研究の諸説をいくつか見ていくことにする。

市川(1978)は、国語教育までを射程に入れた網羅的な研究として、文章論の中で重要な位置を占めている。ここでの指示語に関する議論を見ていくと、まず文脈展開の形態における「文をつなぐ形式」として以下の3種類が挙げられている。

a　前後の文（あるいは節）相互を直接、論理的に関係づける形式。
b　前文（あるいは前節）の内容を後文（後節）の中に持ち込んで前後を内容的に関係づける形式。
c　その他の形式。

aは主に接続詞・接続助詞による形式であり、bが指示語や同一（同義・類義）語句を用いる形式で、指示語の持つ接続的機能はこの内容を「持ち込ん」で「関係づける」こととと指摘されている。次に、文章論の立場からの「指示語の用法」については次のように規定を行っている。

①　現場の事実を指し示す。
②　文脈の中の事柄を指し示す。
③　文脈の外にある事柄を指し示す。

これらはいずれも文脈との関係を前提としているが、実際の文章の中で最も多く見られるのは、もちろん②の用法である。但し、この用法が指し示す対象は、特定の語句、文の内容、文集合や段落の内容以外に「文脈から取れる文意を指し示す場合」を認めている。すなわち、文中の特定の部位を指すのではなく、文脈を読み手が理解した上で指示内容を認定する場合があるとするのである。これは言語の表面的内容にとどまらず、読み手の推論を必要とする場合に相当する用法であり、一般的に考えられている単なる文脈指示をより広く捉えた性質としてより具体的な検証が可能だと考えられる[4]。

長田（1995）は、「連文論」というユニークな立場から文章を観察するが[5]、指示語に関しては「何を指すか」だけではなく、「どれだけの内容を持ち込んで限定しているか」という観点からの分析が重要であるとする。ここでいう「持ち込み」とは、「この絵は立派な絵ですね。この作者は誰ですか。」という連文における後文の「この作者」の指示が持つ機能である[6]。前文の「この絵」が現場指示であるのに対し、後文の「この作者」は一般的には文脈指示とされるが、長田ではこれを「持ち込み詞」と呼ぶ。「持ち込み詞」は、

自らの位置に先行（後続）文からの意義を持ち込むことで、未定であった自らの意義を具体的に確定するものと考えられている[7]。

ところで 1980 年頃には、欧米における「テクスト分析」の手法を日本語へと応用する研究が盛んに行われるようになった。

その一例である林（1983）は、指示語の指示形式を次のように整理している。

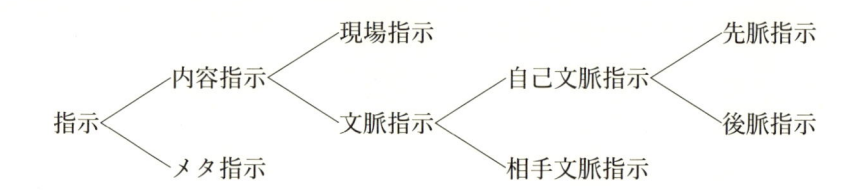

```
                  ┌─現場指示                    ┌─先脈指示
         ┌─内容指示┤          ┌─自己文脈指示┤
指示─────┤        └─文脈指示┤              └─後脈指示
         └─メタ指示            └─相手文脈指示
```

また、各々の指示形式が持つ指示の方法としては、指す対象物を自分がそっくり代行してしまう「代行指示」と、指定だけしている「指定指示」との 2 種類を示すが、両者の区別があるのは、上の分類の中の「現場指示」、「先脈指示」と「後脈指示」であり、相手文脈指示は「そう」という形の代行指示のみとする。また「メタ指示」とは、話し手と聞き手の意識がストーリーではなくスピーチの構造に移った時、表現者の表現行為そのものに対する指示として用いられるもので、この研究において特に認定されるユニークな指示形式である。

この他ここでは、指示に伴う「表現の捉え直し」の現象が重要視されている。具体的には、指示の格に関わる「文法上の捉え直し」と、指示内容をどうまとめるかに関わる「意味上の捉え直し」とが挙げられるが、特に後者は文章の内容展開に大きく関わるものとして、今後注目すべき研究事項だと言えよう。

同じく池上嘉彦は、英語学の領域における意味論や文体論、テクスト分析などを中心にしながら、日本語についても興味深い研究を多数行っている。テクスト言語学をふまえた池上（1983）では、Halliday & Hasan（1976）に基づいて、指示の機能を以下のように整理する。

```
┌ テクスト内的指示 (endophora)：前方照応 (anaphora)・
│                                     後方照応 (cataphora)
└ テクスト外的指示 (exphora)
```

　但し実際の日本語の運用では、テクスト内的指示とテクスト外的指示の区別は明確ではないことがあるとして、その原因に日本語の人称代名詞と指示代名詞の区別の不明確さ、及び主語を明示しない傾向を挙げている。更に日本語の指示代名詞の特徴として、「モノ」と「コト」のいずれのレベルで捉えているかがしばしば曖昧になるという現象を取りあげ、その結果、日本語では指示対象が比較的ルースに捉えられていても許容度が高いという事実を指摘している。

2.2. 近年の指示語に関する研究

本節では、近年 (1990 年頃以降) の代表的な研究を日本語テクスト全般を対象とする広い領域から概観しておきたい。

　文法論の立場では、金水・田窪 (1992) が、談話管理理論から日本語の指示詞を分析し、その全用法を「メンタルスペース理論」の枠組みから説明している。ここでは日本語の指示詞表現は「話し手・聞き手の知識や現場など言語場に対する依存性が高く、言語場と独立した談話構造がほとんど認められない」ため、その要素探索に関する語彙的特徴は、話し手から要素までの心理的距離指定にあると考えている。その上で「指示トリガー・ハイアラーキー」を設定し、現場の事物は普通直接経験的対象 (コまたはア) として指示し、ソを用いるのは特別な動機 (間接経験領域) がある場合だとしている。具体的な議論としては、文脈指示には話し手からの心理的距離に関して中和的なソが用いられるのを基本とするのに対し、近称のコは文脈指示では有標で強調的効果をもたらす現場指示の 1 種であり、テクストのジャンルに応じて「解説のコ」と「遊離視点のコ」の 2 種の用法を認めている[8]。

　これと同様に、認知的な領域を中心に文脈指示用法について多くの理論を展開している研究に吉本 (1992) がある。例えば、コには内容を焦点化させ

る」働きを、ソには談話記憶中の対象を中立的に指示する働きを認める他、感情移入を伴う文脈指示のコは、現場指示用法としての性格が非常に強いことなどが指摘されている。

　一方、文章論の立場では、森田(1993)が、文章の成分を「句」と「展開語」(時枝の文章論における「詞」と「辞」)とに分けて文章展開の諸相を整理しているが、「句」に含まれる「指す言葉」や「文脈指示語」等には展開を継承する機能を認めている。また指示語とは、「決して概念の内容までふれ得」ず、極めて「客観的に範疇概念をあわせ表現する」ものだと考える。

　またテキスト言語学に基づく観点から指示語を議論する庵(1994)では、知識管理に属する文脈指示(ア―ソ)に対して、結束性に属する文脈指示(コ―ソ)の存在が唱えられている。そして庵(1995)では、名詞句がその語彙的意味の他にテキスト毎に臨時的に持つ「テキスト的意味の付与」と、コ・ソとの関係について考察されている。これによると、「この」はテキスト的意味の付与が低いために文脈が前の流れと逆の意味の流れを持つと使えず、テキストのトピックと関与性が高い名詞句に用いられ、「その」はテキスト的意味の付与が高いために、テキストが前の流れと逆の意味の流れを持つ時に使われたり、トピックとの関連性が極めて低い名詞句に用いられたりすることが指摘されている。

　この他、文脈に出現する指示をめぐる諸研究として、後方照応を取り上げた馬場(1992b)や滝田(2001)などがある。

　馬場(1992b)は、ソに置き換えにくい後方照応のコの性質として「言述直示性」を挙げるが、これは先行テクストで述べた表現や内容を引用のように捉えて一くくりにして指示する性質で、指示対象は発言・思考内容であることが多いとされる。

　瀧田(2001)は、コの文脈指示用法については、後方照応に予告指示用法を、前方照応に課題指示用法・終了指示用法を認め、文脈指示用法のソについては、前方照応のみであり、相手の言ったことで主体のよく知らないことや言及を避けたいことを示す「対立領域指示」と、純粋的な文脈指示用法である「共有領域指示」とがあると考えている。

文脈指示のア系については、一般に観念や経験との関連から見解を示す説が多いが、春木(1991)は、現場指示ではないアノは指示対象が頭の中に一つの心的イメージとして存在している場合で、アノには文脈指示用法はなく概念指示用法だけであると、ア系の文脈指示を否定している。これに近い指摘は、東郷(2000)、岡崎(2002)などにも見られることに注意したい。
　また近年特に活発化している領域に、テクストを数的処理の方法を用いて分析する研究がある。亀山(1999)は、計算言語学や人工知能の立場から談話の指示表現を観察しているが、談話分析の「整合性と結束性」という視点から、指示表現の主たるものとして「固有名詞・普通名詞句・指示名詞句・ゼロ代名詞句」といった名詞的表現を挙げ、指示の意味関係については「同一指示・部分指示・包含指示」を認めている。竹田(2001)では、計量国語学的手法に基づき、コノ句とソノ句の先行文脈の距離範囲についての分析が行われている[9]。
　日本語学の領域以外でテクストを対象とした数理的研究も見られる。その一例として山村・大西・杉江(1992)は、高校教科書の文章に見られる照応現象を調査した統計学的研究で、照応現象を三つの逐次的過程(文から実在への「変換」、実在から先行詞の「算出」、先行詞から照応の「実現」)から成立するものと考え、各過程の特徴を数値化して、その特性を明らかにしている。
　以上、指示語に関する日本語の先行研究をまとめてきたが、現場指示や文脈指示といった区別に基づいた理論的な考察が中心に行われており、これらはいずれも短い文章・談話の限定された部分を切り取った文法的な機能に関する傾向が強い議論だといえる。それゆえ、テクスト中の指示語については、ジャンルなどの内容的な特性をふまえて、ある程度まとまった分量の文章・談話をもとにした実証的な研究が今後の課題だと考えられる。

3. 英語におけるテクスト内の指示語に関する研究
　　—結束性 cohesion との関係—

　第2章では、日本語学の研究に加えて、欧米のテクスト分析や文体論の領域の先行研究も研究方法の参考とするため、本節では、それらについて概観しておきたい。英文法において指示語は "demonstrative" と呼ばれ、これは外界照応とテクスト内照応との2種類に分けられる。Wales (1990: 100) では次のように説明している。

> ....The term **demonstrative** (the Latin translation of Gk 'deictic') also reflects the function of pointing to something in the situation (EXOPHORIC REFERENCE), as in *I'll take this one, not that one*, I often accompanied, indeed, by physical pointing gesture. Demonstratives are also used to indicate something in the TEXT (ENDOPHORIC REFERENCE): usually preceding (ANAPHORIC), but also following (CATAPHORIC),........

　また "demonstrative" と並んで "reference"（指示・照応）という術語もあるが、やはり大きくは "textual reference"（文脈指示）と "deixis"（現場指示）とに分けられ、更に前者は "anaphora"（前方指示）と "cataphora"（後方指示）とに分類されるのが一般的である[10]。拙稿で分析の中心となる textual reference について、Bussmann (1996: 482) は次のように説明する。

> Text-internal reference of a referring 'phoric' element (e.g. pronouns) to a referentially identical expression that either precedes it in the text (= anaphorical reference, → **anaphora**) or follows it (= cataphorical reference, → **cataphora**); ....Textual reference is an important text-constitutive means for creating **cohesion**, and therefore it is a central theme in **discourse grammar**. (→ *also* **textphoric**)

更に anaphora に関しての説明を、以下に二通り挙げておく。

In GRAMMAR and TEXT studies, anaphora (adj **anaphoric**) popularly denotes a kind of REFERENCE which is 'backward-looking' (as distinct from CATAPHORIC (q.v.) 'forward-looking'), both important aspects of the COHESION or connectedness of DISCOURSE.

(Wales 1990: 19)

...The occurrence of anaphoras is considered to be a characteristic property of texts; it produces textual coherence (→ **textuality**; cf. **text linguistics**). The most common anaphoric elements are **pronouns**....

(Bussmann 1996: 23)

ここに見られるように、指示とは coherence や cohesion に大きく関与するものとして位置づけられているが、この見方は、Halliday & Hasan (1976) が reference (指示) を cohesion (結束性) 成立の要素として提示したことに端を発するといってよいだろう。Halliday & Hasan (1976) では、cohesion (結束性) を示す重要な指標の一つとして reference (指示) と共に conjunction (接続) が挙げられているが、特に指示については、次のような叙述が見られる[11]。

There are certain items in every language which have the property of reference,.... These items are directives indicating that information is to be retrieved from elsewhere. So much they have in common with all cohesive elements. What characterizes this particular type of cohesion, that which we are calling REFERENCE, is the specific nature of the information that is signalled for retrieval. In the case of reference the information to be retrieved is the referential meaning, the identity of the particular thing or class of things that is being referred to; and the cohesion lies in the continuity of reference, whereby the same thing enters into the discourse a second time.

(Halliday & Hasan 1976: 31)

これ以後のテクスト分析においては、指示表現は結束性を示す指標として研究が進められている。例えば Brown & Yule (1983: 192) では、Halliday & Hasan (1976) を引きつつ、"co-reference" という術語を立ててその形式について詳述し、実際のテクストの分析を行っている。

> Halliday & Hasan recognise that 'it is the underlying semantic relation... that actually has the cohesive power' (1976: 229), rather than the particular cohesive marker. Nonetheless, they insist that it is the presence of the cohesive markers which constiututes 'textness.'
> The cohesive relationship which particularly interests them is that which they discuss under the headings *reference, substitution, ellipsis and lexical relationships*. Since their use of the term reference is particular to them, we shall immediately substitute for it the term *co-reference*.... Co-referential forms are forms which 'instead of being interpreted semantically in their own right... make reference to something else for their interpretation' (1976: 31). Those forms direct the hearer/reader to look elsewhoere for their interpretation. Where their interpretation lies outside the text, in the context of situation, the relationship is said to be an **exophoric** relationship which plays no part in textual cohesion (1976: 18). Where their interpretation lies within a text, they are called **endophoric** relations and do form cohesive ties within the text. Endophoric relations are of two kinds: those which look back in the text for their interpretation, which Halliday & Hasan call **anaphoric** relations, and those which look forward in the text for their interpretation, which are called **cataphoric** relations.
>
> (Brown & Yule 1983: 192)

その他、McCarthy (1994) でも、Fox (1987) において議論されたテクスト構造を決定する 'segment' における 'pronouns' (代名詞) の働きについて紹介している。これは日本語学でもとりあげられた、テクストの意味内容の展

開や構造に対する代名詞の関与を指摘した研究である。

　以上のように、英語テクストの指示研究については、テクストの結束性や一貫性を保証する働きが重視されており、特に文脈指示（textual reference: anaphora, cataphora）ではその傾向が強いと言えよう。

注
1　但し、佐久間（2002）には「指示詞」という項目を立てている辞典は『日本文法辞典』のみだという指摘がある。
2　高崎（1988）では「指示語を含む複数の語で構成される一まとまり」を、市川（1978）にある「接続語句」からを示唆を得たとして、仮に「指示語句」と呼ぶとしている。また市川（1978）では、「そういう」「こういった」「そうした」「このような」などの連語も全体を一つの指示語として扱うことができると考えている。
3　1990年頃までの文法論における指示語の研究については、金水・田窪（1992）に詳しい。
4　市川（1978）では、指示詞の用法として、実質的にある内容を指し示す「実質指示」と、前出の内容を単に限定的に指し示す「限定指示」と認めている。後者は、文章の「前出の語句を再び持ち出すについて限定的に指し示すだけ」の指示であり、「その用い方は英語の定冠詞theを思わせるもの」と説明されるが、この用法も読み手の推論や理解を必要とする点で、「文脈から取れる文意」という指示と似た性格を持つものといえる。
5　長田（1995: 88）では、「文は、私たちが自分の考えや感情を言語によって表現するときの、統一性と完結性が認められる最小の言語単位である。したがって、一つの文が一つの文章となることもあるが、一つの文で表現しきれないときには、第二文、第三文と文を連ねて表現する。そのとき成立するのが「連文」である。文章が二文以上で成立しているときには、文章の内部には、必ず連文が含まれている。したがって、文章の構造を論ずるのには、連文成立の記述説明も当然必要となる。」とし、連文論の研究成果は文章論に含めて論じることが必要だとしている。
6　持ち込み機能とは、「個別的表現の極限に必要にして十分な内容を、自らの位置に持ち込み、持ち込むことによって被限定語を限定し、それによって被限定語を個別的表現の極限に近づける」ものとされる。これにつながる研究である馬場（1992a）では、指示詞が持ち込み内容の指令機能を持つことによって文脈展開が行われるとし、その持ち込み内容の参照先として「言語的文脈」「観念的文脈」「現場的文脈」

の3種類を挙げている。
7　また長田(1995)では、発話行為を中心とする時枝の「言語過程説」をもとに、現場指示から文脈指示が派生すると指摘するが、これはHalliday & Hasan (1976)が、テクストを中心とした文脈指示を第一次的なものと考える立場と対照的である。
8　コに関する2種類の用法に関する説明は次の通りである。まず「解説のコ」は、「聞き手に対して内容の把握、情報量などの点において優位に立った発話」で、「あるまとまった内容について説明、解説するために談話に導入した事物を、解説者が指し示す」場合に用いられる。次に「視点遊離のコ」は、「小説や体験談など、時間の経過と共に出来事が推移していくような文章」にのみ現れる。
9　近年、文法論から指示語を捉えた李(1994)の研究も大変興味深い。これは、指示対象が「現場(知覚)」か「観念(談話)」か、「照応」か「提示」かという視点から、コ・ソ・アの選択関係について「対等関係選択」(距離・時間の遠アと非遠ソ)と「非対等関係選択」(聞き手中心の関係ソと話し手中心の関係コ)とを設定している。
10　但しanaphoraが前方照応と後方照応の双方を指すこともある。(Lyons 1977など)
11　Reference(指示)については、Halliday & Hasan (1976)でも次のように分類されている。

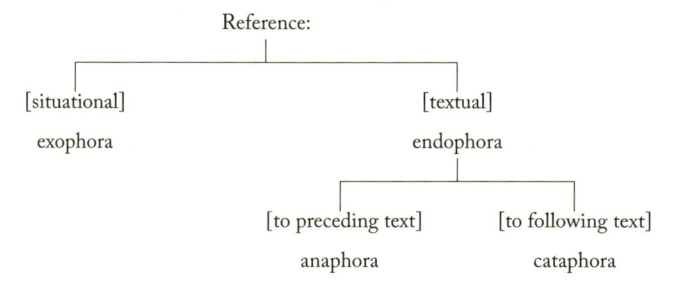

```
                    Reference:
                   /          \
            [situational]    [textual]
              exophora       endophora
                            /          \
                 [to preceding text]  [to following text]
                      anaphora            cataphora
```

参考文献

庵　功雄(1994)「結束性の観点から見た文脈指示—文脈指示に対する一つの接近法」大阪大学『日本学報』13　31–43

庵　功雄(1995)「テキスト的意味の付与について—文脈指示における「この」と「その」の使い分けを中心に」阪大『日本学報』14　79–93

庵　功雄(1998)「名詞句における助詞の有無と名詞句のステータスの相関についての一考察」一橋大学『言語文化』35　12–32

池上嘉彦(1983)「テクストとテクストの構造」『日本語教育指導参考書11　談話の研究と

教育Ⅰ』7-42　国立国語研究所

市川　孝 (1978)『国語教育のための文章論概説』教育出版

岡崎友子 (2002)「指示副詞の歴史的変化について―サ系列・ソ系を中心に」『国語学』53 (3) 1-17

亀山　恵 (1999)「談話分析：整合性と結束性」田窪行則他編『岩波講座言語の科学 7　談話と文脈』93-177　岩波書店

北原保雄他編 (1981)『日本文法辞典』有精堂

金水　敏・田窪行則 (1992)「談話管理理論から見た日本語の指示詞」『指示詞』123-149 ひつじ書房

国語学会編 (1980)『国語学大辞典』東京堂

国立国語研究所 (1981)『日本語教育指導参考書 8　日本語の指示詞』大蔵省印刷局

佐久間　鼎 (1951)『現代日本語の表記と語法 (改訂版)』厚生閣

佐久間まゆみ (2000)「日本語学のフォーカス　接続」『別冊国文学』53　152-55

佐久間まゆみ (2002)「接続詞・指示詞と文連鎖」『日本語の文法 4　複文と談話』岩波書店

佐藤喜代治編 (1977)『国語学研究事典』明治書院

高崎みどり (1988)「文章展開における"指示語句"の機能」『言語と文芸』133　67-88　大塚国語国文学会

瀧田恵巳 (2001)「言語における指示詞の意味について (下)」大阪大学『言語文化研究』27　415-430

竹田完次 (2000)「文章中の文脈を指示するソレとコレについて―実際の言語資料において」『計量国語学』22 (4)　129-146

竹田完次 (2001)「ソノとコノの文脈指示」『計量国語学』23 (2)　91-109

東郷雄二 (2000)「談話モデルと日本語の指示詞　コ・ソ・ア」『京大総合人間科学部紀要』7　27-46

時枝誠記 (1950)『日本文法口語篇』岩波書店

長田久男 (1995)『国語文章論』和泉書院

馬場俊臣 (1992a)「指示語の文脈展開機能」『日本語学』11 (4)　33-40

馬場俊臣 (1992b)「指示語―後方照応の類型について」『表現研究』55　20-27

林　明子 (1995)「結束性を支える日本語の指示詞の機能とドイツ語テクストへの移行」『東京学芸大学紀要 2 部門』46　73-89

林　四郎 (1983)「代名詞が指すもの、その指し方」林他 編『朝倉日本語新講座 5 運用Ⅰ』1-45　朝倉書店

春木仁孝 (1991)「指示対象の性格からみた日本語の指示詞―アノを中心に―」大阪大学『言

語文化研究』17　93-113

森田良行(1993)『言語活動と文章論』明治書院

山村毅・大西昇・杉江昇(1992)「日本語指示詞の前方照応現象の分類」『電子情報通信学会論文誌 D‐II』J75(2)　371-78

吉本　啓(1992)「日本語の指示詞　コソアの体系」金水敏・田窪行則編『指示詞』105-122　ひつじ書房

李　長波(1994)「指示詞の機能と「コ・ソ・ア」の選択関係について」『国語国文』63(5)　37-54　京都大学国文学会

Brown, G. & Yule, G. (1983) *Discourse Analysis*. Cambridge University Press

Bussmann, H. (translated and edited by Trauth, G. & Kazzazi, K.) (1996) *Routledge Dictionary of Language and Linguistics*. Routledge

Fox, B. A. (1987) 'Morpho-syntactic markedness and discourse structure', *Journal of Prgmatics*, 11　359-75

Halliday, M. A. K. & Hasan, R. (1976) *Cohesion in English*. Longman

Lyons, J. (1977) *Semaneics*. Cambridge University Press

McCarthy, M. (1994) 'It, this and that.' in Coulthard, M. *Advances in Written Text Analysis*. Routledge　266-75

Wales, K. (1990) *A Dictionary of Stylistics*. Longman

第2章　随筆の指示語
―『文藝春秋』の巻頭随筆を対象として

1. はじめに

本章では、日本語の随筆テクストにおける指示語の出現の様相や機能について記述を行う。指示語はテクスト性を支える結束性の要素の一つであるが、特に随筆というジャンルにおいてどういった特性を持っているのかを明らかにしていきたい。具体的な分析対象としては『文藝春秋』の「巻頭随筆」を取り上げる。分析の枠組みを規定するにあたり、前章でまとめた日本語と英語における文章論やテクスト分析の先行研究をふまえるものとする。

2. 本章における分析の枠組み

今回随筆テクストにおける指示語の分析を行う上では、指示語がテクストの結束性及び一貫性を保証するという機能に着目する。結束性とは、文章の中で文相互のつながりや意味のまとまり、内容の流れを生み出すといったテクスト成立に不可欠な要素であり、読み手の内容理解を促す手段として用意された言語的指標である。文章とは、書き手が書き上げた時点で一つの成立を見るが、様々な読み手が各人なりの方法でその内容を理解したときに改めて成立するという見方もできるだろう。そういった意味では、指示語は書き手の指示対象に対する姿勢を示すものであり、かつ文脈の中で前の内容を受けて後に引き渡すという結束化の機能を持つものであるという点で文章理解に

重要な役割を果たしている[1]。

近年、日本語学の文章論においても、「結束性」の性質をふまえた指示研究がいくつか見られる。その代表的な例である庵(1994)では、文脈指示の用法を「ソ系列―ア系列」と「コ系列―ソ系列」の2種類に分け、前者を「知識管理に属する文脈指示」、後者を「結束性に属する文脈指示」とする。そして結束性を「テキスト的意味の付与(テキストレベル)」と「語彙・分布レベル」とに分け、「この」と「その」との使い分けを検討している。また林(1995)は、ドイツ語テクストとの対照を通じて日本語テクストの指示詞が文脈内で果たす機能を探るため、テクストの全体構造や段落の中心文、話題の展開に注目し、結束性を支える手段としての指示詞の分析を行っている[2]。その他、佐久間(2002: 189)では「指示詞は、主として内容面から、文章・談話の話題を実質的な意味のつながりとして表現する働きをしており、同時に、文章の全体的構造や段のまとまりを情報として作り上げる内的な統括機能を持っている」として指示詞が持つ「つながり」や「統括」といった文章の結束に関与する機能を指摘している。

これらをふまえ、以下では、テクストにおける指示を扱う本章の分析上の枠組みについて述べていくことにする。

まず最初に、指示語の種類について取り上げたい。従来の研究では、「直接指示(deictic)と文脈承前(anaphoric)」(三上1970)や、「眼前指示(demonstrative)と文脈指示(anaphoric)」(久野1971)、「独立的用法と照応的用法」(黒田1979)といった分類が行われてきた。これらは術語は様々であるものの、いずれもおおむね同様の区分と考えてよいだろう。堀口(1978)はコソアの用法を以下のように分類しているが、これは上記の分類を細分化し、絶対指示や観念指示という設定を加えたものである。

① 現場指示の用法(その一):同一空間を話し手と聞き手が共有する場面で用いる。
② 現場指示の用法(その二):電話・手紙・放送・文章などで用いる。
③ 絶対指示(場所・時間):聞き手の位置に関係なく、いかなる場面に

　　　　　　　も用いる。
　④　観念指示：思考語・内言・独白に用いる。
　⑤　文脈指示：文章中である部分の内容を指示する場合に用いる。

　指示に観念的用法を認める研究としては他に、森田(1993)による「現実的素材の指示(現場指示)」と「観念的素材の指示(話題指示・対象指示・文脈指示)」という分類や、岡崎(2002)による「照応用法」「直示用法」「観念用法」といった分類がある。更に近年特に注目されるのは、人間の知識や記憶という観点をもとにした研究である。吉本(1992)では、「計算機的知識モデル」に基づき次のように指示を分類している[3]が、ここに示されている「間接指示」は堀口(1978)のいう「絶対指示」や「観念指示」と関連する性質を持つものと考えられる。

　　直接指示：現場指示(deixis)(指示物の同定は現場または出来事記憶に
　　　　　　　　基づく)
　　　　　文脈指示(anaphora)(指示物の同定は談話記憶に基づく)
　　間接指示：総称指示・唯一指示(指示物の同定は長期記憶・スキーマに
　　　　　　　基づく)

　また東郷(2000)は、従来の文脈指示を二つに分けた「現場指示・文脈指示・共有知識指示」という区分をとり、認知科学に基づいた談話モデルとして、導入された指示対象が登録され探索される領域に「共有知識領域(＝ア)」「発話状況領域(＝コ・ソ・ア)」「言語文脈領域(＝コ・ソ)」を設定している。こういった認知言語学による指示語研究は、日本語文法の新たな分野として、今後更なる発展が期待される。
　このように指示語の分類に関する研究は様々だが、本章では堀口(1978)の用法の分類を用いながら、文脈指示についてはHalliday & Hasan(1976)が提示する前方指示・後方指示という分類を加えることとする。今回は文章を分析対象とするため文脈指示用法が中心となるが、それ以外の現場指示や

絶対指示、観念指示などの用法もかなり観察されている[4]。これらの用法に関しては、文章中に出現する以上、何らかの形で文脈に影響を受けている用法だとする立場から観察を行う。これは、市川(1976)で指摘された、文脈指示は文脈の中に明示される内容を指すものにとどまらず、文脈から類推される内容なども含まれるという考えに沿うものである。つまり現場指示や絶対指示、観念指示などは、文脈指示に連続する形で文脈に何らかの形で依存する用法だと考えるわけである。例えば、ア系は書き手と読み手の共有知識に基づく性質を持つ指示であるが、読み手の経験や知識は先行文脈の内容を受けて活性化されたものであり、文脈といった前提が不可欠であると見るものである。

　二つめに、指示と接続をめぐる問題に触れておきたい。Halliday & Hasan (1976)では、結束性を示す重要な指標の一つとして「指示表現」と共に「接続表現」が挙げられている。両者は共に「つなぐ」という役割を持つことから連続的であり、特に日本語では、ソ系の指示表現を含む接続詞と指示詞との間での厳密な線引きは困難である。これは「そう」「その」「それ」などの部分が指す内容の特定が文脈の中では難しい形式化した用法であり、文法的には接続詞と認められるようになった語である。具体的には「そうして、それから、それで、そのうえ、そのとき、それとも、そのうちに、それなら、それなのに」などが挙げられる。しかし実際のテクストでは、「それ」や「その」が直前の文章の内容を受けて、指示内容が明確な指示詞として機能している場合も少なくない[5]。以下、『文藝春秋』の「巻頭随筆」における実際の例を見てみよう[6]。いずれも直前の内容をソ系指示が表している。

（1）　生まれて約十分後、ゼーゼーと大きな音をたて、胸を波立たせてあかんぼうが故郷をはじめた。それから三週間たつが、アイはアユムを片時も手放さない。　　　　　（「チンパンジー・アイの子育て」78(9)）

（2）　彼の没後四十年近くを経て、彼のハイクが刊行されたというのだ。そこで早速注文して入手した次第だが、いざ読み出してみると、実に面白い。　　　　　　　　　　　　（「『黒人作家』のハイク」78(6)）

また「そのうちに」などは慣用的に用いられ、「間もなく」と「そうしているうち」との二つの意味があるが（『広辞苑』）、文章内容によっては両者は限りなく連続的な意味を持つことも可能である。文章においては、後者の「その」が文脈の特定の部分を指示する語として機能しながらも、前者の「間もなく」という慣用的意味を併せ持つといった場合が多い。

（３）　<u>そのうちに</u>、私は、眠ってしまった。
　　　　　　　　　（「鈍行列車と四人掛けボックス席と一人旅」　81（8））

　これは、随筆の筆者である西村京太郎が青森から上野行きの鈍行夜行列車に乗った時に相席した人々の様子を叙述した直後に出てくるセンテンスである。「その」は前述された乗客の「バカらしく」なるようなやりとりを聞いていることを指し、そこに「まもなく」というニュアンスが加味されている。
　以上より今回の分析では、一般には文法的に接続詞とされていても、その指示内容を理解する手がかりがテクスト中に含まれる場合は、指示の一種と捉えて分析の対象とする。また結束性への関与を考えた場合、「指示」と「接続」の機能において、前者のほうが後者に優先すると判断されることにも注意したい。「接続」は論理展開を示すものであり、読者に論理的な展開の意識化を強く望む場合に提示することで文脈の流れを明示するといった読みの援助を行う機能を持つが、その存在に必然性はない。一方「指示」とは、直接文章の特定の部分を指して「前後をつなぐ」機能を持ち、その存在は必要性が高く、より直接的に結束性に関与していると考えられる。
　三つめに、文脈指示以外の指示の取り扱い、及び慣用的用法や感動詞の扱いについて考えたい。まず「ア系」に関してであるが、これは言語文脈指示そのものの存在を疑問視する研究者が存在し、話し手の頭の中にある概念や記憶を指示する観念指示用法のみに用いられるという見方が通説であることから、文章分析においてはほとんど取り上げられることはなかった。加えて時間や場所を指示する絶対指示（例：コ系における「これから」「この30年」

など)も、文脈とは直接関わらない用法として、やはり先行研究では多く分析の対象外とされてきた。しかし前述の通り、文章中に出現する指示語は少なからず文章内容と関わり、文脈指示的要素を併せ持っているはずである。また、テクストとは必ず読み手を想定して書かれるものであり、今回の分析対象は雑誌に掲載された随筆という点で特にその傾向が強いことから、談話的な要素を多分に持ち、現場指示も含めて純粋な文脈指示を逸脱する用法が数多く見られることが予想される。よってその文体的特徴やジャンル特性をつかむ方策としてもこれらは有効な指標として働くはずだという仮説が立てられる。このような理由から、現場指示、絶対指示、観念指示も分析の対象とする[7]。

更に広く文章中のコ・ソ・アを含む語の中には、慣用的用法や感動詞も見られる。こうした慣用句及び感動詞としての用法は、一般的には指示語に含まれるものではないが、これらについても、文脈中に指示対象が何らかの形で認められる場合には分析の対象としたい。具体的には、「そのもの、それぞれ」といった「コ・ア」においては対応する用例がないが文脈指示として内容を特定できる用法、及び「そうだ!」「あれ?」などの筆者の独白的な用法を指す。

これらはいずれも発せられる文脈があって成立するものであり、特にテクストを分析対象とした場合には、そうしたコンテクストは文脈内容に明示されていたり、あるいは明示されなくとも読み手にとって理解されるという前提が存在している。その点においては、文脈のいずれかの部分を受けるものとして、結束にも関与するという解釈が成立する。これは文章分析という視点に立った解釈ではあるが、以上の理由からこういった用例も指示に含めて分析を行うこととする[8]。

四つめに、指示語が指す内容が、その後の文脈でどう展開していくかについては指示語に付く助詞が、そして筆者がそれをどう捉えているかについては指示語に後置される単語が端的に示しているものと考え、これらも分析の対象とする[9]。

以上のように本章では、テクストにおける個々の指示語のふるまいの記述

を通して、随筆テクストの中での結束性やジャンル形成にどのように貢献しているのかを観察する。従来の指示語に関する議論は、テクストを対象とした分析であっても、コ・ソの機能に集中しており、用例を比較対照することでその特徴をもとにした類別が中心とされていた。そこで本章では、随筆テクストの構成に指示語が果たす役割や随筆ジャンルの特性が指示語にどのように反映されるかということについて考察を行いたい。テクストにおける指示語の使用は、文法レベルのみならず、指示対象に対する見方や文脈展開への意図を表現しており、特にテクスト分析においてはこういった要素についての検討が重要だと考えられる。

3. コーパス全体に見られる指示語出現の概要

本章では、雑誌『文藝春秋』の1999年4月から2003年8月までの「巻頭随筆」500編のコーパスを用いて調査を行うが[10]、まず、その全体に出現した指示語について簡潔にまとめておきたい。

日本語で指示語とされるものには、指示代名詞の他に連体詞、副詞、形容動詞などがあるが、今回は特にコ・ソ・アの3種類を含む指示語について調査を行った。500編全体に見られる出現の様相は以下の通りである。

表1 『文藝春秋』「巻頭随筆」における指示語の出現（数は実数）

	コ	ソ	ア	合計
一レ	864	1713	81	2658
一コ	269	371	10	650
一ウ	284	543	43	870
一ノ	1817	2471	205	4493
一ンナ	197	341	24	562
一ッチ	10	6	1	17
一チラ	91	5	11	107
合計	3532	5450	375	9357

コ・ソ・アの割合は、コ系が37.7%で、ソ系は58.2%、ア系は4.0%という比率である。文章表現では一般的に中立的なソ系の多用が指摘されているが[11]、今回のデータではコ系も比較的よく用いられていた。ア系に関しては、前述の通りテクスト分析で取り上げられることはほとんどないのだが、用例数の合計が375例ということから、1作品あたり0.75回の使用ということになり、予想以上に使用率が高かった。以下、500編全体における指示語の出現傾向に関して「巻頭随筆」というテクストの内容的傾向と関係づけて見ていきたい。
　まずコとソを比べると、いずれの形もたいだいソ系が多い。しかし、「―チラ」に関しては圧倒的にコ系が多く、「そちら」が5例に対して「こちら」は96例である。この「こちら」は、自分自身もしくは自分の領域を提示する絶対指示の用法として用いられている。

（4）　二、三人の、白い仕事着の職人さんが現れたり消えたりするけれど、彼らもまた気くばりは抜群だがこちらから話しかけない限りほとんど音声を発しない。　　　　　　　　　　　（「店仕舞」78（15））
（5）　それに将軍ってあやしくないか、などと疑い始め、長旅の疲れも手伝ってこちらも苛々してきた。　　　　　　　（「小説的な人」80（3））

　（4）（5）共に、「こちら」は作者自身を指しているので、この部分を「私」など一人称の人称代名詞に入れ替えても内容の変化はない。しかし「こちら」という指示代名詞を用いることで、文脈内での対者（そちら側）の存在を意識化し、また書き手と同じ立場に立つ読み手（こちら側）への配慮を感じさせることができる。これは随筆の持つ読み手を強く意識するジャンル的特性と関係するものだといえよう。
　またコ系の中では、特に「この」が多用されているが、一般的な文脈指示の他に加えて以下のような絶対指示の例も見られる。

（6）　右も左も二世三世の世襲議員の観のある昨今ではなるほどふさわしい

ことばかも知れないが、そうではなくごく一般的に当人たちが「我が派閥は」などと言って恥じなくなったあたりからこの国の国会や政府に国と国民の利益に献身することを第一義とする政治家―ステイツマンがいなくなり……　　　　　　　　　（「嘆くな。怒れ」79 (1)）

　文章の中には、直接「この」を指す内容は示されていないが、これは「日本」という国を指していることが分かる。これは日本人である書き手が日本について叙述したという前提から絶対指示と解釈されるが、読み手の大部分が日本人であり、書き手も当然それを想定して書いているため、こういった現場指示的な用法が用いられているのだと言えよう。
　次にソ・アでは、特に会話部分などで感動詞や慣用表現としての用例が多く見られた。ソ系の中では57例が、またア系では39例がこういった用法である。

(7)　そうだ、昔つくった詩を紹介しよう。　　　（「森こそ生命だ」78 (6)）
(8)　そうそう、パーソナリティとしての意気込みは、服装にも現れていて、ハンチング帽に白のブラウス、半ズボンに網タイツと今っぽく言うと、飛ばしてくれていた訳だ。　（「真夜中の美空ひばり」80 (14)）
(9)　「あれっ、シンバルってこんなに遠かったっけ」なんていう有様で、額には冷や汗がきらり。　　　（「言葉と音楽の相思相愛」78 (3)）
(10)　やったぞ、それもっといけの精神があってはじめて会社は力を発揮する。　　　　　　　　　　　　　　　（「夕刊やめるべし」80 (1)）

　ソ系では(7)の「そうだ」は思いつきを示しているが、その前の文脈で人は森とどうつきあっていくかという大きなテーマに対する具体的な提案がいくつか出された末に、それをより強く読者にアピールする方策を思いついたと筆者が思わず発する言葉が「そうだ」なのである。(8)の「そうそう」は、後に続く内容を思い出したことを示すあいづちにも近い用法を示す感動詞であるが、美空ひばりがラジオのパーソナリティを勤めた時のエピソードを紹

介している回想文の中で、筆者の頭に後述の内容が突然浮かんだことを示している。またア系には、(9)のように「あれっ」と前に描写された「シンバルを空振り」してしまった事実に対する疑問を示す例がある。この他(10)のように、相手を応援する場合の慣用的表現も見られた。

　ア系は先行研究ではほとんど対象とされていなかったが、これは文章内でのア系使用の少なさも大きな要因の一つであった。しかし今回のデータでは少なからずア系が使用されており、中では「アノ」や「アレ」が比較的多かった。こういったア系の表す内容については、観念指示的な性格は強いが、それを形成するために既にそれまでの文脈に説明が細かく示されている、更にそのため読者が経験したことのない事柄であってもかなりの部分を想像によってカバーできる、そしてその結果書き手と考えや経験が共有できるといった用例が多い。

(11)　やがて彼女の家も我が家も叩き潰され、炎の中を逃げまどったが、敗戦によって学校が再開した時、彼女の姿はなく、あれから半世紀、ついに会うことがない。　　　　　　　（「私にとっての十五歳」78(9)）

「あれ」は戦争時のつらい体験を指すが、15歳であった作者の生活が既に綴られた上で使用されるため、読者も書き手の心情を理解することは充分可能である。つまり、ア系が持つ観念指示の対象は、単なる実際の生活及びコンテクストにおける知識や体験の共有だけによって成立するのではなく、文脈の理解を通して共有が形成されていく部分が大きい。「読む」ことで読者が作者の体験を追体験し、共有が実現される「ア」なのである。観念指示は、書き手や読み手が共に知っている、もしくはそう期待される、つまり指示内容に対する共通理解を前提とした指示表現であるが、テクストにおいては現場指示的な性格を併せ持つと考えられる。ここでいう現場指示とは、書き手がこの文章の読み手を自分と同じ領域に立つ者と捉え、本来時空間を共にすることのない書き手と読み手とが同一の時と場所に存在することで成立する指示であり、そこにおいてはテクストの生成と読解が同時進行で進められて

いるような状況が発生することを示す。随筆テクストにおけるこのような書き手と読み手の関係では、場・時の「共有」と知識・経験の「共有」という二重性が存在すると見ることができる。こういった現場指示と観念指示との連続性は随筆のジャンルではしばしば見られる現象だと考えられる。

以上、本節では「巻頭随筆」というテクスト全体の指示語の出現傾向と、そこから考えられるテクスト自体が持つ文体的なジャンル特性を考察した。

4. 随筆に見られる指示語の具体的な出現傾向

本節では、コーパス『文藝春秋』の「巻頭随筆」の中から50編（2001年1月から6月）を取り出し、指示語の様相についてより具体的な分析を試みたい[12]。

4.1. 指示表現に関する調査項目と認定基準

3. の表1に示したコ・ソ・アを含む指示語に関して、まず結束性に寄与する機能を考察するため、その「出現位置」と「指示内容」を分析した。前者については、形式段落の冒頭・結尾・中間のいずれかの位置にあるのかを観察し、後者については、指示内容の範囲が、形式段落の内部であるのかもしくはそれを超えているか、またそのいずれでもないのかという3種類を考えた。これらの認定にあたっては、厳密には段落成立に関する議論を行う必要があるが、今回は指示語の出現位置表示の指標として形式段落をテクストに明示されている一要素と認めるにとどまるものであるため、省略することにする。

また指示内容については、先行部分がテクスト本文にある文脈指示が大部分を占めている。しかし、その厳密な指示内容の範囲を、テクスト内の具体的な言語形式として定めるのは極めて困難である。すなわち、テクスト中で指示語が指す内容は、全ての読み手が一致するとは限らないからである。これは、指示語の前後だけではなくより広い範囲に及ぶテクストの内容や、読み手が各々に持つ千差万別のコンテキストの影響を受けながら指示内容が判

断されるためである。そこで、本研究では指示内容がテクスト内とテクスト外のいずれに存在するのか、またテクスト内の場合は、その内容が指示語と同一段落の中に収まる規模のものか、それともそれを越えてより広い範囲をカバーするものであるのかといった極めてゆるい基準で分析を行い、指示内容の解釈に発生するぶれをできる限り抑えたいと思う。指示語が広い部分を示す場合は、それだけ文章展開に及ぼす力や結束性への関与が大きいということになる。加えて、指示内容に「その他」という項目を設け、以下のようなテクスト外指示（deixis）である「現場指示」や「絶対指示」、または純粋に書き手の頭の中にあるものを示す「観念指示」といった用法はここに含める。

(12) 現在、札幌大学学長室から聴えてくるラフマニノフのプレリュードを聴きながら、この原稿を書いている。
（「文化史的事件としての音楽会」）
(13) ここで言う権力とは何も政治的な権力機構だけを指しているわけではない。　　　　　　　　　　　　　　　　　　（「価値のある情報」）
(14) ちあきなおみさん、世紀の替わったところで心機一転、それこそもう一度（アゲイン）、あのあでやかな姿を見せ、あのうまい歌を聴かせてくれないだろうか。　　　　　　　　　　　　　　　　（「アゲイン」）

　(12)と(13)は、今現在書き手が書いている随筆テクスト自体を「この原稿」と呼んだり、テクストという場を「ここ」と指したりする現場指示であり、(14)は、有名な歌手についてその情感の込め方の巧みさ、歌唱力のすばらしさなど、様々な含みをこめて「あの」と指す観念指示である。
　更にもう一点、コ・ソ系については、指示語の文脈展開機能を探る目的で、指示語を含む文節が係る語句と係る助詞を抜き出す。
　「係る助詞」については、指示表現が直接「係る語句」につく助詞を抜き出した。よって次のような場合には、「この」は「大学」(15)、「その」は「後」(16)に係るが、そこに助詞はついていないので助詞は「なし」となる。

(15) この他大学、勤め始めた翌年だったか、研究室の助手から「旅費が出ましたから、ハンコを」と言われた。　　　　（「『公金費消』の告白」）
(16) グバイドゥーリナとは世界文化賞受賞の時に会い、その後NHKのステージ・ドアという番組で対談を行った。

（「文化史的事件としての音楽会」）

さて、もう少し広い範囲でのテクスト部分を見てみることにしよう。

(17) 人っ子一人いない"鏡の回廊"を独り占めにして歩けるなんてなんと贅沢なんだろう。この幸福感をかみしめながらシャッターを押し続けたのであった。そう、ここは一七七〇年に王太子（後のルイ十六世）とハプスブルグ家から嫁いできたマリー・アントワネットの婚儀の後の披露宴の会場でもあった。　　　　（「ヴェルサイユを撮る」）

　上の部分には3カ所の指示表現が使われている。まず、「この」は「幸福感」という名詞に係る語であり、「ヲ」という格助詞をとる。指示内容は直前の一文であるため、段落内に指示内容がある文脈指示（前方指示）で、出現位置は段落の結尾となる。
　二つめの「そう」は、前述の堀口（1978）で見たように観念指示用法で、文中に示された内容が読み手の観念中にある内容と一致しているということに対して「そう」といっている応答詞的な表現と見ることができる。指示内容は「その他」に分類される。位置は一文で一段落を構成するため、段落の冒頭結尾の両方という特殊なタイプとなり、係る名詞や助詞は存在しない。
　三つめの「ここ」は提第を示す「ハ」という助詞と直接結びついている。内容は「鏡の回廊」という前の形式段落に存在する内容（文脈指示）なので、指示内容は段落を越えて存在することになる。

4.2. ジャンル特性に関する調査項目と認定基準

分析対象については、以下の四つの二項対立の基準を用い、文章内容の特性

に関して分類を行った[13]。全体としては「随筆」というジャンルを形成しているが、細かく分析していくとその内容の特性は様々でかなり幅があることが分かる。前節ではジャンル全体を「随筆」という一つの集合体として捉えたが、本節では個々の文章が持つ内容の特徴に即して指示語の傾向をつかみたいと考えた。そこでまず、内容が「自分」についてであるかもしくは「他者」に対する話題か、そしてそれは「モノ（人・動物）」についてか「コト」についてかといった叙述のテーマに関しての傾向を考えた。更に叙述の方法が「描写的」か「論理的」か、「情的」か「知的」かという側面からその文体的特徴を捉えた。「巻頭随筆」という一つのジャンルに含まれる個々の文章が持つ特性は、これら4種類の指標の組み合わせを用いて、その傾向を示す形をとる。

表2　50編の文章のジャンル分布

特性	内容的特徴				文体的特徴			
	自分	— 他者	モノ的	— コト的	描写的	— 論理的	情的	— 知的
編数	17	33	28	22	39	11	16	34

　まず、内容的特徴については、他者についての話題が自分についての話題の2倍近くあるが、その対象についてはモノとコトとの差はほとんどない。文体的には、描写的、知的傾向がかなり強い。随筆は書き手の個性が強く出るジャンルという一般的な説に対して、知的な文体が多いというのは興味深い結果である。これは『文藝春秋』という雑誌が持つ特徴と関係するものと予想される。

　次に四つの特性の組み合わせとして見られたタイプを示す。

表3　四つの特性の組み合わせによるジャンル分布

特性の組み合わせ	編数
他者—モノ—描写—知的	12
他者—コト—論理—知的	10
自分—モノ—描写—情的	9
他者—コト—描写—知的	5
他者—モノ—描写—情的	4
自分—コト—描写—知的	4
自分—コト—描写—情的	2
自分—モノ—描写—知的	2
他者—コト—論理—情的	1
他者—モノ—描写—知的	1

　4種類の相関では「他者—モノ—描写—知的」が最も多く、次が「他者—コト—論理—知的」で、論理的な内容を持つものはほぼこのいずれかのタイプである。また特に顕著な結びつきとしては描写的な内容展開(39例)は「モノ」を題材としていることが挙げられる(結びついた例は28例)。他に知的な内容と他者との関わり(結びついた例は28例)も多い。ここから、描写的な内容を持つ場合、「モノ(人や動物)」を対象とした叙述を行うことが多く、また知的な内容の展開方法は、他者に関する叙述が多いことが分かる[14]。

4.3. 調査結果

4.3.1. コ・ソ・アの出現状況

50編全てのコ・ソ・アの出現数、及びその平均は次の通りである。1〜50の番号は本研究において作品に便宜的にふった番号である。

表4 各文章における指示語の出現数

番号	作品名・筆者（職業）	コ	ソ	ア	指示計
1	米大統領選の真実　本間長世（成城学園学園長）	3	5	0	8
2	文化史的事件としての音楽会　山口昌男（札幌大学学長）	6	3	0	9
3	大病のあと　山川静夫（エッセイスト）	10	11	0	21
4	価値のある情報　村上陽一郎（国際基督教大学教授）	9	16	0	25
5	知られざる野口雨情　藍川由美（ソプラノ歌手）	8	6	1	15
6	私がNHKを辞めた理由　岸俊郎（前NHKソウル支局長）	9	10	0	19
7	禁衛府の鳩通信　黒岩比佐子（フリーランス・ライター）	3	16	0	19
8	嘆くな。怒れ　赤瀬川　隼（作家）	8	18	0	26
9	蛇の年に思う　杉本苑子（作家）	5	6	1	12
10	モナリザの微笑み　家森幸男（京都大学大学院教授）	15	2	1	18
11	名将軍を支えたもの　小林和男（NHK解説委員）	3	10	0	13
12	アゲイン　木田　元（哲学者）	15	8	3	26
13	人生の安い買い物　立松和平（作家）	7	16	1	24
14	ヴェルサイユを撮る　南川三治郎（写真家）	12	12	0	24
15	戦火の下のコンサート　星　吉昭（音楽家）	4	4	0	8
16	ハノイの朝食　南條竹則（作家）	11	9	0	20
17	カストロ議長との昼食　松井孝典（東京大学教授）	7	6	2	15
18	FT革命　小泉武夫（東京農業大学教授）	15	10	0	25
19	「静粛に！」　木村尚三郎（東京大学名誉教授）	0	10	0	10
20	陸軍幹部候補生　池部　良（エッセイスト）	7	4	2	13
21	「ヘルフゴット現象」　中村紘子（ピアニスト）	7	15	2	24
22	環境とともに生きる世紀　安藤忠雄（建築家・東京大学教授）	10	18	0	28
23	ロシア帰りの日本映画　山根貞男（映画評論家）	4	15	0	19
24	これも一種の学歴信仰　米原万里（ロシア語同時通訳・エッセイスト）	9	11	3	23
25	新しい「学問のすすめ」　小山慶太（早稲田大学教授）	7	12	0	19
26	ロダンと花子　資延　勲（美術史家）	7	8	0	15
27	楽しき哉活弁　澤登　翠（無声映画弁士）	6	9	0	15
28	三人の首相　大河内昭爾（武蔵野女子大学名誉教授）	2	11	1	14
29	宗十郎の死　池内　紀（ドイツ文学者）	4	16	1	21

		コ	ソ	ア	計
30	気配りとずるさ　山内昌之(東京大学教授)	4	9	0	13
31	猫の死　養老孟司(北里大学教授)	7	10	1	18
32	自分の流儀　大石　静(脚本家・作家)	10	4	0	14
33	「真剣勝負」の不在　藤原新也(写真家・作家)	6	12	0	18
34	紫尾村酒寄のこと　海老沢泰久(作家)	2	25	1	28
35	上等な世の中　奥本大三郎(埼玉大学教授)	4	11	0	15
36	大統領とゴルフ　池井　優(慶應義塾大学名誉教授)	5	5	2	12
37	「公金費消」の告白　佐伯彰一(東京大学名誉教授)	8	9	2	19
38	パニック障害とつきあって十年　南木佳士(作家・内科医)	6	7	1	14
39	猫　杉本秀太郎(国際日本文化研究センター名誉教授)	12	6	3	21
40	まだだ、まだ……　辺見　庸(作家)	8	13	2	23
41	同人誌『ほほずる』のこと　福原義春(資生堂会長)	3	5	0	8
42	矢毒と麻酔　天木嘉清(東京慈恵医科大学麻酔学科教授)	15	3	0	18
43	虎口に立った男達　上坂冬子(ノンフィクション作家)	6	10	0	16
44	彗星の光芒——井田真木子死去　関川夏央(作家)	2	25	0	27
45	ソウル最初の小津映画　田中眞澄(映画史研究家)	3	11	0	14
46	白髪と大入道　寺内大吉(作家)	5	10	2	17
47	栄光のエリート号と哀れなおかま牛　森英介(衆議院議員)	11	16	0	27
48	台湾に響いた「サウンドオブピース」　児玉麻里(国際オルガニスト)	7	6	0	13
49	古代文明を考える　吉村作治(早稲田大学教授)	2	11	1	14
50	読書の運命　森本哲朗(評論家)	4	26	0	30
出現計		343	531	33	907

肩書きは紙幅の都合で語末を省いたものもある。

　一編における各指示語の出現回数の平均は、コ＝6.86回、ソ＝10.62回、ア＝0.66回であり、コ・ソ・アをまとめた指示語の出現平均回数は18.14回である[15]。また、指示語を合計して、最も出現数が多かったのは30回(番号50)で、最も出現数が少なかったのは8回(番号1,15,41の3編)であり、合計出現数の度数分布は次のようになっている。

表5 一作品内での指示語出現総回数の分布

出現回数	8	9	10	11	12	13	14	15	16	17	18	19	20	21	22	23	24	25	26
作品数	3	1	1	0	2	4	5	5	1	1	4	5	1	3	0	2	3	2	2

出現回数	27	28	29	30
作品数	2	2	0	1

　一編に出現する指示語の平均値は18.14回であるが、範囲が8回～30回で22であり標準偏差も10.91とかなり広く、実際の分布状況も13～15回、18～19回に山がある。一編中の指示語の出現数は、広範囲に渡っていることが分かる。
　ここから今回のデータでは、指示語全体（コ・ソ・ア）の出現度数には顕著な傾向が見られず、指示語の使用は多様であるという結果が出たといえる。これは随筆というジャンルが内容に幅を持ち、しかも筆者の書き癖が強く出ることをよく表している。更にこういった多様性こそが、読者の側に「読む」という行為の楽しさを生み出すのではないかと予想される。次に、コ・ソ・アの指示語の各々の指示語の出現度数について見てみたい。

表6 一作品内でのコの出現度数分布

出現回数	0	1	2	3	4	5	6	7	8	9	10	11	12	13	14	15
作品数	1	0	4	5	6	3	5	8	4	3	3	2	2	0	0	4

範囲：15　　平均出現回数：6.86

表7 一作品内でのソの出現度数分布

出現回数	0	1	2	3	4	5	6	7	8	9	10	11	12	13	14	15	16	17	18	19	20
作品数	0	0	1	2	3	3	5	1	2	4	7	6	3	1	0	2	5	0	2	0	0

出現回数	21	22	23	24	25	26
作品数	0	0	0	0	2	1

範囲：24　　平均出現回数：10.62

表8　一作品内でのアの出現度数分布

出現回数	0	1	2	3
作品数	30	10	7	3

範囲：3　　平均出現回数：0.66

　コ系は平均値付近に山があるが、その一方極端に出現数の多い文章もいくつか見られる。ソ系はコ系に比べると更に分散範囲が広く、平均値付近に山があるものの、それよりも少ない文章もかなり見られる。また極端に出現の多い文章（15回～18回9編、25回以上3編）も多く、コに比べて一編ごとの使用差がより強く出ていることが分かる。ここから、ソ系の使用はかなり書き手によって異なり、これが全体としての使用頻度の多様性と強く相関を持っていることが考えられる。ア系は全く出現しない作品が過半数であるが、1回の出現は10編、2回以上出現する作品も10編あった。
　以下では、特に文章中での結束性ということと併せながら、このデータの分析を行っていきたい。

4.3.2. コ・ソ・アと結束性

今回の分析対象においては、指示語全体の使用に関しては特定の傾向が見られず、むしろジャンル全体が多様な傾向を内包していることが明らかとなった。そこでここでは、50編の中で指示語の出現数の多い集団（24回以上）12編と少ない集団（13回以下）11編を取り出し、使用頻度の差をもとにジャンル内部の更なる特徴を探ってみたいと思う。各々の集団内の指示表現数の合計を計算したところ、以下のようになった。表内の数字は実数で、（　　）内の数値はその集団における指示語全体の中での割合（％）である。（以下同様）

表9 指示語の出現数の多い集団と少ない集団の出現様相

	コ	ソ	ア	合計
出現数の多い集団（12編）	102 (32.5)	205 (65.3)	7 (2.2)	314 (100)
出現数の少ない集団（11編）	47 (39.5)	67 (56.3)	5 (4.2)	119 (100)
計（両集団の平均割合）	149 (34.4)	272 (62.8)	12 (2.8)	433 (100)

　両集団を比較すると、指示語の出現数が多い集団では相対的にソ系の出現率の割合が高く、出現数の少ない集団では相対的にコ系の出現率の割合が高い。しかもコ系の一編の文章内での平均出現回数は、多い集団が8.5回、少ない集団が4.3回と約2倍程度であるのに対し、ソ系は出現率の低い集団の平均出現回数は6.1回に対し、出現数の多い集団は17.1回と3倍近い。ここから、指示語を多用する書き手にはソ系が好まれていることが分かる。また、指示語の多用は、指示内容をつなげる方策の頻用を意味することから、ソ系は相対的に短い範囲の内容を指示してそれをつなぐという結束の方法をとり、それが文章全体の多用傾向に結びついているということが言える。
　次に、ソ系が指示する内容の広さをコ系と相対的に比較するため、50編全体でのコ・ソ・アの出現位置を示すデータを検討する。

表10 指示語の出現位置

出現場所	コ系	ソ系	ア系	全体
段落冒頭	116 (33.8)	140 (26.4)	6 (18.1)	259 (28.6)
段落中間	132 (38.5)	263 (49.5)	11 (33.3)	406 (44.8)
段落末尾	88 (25.7)	122 (23.0)	12 (36.4)	22 (24.5)
段落冒頭末尾	7 (2.0)	6 (0.2)	4 (12.2)	17 (2.1)
合計	343 (100)	531 (100)	33 (100)	907 (100)

上記データを見ると、コ系は段落冒頭に出現する場合がソ系に比べて多く、ソ系は段落中間に出現する場合が半数近くを占めることが分かる。またソ系は段落中間と段落末尾との出現数が全体の73.5%を占めるが、こういった場合には、当然、その段落内の内容といった相対的に狭い範囲を受けることが多くなる。更に、段落の冒頭に出現した例だけ（コ系列116例、ソ系列140例）を対象として、その指示内容の範囲を調べてみると、以下のような結果が見られた。

表11　段落冒頭に出現したコ・ソの指示内容の範囲

指示内容の範囲	コ系列	ソ系列
段落を超える内容例	73 (62.9)	85 (60.7)
段落の中の内容例	14 (12.1)	43 (30.7)
その他	29 (25)	12 (8.6)
段落冒頭総出現数	116 (100)	140 (100)

　ソ系列は、段落の冒頭文に指示語が出現する場合でも、段落の中の内容、すなわちその文自身に含まれる内容を指す場合が3分の1近く（30.7%）あるが、こういった例はコ系ではかなり割合が低く（12.1%）、これは極めて対照的な事実である。もちろんこれだけからコ系列が広い範囲を、またソ系列が狭い範囲を指すと単純に結論づけることはできないが、ソ系列のほうが形式段落の中に指示対象を持つ傾向がコ系列よりも強く、それだけ指示範囲も限定される傾向があるといってよいだろう。更にコ系列は「その他」の割合が25%と全体の4分の1を占めていることから、「文脈指示」以外の用法が多いことが分かる。
　ここまで、出現数の傾向を通して随筆の指示語について考えてきたが、次に、コ・ソ・ア各々の指示語の特徴を具体例を取り上げながら見ていきたい。

まずコ系列であるが、文脈指示のコはソに対して有標であるとしばしば指摘されている。つまりコ系は、書き手が特に読み手の注意を喚起しようと意図してテーマに関わる事柄を指す場合や、その事物を表現者に対して近い存在として捉えて強調する場合などに用いられるのである。本調査では、コ系の文脈指示には段落を超えた広い内容を指示する用法が多く、また文脈指示以外の用例も多く見られる結果となった。

〈文脈指示用法で段落を超える内容を指す場合〉
(18)　私がまぢかに蛇を目撃したのはこの駕籠の中でだった。
　　　　　　　　　　　　　　　　　　　　　　　　　（「蛇の年に思う」）
(19)　もちろんこの時アメリカで、さまざまな論評が紙上などでかわされたと聞く。　　　　　　　　　　　　　　　　　　　　（「ヘルフゴット現象」）

　これら2例はいずれも文章の中程に登場する文であるが、(18)は、筆者が3、4歳のころ、母親と箱根で駕籠に乗った時のいきさつが冒頭から直前の段落まで続き、改段落をした冒頭文に登場する「この」である。よって「この」は前述された広い内容を指している。(19)は、筆者がヘルフゴット氏のピアノ演奏を聞いたエピソードやそれに対する筆者自身の感想（驚きやあきれ）が書かれた後、氏を題材にした映画が大ヒットとなり、ヘルフゴット氏自身の公演も大盛況であることを述べた内容に続く文である。ここでの「この」は、その映画の大ヒットや公演の盛況などの具体的事象を指している[16]。

〈文脈指示用法以外の場合〉
(20)　手を休めて窓の向うを見ると、折しも何かの物音に首をもたげてこちらを見た。　　　　　　　　　　　　　　　　　　　　　　　　（「猫」）
(21)　もはやこれまでと覚悟するほど、大病の連続であった。
　　　　　　　　　　　　　　　　　　　　　　　　　（「大病のあと」）
(22)　私はこの七月までNHKのソウル支局長だった。

(「私がNHKを辞めた理由」)

　(20)は、話し手の方向(場所)を示すコ系の絶対指示であり、(21)と(22)は、時間を示す絶対指示で、特に「これまで」というのは慣用的な用法である。先に随筆テキストでは、現場指示と観念指示が文脈内容による知識・体験の共有を媒介として連続的な性質を示すことを述べたが、絶対指示においても読み手と書き手が同一の場に立つような要素が強く含まれている。これは随筆テキストが、文章でありながらも多分に談話的要素を持ったジャンルであることを裏付ける事実だと言える。
　次にソ系列についてだが、文脈指示のソは無標・中立的な用法であり、指示対象に対する焦点化などは行わず、主として概念的な説明の文脈で用いられるとされている。本研究におけるソ系列は、段落の冒頭文が同一のセンテンス内に指示内容を持つ(段落の中の内容を示す)例が中心であった。

〈文脈指示で指示語が同一(当該)文中の内容を示す場合〉
(23)　世界各国三百都市でオルガンの演奏会を重ねているうちに、西欧や東洋の音楽を学んだり追いかけるのではなく、日本人として日本から発信する音楽を創り、その音楽をもって世界平和に貢献できる活動ができないものかと考えるようになった。
　　　　　　　　　　　　　(「台湾に響いた「サウンドオブピース」」)
(24)　彼女は九一年に大宅賞を、九三年に講談社賞を受けたが、そういうこと抜きにしてもすぐれた書き手だった。　　　(「彗星の光芒」)

　(23)の「その」の内容は、直前に叙述されている同じセンテンス内の「西欧や東洋の音楽を…日本から発信する」という部分を受けており、(24)の「そう」いうこととは、文の冒頭からの内容である彼女が二つの文学賞を受けたことを指す。共に文の途中にソ系の指示語が出現し、その文の前の部分を指している例である。
　更に前述した「ソ」系が短い範囲の指示内容を指しながら連続して用いら

れ、鎖のようにつながっていくタイプを見てみたい。

(25) <u>その</u>旧紫尾村は東から南にかけて八百七十六メートルの筑波山がそびえ、<u>その</u>西北斜面の約九百三十丁歩の山と麓の傾斜地および村を流れる桜川沿岸の平地帯七百七十丁歩から成っていたが、産地面積と平地面積の割合からすると郡内第一の山村だった。(「紫尾村坂寄のこと」)

　これは文章全体の前から3分の1あたりに出現する段落の冒頭文であるが、一文中に「その」が2回出現している。冒頭の「その」は前段に叙述された内容全体の、紫尾村が筆者の生まれた村であるという説明を指している。そして次の「その」は直前にあるその紫尾村にそびえる「筑波山」を指し、一文の中に連続的に「その」が登場して文脈を展開している。ソ系がこのように次々と前の内容を結びつけて結束性が作りだされていく用法は、今回の資料において数多く見られた。
　以上のように、段落の冒頭文に登場するソ系は、文の途中に出現してその文内の要素を指す場合(文脈指示)が多く、コ系は文脈指示以外の絶対指示や現場指示として用いられる場合が比較的多かった。そして、文脈指示以外のコ系の用法は、書き手と読み手の心理的関係の構築や場面性の重視といった点において、随筆テクストのジャンル特性と大きく関係していると言うことができる。
　次に指示表現に係る助詞について見てみたい。今回は格助詞の中で出現数が比較的多く、特徴的なふるまいを見せた「ガ・ノ・ニ・デ」、及び副助詞「ハ」について調査した。これらの助詞を含む例はコ系が185例、ソ系は265例であった。

表12　コ・ソ系の指示語に係る助詞の例

係る助詞	コ系	ソ系
―ガ	36（19.5）	50（18.9）
―ハ	39（21.1）	63（23.8）
―ノ	53（28.6）	43（16.2）
―ニ	38（20.5）	76（28.7）
―デ	19（10.3）	33（12.4）
合計	185（100）	265（100）

　コ・ソの使用率の違いに大きく特徴が見られるのは、「―ノ」と「―ニ」という形である。
　まず「―ノ」についてはソ系に比べてコ系が多く、「コ系連体詞＋［名詞1］＋ノ＋［名詞2］」という連体修飾格をとる用法に特徴が見られた。具体例を観察してみたい。

(26)　この研究のシンボルマークは、ごはんや魚、大豆、階層、野菜など日本の長寿食を前にして微笑むモナリザにした。（「モナリザの微笑み」）

　「この」に続く「研究」（名詞1）は、筆者が行っている脳卒中、心筋梗塞などの生活習慣病の予防を目的とする国際共同研究を指し、「ノ」に続く被修飾語「シンボルマーク」（名詞2）は、「研究」を象徴するものでその一部分を焦点化している。「シンボルマーク」がモナリザであることを基点として、この後題名であるモナリザの微笑みに結びつく内容へと文章は展開する。

(27)　司馬遼太郎の膨大な作品群は実にこの「戈壁の匈奴」の"血種"から発端していたのではあるまいか。　　　　　　（「白髪と大入道」）

コ系の指示語が係る「戈壁の匈奴」(名詞1)とは、司馬遼太郎の残した初期の短編で、筆者はこの前の部分でその完成度の高さに感嘆している。そしてその作品の中に流れる歴史上の人物の「血種」こそが、直木賞作家である筆者自身が題名にある「白髪」になるまで「僧」でありつづけた所以としてクローズアップされる。この後、故大島徹水大僧正のエピソードをひきながら、これからも僧侶として生きていく自分の道といったテーマに直結する内容が書かれている。

(28)　しかしこの薬の起源をさかのぼれば、南米の原住民が用いた矢毒である。　　　　　　　　　　　　　　　　　　　　　　　　　　　　　　　　　（「矢毒と麻酔」）

　「この」に続く「薬」(名詞1)というのは麻酔薬としての筋弛緩剤を指すが、この後、文章の内容は「矢毒」へと展開していく。「の」の後の名詞「起源」(名詞2)は、題名である麻酔と矢毒とを結びつけるための語句として機能している。
　以上のように、コ系が「─ノ」と結びつき名詞を修飾するという「コ系連体詞＋［名詞1］＋ノ＋［名詞2］」という形は、この随筆テクストにおいて興味深い機能を持っていることが分かる。まずコ系指示が文脈内外の何らかの内容を指すことで、［名詞1］の一般的（辞書的）な意味にそのテクスト特有の意味が付加される。ここでソ系よりもコ系が好まれるのは、筆者の主体的姿勢が強く表されているためであり、文脈の中で意味を付与してその名詞を強調する手段として用いられている。よってこのように新しい意味を与えられた［名詞1］は、テクスト内のテーマとなる語句であるが、このことはそれが題名と関わりのある名詞が多いことからも明らかである。「ノ」の後に続く［名詞2］は、限定された［名詞1］が持つ意味の中から更に特定の部分を取りあげ、その後の内容でそれについて詳述するという方向性を作り出す役目を果たしている。すなわち［名詞1］はテーマに関わりながら語句の中にテクスト固有の意味を持ち、［名詞2］は前の［名詞1］の指す内容の中の特定部分を焦点化し、その後の叙述の方向性を示す役割を果たしている

と見ることができるのである。こういった理由から、この表現の後は文章の中核となる内容が展開される場合が多い。

次に「—ニ」についてだが、こちらはコ系に比べてソ系が多く用いられており、かつソ系の中でも最も使用率が高い。「に」は時空間のある点を示す格助詞であるため、ソ系指示語と「ニ」格との間に挟まれる名詞は当然「場所」や「時」を示すものが極めて多い[17]。

場面や時間とは、テクスト内容の枠組みを示す（場所や時の設定）他、内容の分断点や転換点を示す役割を担う点で、テクストの構造や結束と関わる表現である。随筆の内容展開においては、客観的性格の強いソ系を時空間を示す格助詞「ニ」格と組み合わせることで、時や場の転換に多く利用されている。

(29)　そのうちに誰からだったか、あるいは僕だったかも知れないし、異口同音の呼吸もあったが、動議が出た。　　　（「嘆くな。怒れ」）

　この前の文までは、作者と友人たちが酒の肴に世を「嘆いていた」ことが叙述されており、この後はそれが「怒る」対象へと変化し、具体的な事例が様々に挙げられる。題名にも見られる「嘆き」から「怒り」への転換が図られる部分に、このセンテンスは位置しているわけである。

(30)　このように千葉県が酪農大国となったのは、何といっても県内の酪農家の並々ならぬ努力の賜物であるが、その蔭に、千葉県当局の酪農振興に向けての積極的な取り組みや適切な指導があったことも見逃せない。　　　（「栄光のエリート号と哀れなおかま牛」）

　「その蔭」という指示の前の部分では、千葉県が牛乳の生産量が全国でトップクラスであることが述べられ、その後は県の主導で乳牛の品種改良が行われてきたことや、県営の嶺岡乳牛試験場の話が展開されている。やはり全体（概略）的内容から個別的なものへと内容が転換される部分でこの表現

が出現している。

　さて、「—で」については、使用率にコ系とソ系との大きな差は見られなかったが、格助詞「で」の意味としてコ系は「場面」「手段・方法」「原因・理由」「状態」などの様々なタイプが見られたのに対し、ソ系では半数以上が「場面」を示す例であった。

(31)　もちろん<u>この運動で</u>すべてが解決できるわけではない。
　　　　　　　　　　　　　　　　　　　　　　　　（「環境とともに生きる世紀」）
(32)　国民党の李登輝が総統と党主席の座を離れたとき心境を聞きにいったフリーの日本人として私はトップをきっていたと思う。<u>その席で</u>「ご夫妻の戦後史と、台湾の歴史を重ねて書かせていただけませんか」と申し出て、李登輝夫妻は意外なほどすんなり承諾してくれたのが台湾に通うことになったきっかけである。　　　（「虎口に立った男たち」）

　(31)の「この運動で」は、瀬戸内海の島で環境問題の対策としてオリーブを植えていく運動を指している。また(32)「その席で」は、李登輝氏に心境を聞きにいった席を指している。このようにコ系では、(31)のような手段を表す用法などが見られるのに対し、ソ系は(32)のような場面を表す用法が多い。コ系は文脈指示以外の様々な例が見られたが、後置される助詞の意味においても同様に多様な機能を持つ傾向が見られる。

　この他、ガとハとコ・ソとの組み合わせの傾向については、今回のデータからは明確な差を見ることができなかった。しかしこれについては、より大きなデータを用いることで組み合わせに何らかの相関が発見される可能性があるのではないかと考えられる[18]。

　本節の最後に指示語の直後に置かれる語句と後方指示の関係について簡単にふれておきたい。今回の50編の分析では後方指示は、コ系8例（こんな2例、これ3例、こう3例）、ソ系3例（そう1例、そこ1例、その1例）が見られた。一例を挙げておく。

(33) 一月一五日の読売新聞夕刊十四面にこんな記事が載った。
　　　TBSの正月番組、テレビドラマNG集で、人物の背景に駅の発車案内表示が映っているのだが、その時刻がOKシーンよりNGシーンの方が遅い時刻になっている。OKの後に、わざわざNGシーンを創って撮った"やらせ"ではないかと、視聴者から読売新聞にEメールが寄せられたとある。
　　　放映された発車案内表示の映ったNGシーンとOKシーンのカラー写真まで派手に載っていた。　　　　　　　　（「自分の流儀」）

　「こんな」は次の形式段落（後方文脈）の内容全体を指示して文章を結束させる機能を果たすが、指示語に続く「記事」という語句はこれから叙述する具体的な内容を抽象的にまとめている。このように指示詞の直後の名詞がとりまとめる機能を持つことは、後方指示のようなその部分を読んだ時点では指示内容が不明な用法において重要である。後述する内容の上位語として後方指示語に連続して出現する体言は、読み手へ文脈の予告を具体的に行うことで、文章の結束性を強化する働きを持つ。これは次の例と比較すると明らかである。

(34) こういうインタビューがいつもそうであるように、実現には長い働きかけが必要だったが、こちらの熱意が通じ、昨年十一月に二日間にわたって会うことができた。　　　　　　（「名将軍を支えるもの」）

　(34)では、「そう」という指示語が単独で助動詞「で」（だの連用形）に係るため、ここまでを読んだ読者には指示内容が曖昧なままとなる。今回の用例の中では「ソ」系の全てが後置する語がなかったが、コ系は8例のうち6例が後置する語句が見られた。後方指示と結束性との関係については、後置語の種類やそれに続く助詞の傾向、ジャンルとの相関などを併せて見ることで具体的な働きが明らかになるのではないかと予想される。また、前方への結束と後方への結束との性質を精緻化することは、テクストの内容展開のタ

イプの解明にも関わるが、これについては別の機会に研究したい。

4.3.3. コ・ソ・アとジャンル特性

ここでは、先に述べた各作品のジャンル的特性と指示語の出現の様相について観察してみたい。まずコ・ソについてだが、50編の文章におけるその出現の割合は、全体としてはソ系列の方がコ系列よりも多かった。個々のテクストについては、コ＞ソが10編、コ＜ソが29編、コ＝ソが11編であった[19]。ジャンル内容の特性とコ・ソの使用比率との関係は、以下のようになる。（数値は実数）

表13　指示語使用割合別のジャンル特性

コ＞ソ（10編）

自分 3	モノ的 6	描写 7	情的 3
他者 7	コト的 4	論理 3	知的 7

コ＝ソ（11編）

自分 8	モノ的 6	描写 11	情的 4
他者 3	コト的 5	論理 0	知的 7

コ＜ソ（29編）

自分 5	モノ的 13	描写 20	情的 9
他者 24	コト的 16	論理 9	知的 20

コ・ソの指示の特徴として、コ系は話し手自身の判断を強く含み、ソ系は指示対象の客体的な在り方を示すとされている。表13から明らかな通り、ソ系が多用されているテクスト（コ＜ソ）において、「他者」に関するテーマを題材とした内容を「描写」するという傾向が見られた。以下に、典型的な文章例を示しておきたい。

〈ソ系が多用されている「他者」「描写」の例〉
(35) その人は小学生の時から自宅で鳩を飼っていたが、朝日新聞東京本社の鳩係主任と顔馴染みになって、十六歳の時、一九四五年三月頃からその下で働くようになった。そして敗戦。その直後、旧禁衛府師団から同社に鳩の訓練をしてほしいという依頼があり、薦められて彼が行くことになった。彼の記録ではその組織は「キンエフ」という名称で呼ばれていて、兵士は旧陸軍のカーキ色の軍服を黒く染め直して着ていた。　　　　　　　　　　　　　　　　　（「禁衛府の鳩通信」）

　この文章は、「禁衛府」という大部分の読者が知ることのない組織について説明を行っているのだが、こういった客体化した対象を説明する内容が描写的な文体で綴られている。(35)では、文脈指示の「その」が連続して用いられているが、文章内容を読者が的確に追っていくことでテーマに関する知識を増やしていく展開となっており、簡潔で正確な文体が実現されている。
　更に、コ系がソ系よりも多用される場合に他の場合と比較して「モノ的」な内容が多いという傾向が見られた。「モノ的」とは人物や動物などについて書いた内容ということで、比較的筆者自身との関わりが深い、もしくは思い入れが強い傾向を対象としており、それが主観的・場面的な要素の強いコ系の使用に結びついたものと考えられる。
　今回のデータで特徴的であった点は以上のようであるが、全体的にはコとソの使用頻度とジャンル傾向に関しては、大きな違いは見られなかった。これは大きく随筆という枠で括られるテクストが、多様な作品を内包し、かつ個々の作品の中にはある程度の特性を見ることができても、そこには同時に他の特徴をも潜在的に含んでいることと関係するものといえるだろう。これは例えば、「知的」な文体で叙述するような比較的客観的な固いテクストあっても、書き手自身が対象をひきつけて指示する「コ」系を用いるといった主観的な指示を使用するといった、作品内部における多面性を言う。
　またア系の指示語が出現したテクストは20編だけであったが、このジャ

ンル特性は、次表のようになった。

表14　ア系が出現した作品数（20編）のジャンル特性

自分　7	モノ的 15	描写 17	情的　9
他者 13	コト的　5	論理　3	知的 11

　上記の結果からは、「描写的」「モノ的」といったジャンル傾向が観察される。つまり、ア系の指示語は、人や動物など（モノ）を描写するにあたり、書き手の知識や体験が読み手と共有された場合に用いられるのである。こうした観念指示を示すとされるアは、過去の体験に直接関与する指示対象を指すという性格から基本的には書き手の側の対象を指すが、随筆テクストでは「描写」的な文脈に出現するということから、それを客体化しながら説明するといった読み手と同じスタンスから対象を見ながら叙述する姿勢がとられているものと考えられる。これは、書き手の側が読み手へ歩み寄ることで両者が共通の場に立つといった、随筆ジャンルにしばしば見られる手法であると解釈される。

5. おわりに

　本章では、随筆における指示語の特性を探るため、『文藝春秋』の「巻頭随筆」を用いて、500編という大きな視点からの傾向の調査と、50編にしぼりこんでより細かい分析を行った際に見られる現象について記述してきた。文章において指示語は文脈展開や結束性に大きな役割を果たすと共に、書き手が持つ指示内容に対する姿勢や読み手との関係の意図などを示す。テクスト分析においては、これら両者が重要であるが、特に後者はジャンル的特性とも大きく関わっている。以下、本章で述べた内容を簡潔にまとめていきたい。

　本章ではまず、随筆テクストにおけるコ系とソ系の使い方の特徴を記述し

た。ソ系はコ系に比べて多用されるが、比較的短い(同じセンテンス内といった)範囲を指す用法が多く、短い内容を次々につなげて結束性を生み出している。加えて全般的に指示語を多用する書き手においては、ソ系の多用も観察されるという結果が示された。また、ソ・ア系では慣用的な用法や感動詞の用法も多用されていた。これらの用法については、今回、文章内に出現するコ・ソ・アは全て基本的には文脈に依存し、何らかの形で文脈指示の性質を持つとする前提に立った分析の枠組みに基づき拾い上げたものである。同様の理由で、随筆テクストにおけるコ系の現場指示や絶対指示、またア系の観念指示なども観察し、文章内容との相関やジャンルが独自に持つ特性を明らかにした。従来のテクスト分析では研究対象とされてこなかったこれらの用法は、随筆テクストでは文脈を通して効果的に用いられ、筆者が読者と同じ「場」に立つ「談話的な要素」を強く示すものであると言える。

　以上であるが、同一の系列の指示における客観性や感情の提示といった指示そのものの特徴を加えたジャンル分析など、今後の課題として行っていきたい。

注

1　指示語については、この他にも読み手の側に着目した多くの機能が予想される。例えば高崎(1988)は、指示内容と指示する表現の間に読み手の推理が介入する部分があることや、前方指示におけるとりまとめの機能と後方指示における予告の機能は、文章構造の上で重要な役割を果たすことを指摘している。

2　また言語教育という立場からは、佐々木(1995)が談話の結束性を保つ指示語に着目し、日本人母語話者(小学生から大学生)と中上級の日本語学習者の書いた作文における使用状況の分析や、その習得や獲得の実態を考察している。

3　吉本(1992)では、記憶の性質によって指示が分類されているが、談話記憶とは「理解された経験や言葉が一時的に蓄えられる場所」であり、出来事記憶とは、「談話記憶の中でも重要なものが、何らかのの理由でそれまで蓄えられてきた長期記憶には納められず、長期記憶と密接な関わりを持ちながらそれとは別に蓄えられる場所」である。この談話記憶と出来事記憶の区別に関してより更に精緻に規定することで、指示の持つ機能がより明確化するものと考えられる。

4 現場指示については、堀口(1978)を用いる場合、文章では純粋な(その一)の用法は基本的には現れず、(その二)の用法(例「この文」:それ自体を指示するものに限られる)であると考えられる。

5 テクスト中の指示表現については、指示詞と接続詞との性質の差異において、いわゆるディスコース(話し言葉)と同一の視点では文法的に判定できないことにも注意したい。

6 以下本章では、「巻頭随筆」からの引用例文(例11)までは、後の( )に各随筆に付された題名、及び巻(号)を記す形をとる。

7 この他、論説や説明といったジャンルのテクストではア系の出現自体が極めて少ないため、分析の対象とはならないといった考え方もある。

8 副詞・代名詞・感動詞という三種類の品詞が連続的な意味合いを持っていることは、『日本国語大辞典』における見出しで、「そう(副詞・感動詞)」が同一見出しであることなどからもその一端が窺われる。但し本章では、文法上の感動詞という品詞分類を斥けるものではない。また、感動詞として今回の分析に見られる用法は以下の通りである。

    応答   そう(だ・です・なの・かな 等)
    あいづち   そう(だ・ね・なんだ・だよね)、そうそう
    感動   そう(だ・?) あれ?
    間投   あの(う) その(う) ああ そう こう

9 この他、今回は結束性の様相として観察する指標は明示されたものに限ることとし、略題(省略された指示語)を追うことはしない。但し略題表現を見ることは、「切れ目」の発見という点では有効であろう。

10 このコーパスは、平成15年度～平成16年度科学研究費(基盤研究(C)(2))(15520296)(研究代表者 高崎みどり)において作成されたものを利用した。

11 これはジャンルによる差もあると考えられるが、竹田(2000)は論説文を対象とした場合で、ソレ1253例(56.7%)、コレ957例(43.3%)、竹田(2001)はエッセイや社説を対象とした場合で、ソノ2562例(56.9%)、コノ1939例(43.1%)、三枝(1998)は経済学の評論を対象とした場合で、コ系3926例(59%)、ソ系2739例(41%)というデータを各々提示している。

12 分析対象では、各号の冒頭に連載されている阿川弘之氏の文章、及び日本語非母語話者による文章は除外した。

13 テーマについての認定は3人の日本語学研究者の分析をつきあわせ、討議の結果認定した。また「巻頭随筆」には題名が付されているが、それも認定の手がかりの一

つとして利用した。
14 　描写的な内容が「知的」「他者」と結びついているという傾向も見られるが、これは「論理的」な内容においても同様であるため、特別なものとは考えられない。
15 　500編全体の平均は、各々コ＝ 7.06 回、ソ＝ 10.90 回、ア＝ 0.76 回である。
16 　その他、コ系で結束に関わる形として「こうして」「こうした」といった広い分量に渡って前述の内容をまとめる用法が多くみられ、特に「こうして」は文脈の転換が行われるような改行段落の冒頭に位置し、それまでの内容をまとめ上げて文章の強い結束を生み出している用例が多い。例えば次のような例がある。

　　こうして昭和三十六年に入社した私が配属されたのは総務部秘書課だった。

（「牧師志願が社長に」80（1））

「牧師志願が社長に」は、池田守男資生堂社長が、自分の資生堂入社までのいきさつとその後の社内での働きぶりを綴った自伝的随筆である。このセンテンスはこの文章のちょうど中央部分に登場し、前半で述べた入社までのいきさつをまとめ、結果として秘書課への配属を提示している。この後は、政界との関わりや社長としての心構えなどといった内容へと転換が図られ、「こうした」のセンテンスは前半と後半を結ぶ位置に置かれている。
17 　「その─名詞─に」という形では、今回以下のような例が見られた。
　その中に　その下に　その間に　その店に　その地に　その前に　そこに　その場に　その日に　その時代に　そのたびに　その時に　そんな時に
18 　庵（1997）では、「この」が「は」と、「その」が「が」と結びつきやすく、「この─は」は先行文脈を継続・発展させる内容を持つのに対し、「その─が」は先行文脈と対立する内容を持つと指摘している。
19 　本稿においてはコ÷ソの値において、便宜上、コ＞ソは 1.2 以上、コ＝ソは 0.8 以上 1.2 未満、コ＜ソは 0.8 未満である場合として分析を行った。

参考文献

庵　功雄（1994）「結束性の観点から見た文脈指示─文脈指示に対する一つの接近法─」大阪大学『日本学報』13　31–43

庵　功雄（1995）「テキスト的意味の付与について─文脈指示における「この」と「その」の使い分けを中心に」大阪大学『日本学報』14　79–93

庵　功雄（1997）「「は」と「が」の選択に関わる一要因─定情報名詞句のマーカーの選択要因との相関からの考察─」『国語学』188　1–11

庵　功雄(1998)「名詞句における助詞の有無と名詞句のステータスの相関についての一考察」一橋大学『言語文化』35　12-32

池上嘉彦(1983)「テクストとテクストの構造」『日本語教育指導参考書11 談話の研究と教育Ｉ』7-42　国立国語研究所

市川　孝(1978)『国語教育のための文章論概説』教育出版

岡崎友子(2002)「指示副詞の歴史的変化について―サ系列・ソ系を中心に」『国語学』53(3)　1-17

亀山　恵(1999)「談話分析：整合性と結束性」田窪行則他編『岩波講座言語の科学7　談話と文脈』93-177　岩波書店

北原保雄他編(1981)『日本文法辞典』有精堂

金水　敏・田窪行則(1992)「談話管理理論から見た日本語の指示詞」『指示詞』123-149　ひつじ書房

久野　暲(1971)『日本文法研究』大修館書店

黒田成幸(1979)「(コ)・ソ・アについて」『林栄一教授還暦記念論文集　英語と日本語と』くろしお出版

国語学会編(1980)『国語学大辞典』東京堂

国立国語研究所(1981)『日本語教育指導参考書8　日本語の指示詞』大蔵省印刷局

三枝令子(1998)「文脈指示の「コ」と「ソ」の使い分け」『一橋大学留学生センター紀要』創刊号　53-66

佐久間　鼎(1951)『現代日本語の表現と語法(改訂版)』厚生閣

佐久間まゆみ(2000)「日本語学のフォーカス　接続」『別冊国文学』53　152-55

佐久間まゆみ(2002)「接続詞・指示詞と文連鎖」『日本語の文法4　複文と談話』岩波書店

佐々木泰子(1995)「日本語における結束性の発達と習得―指示語と繰り返し―」『国文』83　1-10　お茶の水女子大学国語国文学会

佐藤喜代治編(1977)『国語学研究事典』明治書院

高崎みどり(1988)「文章展開における"指示語句"の機能」『言語と文芸』133　67-88　大塚国語国文学会

瀧田恵巳(2001)「言語における指示詞の意味について(下)」大阪大学『言語文化研究27』415-30

竹田完次(2000)「文章中の文脈を指示するソレとコレについて―実際の言語資料において―」『計量国語学』22(4)　129-146

竹田完次(2001)「ソノとコノの文脈指示」『計量国語学』23(2)　91-109

東郷雄二(2000)「談話モデルと日本語の指示詞　コ・ソ・ア」『京大総合人間科学部紀要』

7　27–46
時枝誠記(1950)『日本文法口語篇』岩波書店
長田久男(1995)『国語文章論』和泉書院
馬場俊臣(1992a)「指示語の文脈展開機能」『日本語学』11(4)　49–55　明治書院
馬場俊臣(1992b)「指示語―後方照応の類型について」『表現研究』55　20–27
林　明子(1995)「結束性を支える日本語の指示詞の機能とドイツ語テクストへの移行」『東京学芸大学紀要 2 部門』46　73–89
林　四郎(1983)「代名詞が指すもの、その指し方」林他編『朝倉日本語新講座 5 運用 I』1–45　朝倉書店
春木仁孝(1991)「指示対象の性格からみた日本語の指示詞―アノを中心に―」大阪大学『言語文化研究』17　93–113
堀口和吉(1978)「指示語コ・ソ・ア考」『論集　日本文学日本語 5 日現代』角川書店
三上　章(1970)『文法小論集』くろしお出版
森田良行(1993)『言語活動と文章論』明治書院
山村　毅・大西　昇・杉江　昇(1992)「日本語指示詞の前方照応現象の分類」『電子情報通信学会論文誌 D–II』J75(2)　371–78
吉本　啓(1992)「日本語の指示詞　コソアの体系」金水敏・田窪行則編『指示詞』　105–122　ひつじ書房
Halliday, M. A. K. & Hasan, R. (1976) *Cohesion in English*. Longman

第3章　随筆テクストの文章特性

1. はじめに

　本章では、随筆テクストのもつ文章の特性を、文末表現・語彙・引用表現の三つの観点からみていく。それぞれが本章の、「2. 随筆テクストにおける文末表現」「3. 随筆テクストにおける語彙」「4. 随筆テクストにおける広義引用表現」の各節で順に論じられているわけであるが、具体例が共通のものである「2」と「4」を続けて読んでいただいたほうが分りやすいかと思われる。また分析の内容からいっても、「2. 文末表現」と「4. 広義引用表現」は、ともに随筆テクストの"談話性"を裏付けるものとしてまとまっていると思われる。

　今回、この「文藝春秋」巻頭随筆の文章に取り組んでみて、その特徴として最初に感じたことは、文末表現が多彩だ、ということと、誰かが話したり書いたりする言語行動が取り入れられて成立している文章が多い、ということだった。そして、観察を重ねるうち、この2点は、随筆というジャンルに属する文章が必然的にもつ性格と関連を持つのではないかと思われた。

　まず、文末については、書き手の命題についての言表態度とともに、読み手にテクスト成立への参加を促す、という機能も含んでいる、ということが考えられる。もちろん、聞き手のいない書き言葉テクストでは"聞き手めあて"のモダリティは普通考えにくいのだが、今回の随筆の場合、読者の受け入れやすさを意識した配慮が、命題あての言表態度から滲み出て、"受け

手めあて"のように働いているのではないか。もしも命題めあてのみであれば、こんなにも多彩な文末が必要だろうか。いろいろなレベルで読者の共感を求める書き手の意図が、文末の多彩さの一つの要因となっているように思われる。

　また、誰かが話したり書いたりする言語行動、というのは、誰かが語ったことや書物として著した内容の紹介、あるいは書き手自身が過去に誰かと交わした会話の再現などである。すなわち、今回対象とした随筆の書き手には、基本的に、自分の"見聞"体験を伝達しよう、という姿勢があるのではないか、と思われる。随筆の中心となるテーマが意見や説明だとしても、何らかの形で、言語を通じた体験を材料にすることが多いのである。

　こうした"受け手めあて"の言語表現態度や、体験の伝達という姿勢は、話し言葉と相通ずるところがある。つまり、前者については、送り手と受け手が同時にやりとりする「場」のないことが前提である書き言葉よりは、「場」がある話し言葉において重要になってくるポイントである。後者については、たとえば定延(2003)が「書き言葉的なストラテジーが知識を表しやすい」ことを指摘して、「話し言葉的なストラテジーが個人的な体験を表しやすい」というタネンの指摘と対比させている。つまり、随筆という書き言葉を考えるときには、話し言葉の観点から考えてもよいのではないだろうか、ということを考えさせるのである。

　これらの間に入る形になってしまったが「3. 随筆テクストにおける語彙」では、語句の反復現象を扱う。文章の冒頭の部分で使用された語句が、その後の展開においてどう反復されるのか、またその反復の意味するところはどのようなものか、ということをみていきたい。

　これら三つの節とも、随筆テクストを量的にパターンを見出すものとして扱う角度と、具体的なテクストを2例とりあげて、内容やテーマと関連させながらその現象を質的に見ていく角度とを組み合わせている。

　さて、内容に入る前に、1、2述べたい。
　まず、ここでは「文章」という語は、一応、「語」・「文」・「文章」という

言語の単位の最大のものとして、あるいは一般的に"書かれたもの"というほどの意味で使うことにする。「テクスト」というのは、「テクスト言語学」や「文章論」などの研究の対象とされ、コミュニケーションの場で現実に機能している存在をさすこととする。が、ときとして「文章」と「テクスト」を混用することもある。

　次に、研究の角度についてであるが、当初めざしていたのは、大量の文章を分析すれば、"テクストの構造"のようなものが何か掴めるのではないか、ということであった。文でも文章でも、何らかの言語単位を研究するには、それらの下位にある"一定のまとまり"といわれるような「分節」単位を何重かに設定して、それらが結びつく構造原理を見出していかねばならないのだろう、と思っていたからである。しかし、自分自身が納得のいくような"構造原理"が見つけられないでいた。文章論・テクスト分析でも文法論で言われるような"構造"を追求することが、必要なのであろうか、と考えたことさえあった。

　しかしながら500編の多彩な随筆を通覧するうち、テクストの"構造"がもし目の前の現実のテクストに存在するとしたら、そして、受け手(読み手・聞き手)としてテクストの"構造"を把握してテクスト成立に参与するとしたら、"構造"という用語から連想されるような、平面図構造図のようなものでなく、時間的線条的な"展開"ないしは"過程"と呼ぶ方が近いのではないだろうか、と実感した。

　ところで、ボウグランド(1984)では、「テクストは1つのサイバネティック・システムであって、自らを構成する出来事の機能を絶えず調整するものである」(ボウグランド 1984: 49)との考えが示されている。これに関して、巻末に池上嘉彦氏による「訳者解説」があり、次のように述べられている。

　「テクスト」が本質的にそのような動的な性格のものであるならば、それをちょうど「文」についての「基本的文型」とでもいったものと同じように、そこに認められる言語的な構成要素の構造的特徴に基づいて有限個の「型」として捉えようとするのは如何にも非現実的なということ

> ことになろう。現実の「テクスト」は、そのような扱いで律するには余りにも変化に富む創造体であるからである。当然そこでは出来上がったものとしての「テクスト」の構造よりも、およそさまざまな「テクスト」が如何にして創り出されるか——その「過程」に関与するものは何かという点に注目が向けられることになる。この「過程」は、「話し手」が主体的に関与する創造の過程である。　　　　　　（池上 1984: 295）

　つまり、"書き手がテクストを創出する過程に関与するのは何か"という提起から出発することが現実的である、とのヒントを受け取った。そこに随筆というジャンルの特性が関与することは大いに考えられる。
　立川和美が本書の第5章「随筆のジャンル特性」で述べているところを引用すると、

> 書き手の多様化に従って、読み手は書き手自身への興味を出発点として、随筆というテクストに触れる傾向が強くなったのである。そして今日、随筆は、筆者に関する新しい情報や筆者が初めて明かすような極めて個人的な体験、独特の批評等を手軽に享受できるジャンルという性格を持つようになってきている。　　　（2.2. 日本における随筆の歴史）

特に今回の材料のような、メジャーな月刊誌の巻頭随筆では、書き手としても、何万という読者のこのような享受傾向は十分意識するであろう。さらに立川は、西洋のエッセイとの比較において、

> 一方随筆は、書き手の個性が重視されながらも、読み手の特性や欲求に配慮した内容や文体が形成される。その内容においては、自分の考えを明確に提示するのではなく、むしろそういったことは読み手に嫌がられない程度に抑えた調子で叙述されるのが普通である。
> 　　　　　　　　　　　　　　　　　　　　　（4.「随筆」の特異性）

と指摘している。
　すなわち、今回の研究角度である文末形式と広義引用表現の2点は、随筆のジャンル特性をふまえて、そのテクストとしての成立を、読み手の受容を求め体験を伝達するための調整が絶えず行われている過程、と捉えるところから出発していることとなる。
　また、今回の随筆の形として、"書き手がテクストを創出した"順序は、「題名―書き手の氏名―書き手の職業名―冒頭文…」となって読み手に提示されることとなる。すると、その、線条的・時間的に最初に置かれた、"文でないもの"や冒頭文は、気儘な読み手にとって"面白そうだ""この人を知っている、有名人だ""職業・肩書きが興味深い"などのアイキャッチャーとして働きかけたり、"読みやすそうだ"という第一印象を与えるものとなるだろう。そのぱっと見たときの手がかりとなるのはそこに使われている語彙である。そしてその後、それらの語彙はどのようなふるまいをテクスト中でするのであろうか。
　こうした角度を、随筆という一ジャンルの文章の研究角度にとどまらず、文章・テクスト分析の方法論一般にまで及んでいくように育てていきたいと希望しているが、今回はその第一歩として随筆テクストに特化した分析となっている。

2. 随筆テクストにおける文末表現

2.1. 「文末」の範囲

上で述べた、文末表現の多彩さというのは、句点の直前の一語のみを見ていては実感できない。もう少し広い範囲を対象とすることが求められる。
　どこからを「文末形式」とするかや、モダリティの認定などは、新屋・高崎(2005)[1]に準ずるので、簡単にその概要を紹介したい。
　①500編の全文は21447文[2]であった。
　②文末部分は、最終述語、すなわち最後に出てくる自立語以降、すなわちV(動詞)、N(名詞)、A(形容詞・形容動詞あるいはそれらに準ずるも

の)、か、またそれらに形式化した補助動詞や補助形容詞、助動詞・助詞類がついた形式をとってある。述語の中核となる自立語には、これらの他、VN(動名詞)、AV(「不条理きわまる」「違う」など、形容詞的な意味を持つ動詞)、AN(「大混乱」「本物」のような、形容詞的な意味を持ちながら、「の」を介して名詞に連結するもの)を認める。
③「ことだ」「ものだ」「次第だ」など、形式名詞にコピュラ的な語が複合した文末は、N(名詞)として一括せず、形式名詞の部分の違いをそれぞれで別個のものとしてとってある。勿論、「物」「事」など、実質的な意味を持ち、名詞性を保っている場合はNとする。
④「〜にすぎないということだ」「〜どころの騒ぎではない」というような、複合してよく使われ形式化したものは、複合した形をなるべくそのままとっている。
⑤推量の「(よ)う」は「だろう」と同種のものとする。
⑥丁寧形と普通形を区別しない(「ありません」を除く)。
⑦「〜てください」は命令形として扱う。
⑧「」に入っていない引用句や引用節は「S」とする。
⑨「ある」のうち、補助動詞でなく、存在の意味を表す「ある」は、全体的に使用が多いためVとは別に一つの文末形式とした。同様に形容詞「無い」も別に認めた。

すなわち、ここでは、文末形式に、自立語以降、句点「。」までに位置する色々な要素を認めている。自立語の方は語彙的にはそれぞれ無数に近いバラエティがあるのを、品詞としてV/N/Aの3種にまとめているのだが、それに続く助詞・助動詞、補助用言、形式名詞、あるいはそれに準じた働きをしている語句は、品詞としてまとめることをせず、各々異なる文末形式としてカウントし、さらにそれらが組み合わさっているものも、組み合わせの違いごとにカウントしている。

こうすることによって、それぞれの語句が色々に組み合わせられて、さらに複雑な独自性や、ニュアンスの差異的特徴を持つ文末形式が数多く出てき

ているという実態が明らかになるのである。これは、自立語よりあと、句点「。」までが、いわゆるモダリティの現れやすい部分であることとも関係している。

2.2. 全体の文末形式の概観

さて、これらに従って、全体の500編の文末形式を見てみた。以下の表1などに見られる数字のデータは、新屋・高崎（2005）からのものである。

500編21447個の文末部分を上記のようにして最終述語以下の違いで分類したところ、2374種の異なり文末形式を得た。ほぼ1形式あたり約9回平均使用されていることになる。

その2374種のうち上位20種を延べ使用回数とともに挙げたのが次の表である[3]。

表1

1	Vた。	4372	6	Vていた。	764	11	Vない。	437	16	Sという。	207
2	V。	2206	7	Nだった。	555	12	Nだ。	373	17	Vたのである。	187
3	Vている。	1431	8	A。	542	13	ない。	262	18	Vなかった。	165
4	Nである。	807	9	ある。	481	14	あった。	248	19	Vたのだ。	142
5	N。	775	10	」	447	15	Nであった。	216	20	Aた。	121

この表1を見ると、1位は「Vた。」、2位は「V。」、3位は「Vている。」となっており、上位にはそうした非常に短く単純な形式が集中して現れている。

次に、表の上位20位までの形式だけでなく、下位までずっと下がって、全文末形式にまで範囲を広げて延べ使用回数を数えると、V・N・Aのみ、およびそれらに「た」「だ」「ている」「である」やその否定形、といった単純な文末形式だけで全文末使用回数の66%をしめている、という結果になった。実際、全文末形式でみると、表1にのらない、使用回数が極度に少ない

下位の文末形式の中には、「Vているということなのではなかろうか」「Nどころではないということなのであろうか」等々の長く複雑なものが多かった。

一方、500編2374種類の文末形式のうち、使用回数1回の文末形式は、異なり語数で1627あった。すなわち、半数以上の種類の文末形式が1回しか使われていないのである。つまり"文末の種類が多い"という印象は、異なり文末形式自体の多さに加えて、その中でも一回しか出てこない文末形式が半数以上を占めることに基づいている。また、延べ使用回数の多い上位の「Vた。」「V。」「Vている。」にしても、Vの部分が語彙的には変化に富んでいるということも与っているかもしれない。

文末の自立語部分である、V・N・Aの割合についてはどうであろうか。500編すべてのデータでは、新屋・高崎(2005)でも示したように、Aを1としたとき、V：N：Aは7.6：3：1の割合となっている[4]。すなわち、随筆データにおいて、文が始まって最終的にその内容が収斂していく文述語の中心となるのは、動詞が多い、ということがわかる。表1においてもベスト3の自立語部分はすべて動詞である。

最後に、過去形と非過去形を比べてみよう。「Vた。」という「タ形」すなわち過去形が、「V。」という「ル形」、すなわち非過去形の2倍近くもあって使用回数としてはトップである。Vに何かが接続する形の「Vている。」や「Vていた。」など上位にあるものをそれぞれ過去形・非過去形として振り分けても、Vに関して過去形の優位は揺るがない。

2.3. 具体例に即して

ここで500編の中から、文末形式の様相が対照的な2種の随筆を取り上げたい。Ⅰ「母の死」(高橋源一郎 2003年2月号)とⅡ「気配りとずるさ」(山内昌之 2001年4月号)である。

以下にⅠ・Ⅱの文章を掲げるが、Ⅰは許諾の関係から必要最小限の部分を示す。Ⅱは全文。

I　母の死

高橋源一郎(作家)

　十一月二十六日火曜日。午後二時過ぎ、北海道の社台ファームで取材していると、携帯電話が鳴った。東京駅で母が倒れ、病院へ運ばれたという連絡だった。
　どの病院か、とわたしは訊ねた。御茶の水の駿河台日大病院だ、とYがいった。わたしは取材中の西日本テレビのクルーに千歳空港まで送ってもらった。羽田に着き、少し迷ってタクシーに乗った。案の定、道はひどく混んでいた。
　病院に着いたのは六時頃だった。玄関をくぐると、三メートルほど後ろに弟がいることに気づいた。弟は大阪から新幹線で来て、ちょうど着いたところだった。
〈途中三段落略　母の様子と病状を説明〉
　水曜日。わたしは、病院近くの山の上ホテルに泊まりそこから通うことにした。病状に変化はないようだった。医者は、明け方二度心臓発作があり、二度目は深刻だったがなんとか持ち直した、といった。夕方、「爆笑問題」のテレビ番組に出演するため、中野のスタジオまで出かけた。
　木曜日。弟はいったん大阪に帰ることにした。夕方、人工心肺がはずされた。今日から低体温療法に入る、と医者が告げた。脳のダメージを避けながら、不安定な心臓の動きを制御するのだ、と医者は説明した。
〈途中六段落略　金曜～日曜日までの母の様子〉
　月曜。午前四時半、交代するために弟が病院に現れたのと、看護婦が現れたのは同時だった。すぐ来てください、と看護婦はいった。わたしたちは病室に向かった。とても悪い、と医者はいった。血圧を無理にあげるのは止めました、といった。もうすぐなんですね、とわたしは訊ねた。医者が頷いたので、弟はホテルに待機しているYとSちゃんを呼びにいった。病室にはわたしと医者だけが残った。わたしは計器を見つめていた。血圧の動きを示す波が突然直線になった。数値は十一。終わったのですか、とわたしは訊ねた。そうです、と医者は答えた。でも、みなさんが揃うまでもう少し器械は動かしておきます。五分ほどで三人がやって来た。Yは泣いていた。Sちゃんはなんだかよくわからないのか、クスクス笑っていた。医者は小さな懐中電灯を母の瞳孔に当てた。それから、腕時計を見ていった。午前四時五十五分、死亡を確認しました、といった。そして、一礼すると病室を出ていった。
　わたしと弟はしばらくの間、軀をさすりながらずっと母に話しかけていた。「ごくろうさん」と弟はいった。「やっと休めるで」とわたしはいった。気がつくと、わたしは大阪弁で話しかけていた。大阪弁を何十年もまともに使ったことがなかった。しかし、この一週間、病室ではずっと大阪弁で話していたのだ。

いかなる組織においても、自分がよく知っている知識や、なんでもない話を忍耐強く聞くというのは大変なことである。このあたりにたけた才子は大学のような世界にもいる。相槌を打ちながら、もっともらしく人の話を聞く芸をもつ者もいなくはない。しかし、話し中は他のことを考えて何も聞かずにいながら、「なり」で相槌を打つ保利茂のような人物は、さすがに政治家の世界だけかもしれない。まず学者のなかには少ないといってもよい。一応、真理や学術を探求するといっている手前、むやみに無内容で、時には間違った話に闇雲に相槌を打つわけにもいかないからである。
　竹下氏の気配りは、記者に対しても発揮されたらしい。記者も時にはトンチンカンなことを言うというのだ。それでも、間違っているよと、さも軽蔑したような感じを受けさせないよう当人に悟らせねばならない。もちろん、竹下氏は何の欲や打算もなく、ただ気配りだけをしたはずもあるま

い。自分で何度も認めているように、そこには政治家としてのずるさがからんでいることも疑えない。しかし、気配りがずるさを伴っているといっても、ずるさや打算が見え見えで友人や同志を裏切るような姿が見えないのが救いであろう。打算を感じさせずに、ずるさを利害に結びつけるあたりが一流の政治家になれるか否かの境なのだろう。気配りを装いながら露骨に友を裏切るのは、むしろ世の中で奇麗事をいっている別のタテマエ世界の方かもしれない。
　もちろん、一概にずるさの効用を否定もできない。
　竹下氏が外交を常識のやりとりという時、交渉とは気配りとずるさの入り混じった芸術かもしれないという気がしてくる。お前は間違っていると言わないで、自分もむかしはそう思っていたがやがて間違いだと分かる。「いやあ、恥ずかしかった」と言えば、相手もそんな恥ずかしいことを言っているのかな、という気分になってくるのだ。タフ・ネゴシエー

ターとは、強烈な交渉者というよりも、相手の立場まで下がるか相手の立場を引き上げる能力がある人だとは至言であろう。
　「日本的なるものを極めているから国際性がある。それが国際人であるという気がしますけど」というのは、とかく外国人のずるさに出しぬかれ気配りが裏切られる日本人にとって、味わい深い言葉ではなかろうか。

II 気配りとずるさ

山内昌之（やまうちまさゆき）
（東京大学教授）

他人への気配りは日本人の美徳といわれてきた。公私ともども、かゆい所によく気がつく人は、どの職場でも受けがよく、概して日本で成功するタイプだといってもよい。政治の世界も例外ではない。しかし、気配りは打算やずるさと紙一重という場合もあるのではないか。『政治とは何か』と題した竹下登回顧録を読むと、この稀代の気配り人間の精神構造に潜んでいたずるさが見えてくる。面白いのは、当人も決して自分のずるさを隠しておらず、ずるさが卑怯になっていないことだろう。
故竹下氏は、最初に島根県議会に入ったときから、いずれ代議士になろうと思っていたから、功をあえて人に譲ろうとしたとあけすけに語っている。委員長になった合、気配りが目立つことはちょっと見には分からないのである。もっとも竹下氏流の気配りは、かつての自民党政治には珍しくなかったらしい。いちばん大事なのは、人に恥をかかせない気配りだったようである。大臣答弁で質問に立った野党議員の無知や誤解をあげつらうのは論外で、間違いを自分で悟らせるのが大臣の大臣たる所以だと諭した椎名悦三郎のような人もいた。とにかく、こちらが分かっている話であっても、初耳のような仕草や驚きで聞くふりをするのが大事だという。は、どの世界にもあてはまる知恵かもしれない。
竹下氏は、頭のよい橋本龍太郎氏の場合には「相手の話が馬鹿らしくなるから、「それはこうでしょう」と相手をやりこめるとダメなのだと紹介している。それではダメなのだとやや辛口の寸評をするのは、「相手は軽蔑されたと思う」からなのだ。
り、代表質問をするといった目立つことはしないのだ。いずれかの日に、人びとに公認してもらわないといけないからというのである。「その点はずるいといえばずるかったんだな」とは、ずいぶんと赤裸々な告白であろう。
衆議院に立候補する前日にきちんと二時間くらい余裕をとって、県議会にわざわざ辞表を出したのも「ずるい作戦」だと認めている。わざわざ辞表を出して立派な人格を演出したわけだ。しかも、みんなには世話になったと県庁の課を全部回って歩くという手のこんだ県庁の芝居もしている。それを、謙虚に部屋の入口から青年団もいる職員たちに向かって挨拶するのだからややあざといと言えなくもない。事実、自分で「僕も相当ずるい点もあったんですね」と認めているほどなのだ。
逆にいえば、世の中にはずるいだけで世

次に文末形式としてどのような型に認定したかを順に以下に全て示す。
「／」の区切りは原文の段落の切れ目を示す。
・Ⅰ「母の死」全92文
N。Vた。Nだった。／Vた。Vた。Vた。Vた。Vていた。／Nだった。Vた。Vたところだった。／Vていた。Vた。Vていた。Vた。Vた。Vた。Nだった。Vていた。Vた。／Vた。／Vた。Vなかった。／N。Vことにした。ないようだった。Vた。Vた。／N。Vことにした。Vた。Vた。Vた。／N。Vた。／N。Vた。Vた。／N。あった。Vた。Vた。／あった。Vてきた。ありません。Vた。Vた。Vた。Vた。Vた。Vた。／Vた。Nだった。Vていた。Aた。Vていた。Vていた。／Vた。Vた。Vた。Vていた。Vた。Vたようだった。Vことにした。／N。Nだった。Vた。Vた。Vた。Vた。Vた。Vた。Vた。Vていた。Vた。N。Vた。Vた。Vておく。Vた。Vていた。Vていた。Vた。Vた。Vた。Vた。／Vていた。Vた。Vた。Vていた。なかった。Vていたのだ。

・Ⅱ「気配りとずるさ」全43文
Vた。Nだといってもよい。ANではない。ANという場合もあるのではないか。Vてくる。Nになっていないことだろう。／Vている。Vないのだ。Sというのである。Nであろう。／Vている。Vたわけだ。Vている。Aと言えなくもない。Vているほどなのだ。／A。Vないのである。Aなかったらしい。Nだったようである。Vた。Nかもしれない。／Vている。Vからなのだ。Nである。V。Vなくはない。Nだけかもしれない。Aといってもよい。Vわけにもいかないからである。／Vたらしい。Sというのだ。Vねばならない。Vたはずもあるまい。Vていることも疑えない。Nであろう。Nなのだろう。Nの方かもしれない。／Nを否定もできない。Nかもしれないという気がしてくる。V。Vてくるのだ。Nであろう。／Nではなかろうか。

2.3.1. 二つの文章の文末形式比較

このように文末だけ取り出してみると、Ⅰ・Ⅱの違いがはっきりわかる。

Ⅰ「母の死」は、92文ある。異なり数でみると16種類の文末形式がある。

延べの使用回数でみると、「Ｖた。」が51回、「Ｖていた。」13回で、2種で計64回、ほぼ70％を占め、しかも「Ｖた。Ｖた。Ｖた。」のように同一種類の文末連続が多くみられる。また、文末部分は単純で短いものが殆どである。

Ⅱ「気配りとずるさ」は、43文である。Ⅰとは対照的に36種という多種類の異なり文末形式が見られる。使用回数で特に集中して多いものはなく、「Ｖている。」の4回が最多であるくらいだ。そして、Ａ・Ｎ・Ｖのあとに助詞や形式名詞、形式用言、助動詞が複雑に組み合わさって、長い文末となっているものが多く、その間に「Ｖている。」「Ｖ。」「Ａ。」などの単純な短い文末が散らばる。

次に、1形式あたりの平均使用回数であるが、Ⅰ「母の死」が約7回、Ⅱ「気配りとずるさ」が約1.2回となる。これを、前に述べた平均1形式あたり約9回という、全文末の平均使用回数と比べると、Ⅰはやや少なく、Ⅱは非常に少ない。Ⅱの文末形式は非常に変化に富んでいる、ということ、また少数の形式に集中しているようにみえるⅠでもまだ、平均よりはやや変化がある、ということがわかる。

そして、Ⅰは、「Ｖた。」「Ｖていた。」といった短く単純な文末形式が集中して現れていたが、それは表Ⅰでみた全体の傾向と似ている。

一方、Ⅱはそういう意味では全体の文末の傾向とは異質であるといえ、勿論Ⅰとも対照的である。Ⅱの文末形式で、表1にのせられているものは「Ｖている。」以外に「Ｖ。」「Ａ。」「Ｖた。」くらいである。それではあとの32種類の文末形式はどういうものなのか。まず言えることは、一見しても明らかではあるが、Ⅰと比較してⅡではそれぞれの文末形式が長いということである。

たとえば第4文「しかし、気配りは打算やずるさと紙一重という場合もあるのではないか。」は、「しかし、気配りは打算やずるさと紙一重だ」だけで

も情報としては十分である。それを前にも挙げた立川の本書第5章で指摘されるごとく、「自分の考えを明確に提示するのではなく、むしろそういったことは読み手に嫌がられない程度に抑えた調子で叙述されるのが普通である」ということから、このように引用形式「という」、否定「ない」、疑問「か」などいくつもの語句を重ねた文末形式となっている。

原文「気配りとずるさ」にかえって内容を吟味してみても、書き手の素材や命題に対する態度の他に、読み手への伝達態度の多様なありかたが、結果として文末を長く複雑なものにしていると言えないだろうか。

2.3.2. モダリティとの関連について

Ⅰ・Ⅱの文章を分析した結果をまとめてみるならば、随筆の文末形式について、Ⅰは少種類形式への集中傾向を、Ⅱは多種類形式への分散傾向を、示す文章であると言えようか。しかし、500編の随筆の全てがどちらかにあてはまるわけではない。一見矛盾するかに見えるが、同じ一つの随筆テクストの内部においても、単純な少種類の文末形式が何度も出てきて、その間に変化にとんだ長くて複雑な組み合わせの文末が、それぞれ微妙な機能の差異で一つずつ選ばれて散らばっている、ということになると思われ、その混ざり具合が個性的なのである。

ところで、Ⅰで多く現れ、表1で上位に挙がっている、単純な文末形式は、細かな認定の内容は相違があるかもしれないが、おおむね、森山（2000）が「述べる内容として文の中核を構成する事態」とし、仁田（2000）が「話し手が外界や内面世界との関係において描き取った、客体的・対象的な出来事や事柄を表した部分（言表事態）」とした「命題」の部分をになう形式が多いものと思われる。

そしてⅡで多く現れ、表1では上位に挙がらず、使用回数がおのおのごく少ない多種類の形式は、「モダリティ」、つまり「『述べ方』・『発話の様式』を表す部分」（森山　2000a）、「言表事態をめぐっての話し手の捉え方、及び、それらについての話し手の発話・伝達的態度のあり方を表した部分（言表態度）」（仁田　2000）とされるものに、おおむね一致するのではないか、

と思われる。

　Ⅰ「母の死」は、文を構成する要素のうち、「モダリティ」の要素に欠ける文が多いテクストだ、ということもできる。また表Ⅰの少数の形式で7割近くをしめるという様相は、モダリティ抜きで命題部分だけで済んでしまう文が、今回の随筆テクストでは大部分である、といえよう。一方、Ⅱの文末形式や、表1に入らない多くの異なり文末形式を考慮に入れると、随筆の文末形式は、とくにモダリティ的部分に着目した場合、非常に多彩な様相を呈する、と考えることもできる。

　試みにⅡの「気配りとずるさ」において文末にどのような種類のモダリティが使われているのかを見てみよう。新屋・高崎（2005）でモダリティの形式を、判断形式・説明形式・疑問形式・当為形式・感慨形式・意向形式の6形式に分けて考えたが同様にしてこれらの文末形式を見てみる。たとえば第2文「公私ともども、かゆい所によく気がつく人は、どの職場でも受けがよく、概して日本で成功するタイプだといってもよい。」の文末「Nだといってもよい」は判断形式、第4文「しかし、気配りは打算やずるさと紙一重という場合もあるのではないか。」の文末「あるのではないか」は疑問形式、第8文「委員長になったり、代表質問をするといった目立つことはしないのだ。」の「Vないのだ」は説明形式、のように認定していくと、判断形式が最多で16文末、説明形式が10、疑問2、当為1、という数になる。即ち、Ⅱの文章は、事柄に対する書き手の捉え方が多種多様に示されており、中でも「判断」という態度が中心となっているといことが認められよう。

2.3.3. モダリティの文脈決定性

さて、上記のように、Ⅰ「母の死」という随筆は、モダリティ抜きで命題だけ、という文末形式が連続し集中している、と述べたが、それはモダリティが託される言語形式がさしあたって見当たらないだけであって、決して、書き手の言表態度そのものがゼロというわけではない。モダリティの有無や質は、最終的にはテクストの文脈の展開の中で、決定されるものである。

　また、モダリティに、命題めあてのものと、聞き手めあてのものとの2種

類を考慮するならば、後者は、当の聞き手(テクストの場合は読み手)がどう受け取ったのか、という反応が最終的なモダリティの決定に関わってくる、ということにならないだろうか。

極論すれば、命題に対する推量や判断や説明、あるいは疑問形式を借りた反語や投げかけなども、結局はかなり受け手への志向性がはたらいている言語形式である、ということになる。事柄の起こり方に対する推量が、受け手への婉曲表現の機能を結果的に果たし、また、説明の取立て(「のだ」「わけだ」)が、受け手への注意喚起となる、というように。

2.3.4. V・N・Aの割合について

文末形式のうち、自立語部分として考えたV・N・Aの割合はどうであろうか。先にみた500編全体では、形容詞を1とした場合、おおよそ7.6：3.0：1.0という割合になっていた。Ⅰ「母の死」ではおおよそ25.3：4.3：1.0となり、Ⅱ「気配りとずるさ」ではおおよそ5.3：4.0：1.0となった。Ⅰで特に動詞の使用の割合が突出して多くなっている。

全体的には、文末の述語は、動詞中心であることが実感されるが、Ⅱでは名詞が動詞とかなり接近していることに注目したい。

2.3.5. 文体との関わり

Ⅰ・Ⅱ二つの随筆テクストは、モダリティ的様相において、あるいは文末形式のバラエティにおいて、対照的な姿を示していた。

Ⅰは「判断」などの書き手の言表態度が殆ど示されていない文章である。そして、対形容詞の割合で、動詞が非常に多かった。即ち事態・出来事を判断や説明を介在させずに述べている。そうした述べ方は、必然的に過去形文末と結びつくわけである。Ⅰは文末だけ並べた一覧表を見ても、「Vた。」の過去形が非常に多いことが見て取れる。92文中82文の文末形式が「タ形」で、89%割近くを占める。

Ⅱは、43文中2文の文末形式が「タ形」で、約5%と少ない。判断や説明などは、発話時のものなので、過去形になりにくい、という理由があるわ

けなのだが、Ⅰとは非常に対照的な様相を呈している。

このような、過去・非過去の出方は、勿論テーマも関わりがあるかもしれないが、やはり出来事を描写する文体か、ある主張を展開する文体か、という、表層の文体の選択に、まず関係するであろう。いささか乱暴だが、文体の種類として、社説・論説のような主張的文体と小説・物語のような描写的文体を考えると、今回随筆テクスト500編は、Ⅱ「気配りとずるさ」とⅠ「母の死」をそれぞれの典型として、両方の文体を自在に取り入れているように思われる。ものごとに書き手自身の判断というフィルターをかけて、それを読み手に受け入れてもらえるように志向する文体か、できごとをじかに見ているように志向する文体か——同じ「随筆」というジャンルに、そうした異なる志向性を持った文体が隣り合って違和感がないのは、「随筆」の幅と奥行きの豊かさを示していることとして、興味深い。

また、Ⅱには判断や受け手への働きかけが文末形式として多くみられ、Ⅰはそういうものは殆どみられないが、「感情」レベル、すなわち書き手の持っている感情が表現にこめられているかどうか、また読み手がある種の感情を表現から喚起されるかどうか、ということになると別問題である。Ⅰのような文章は、感情を示す言語形式を抑えていることでかえってその感情の存在があらわになる。Ⅱは、対象に対する解釈という形での主観性はありえても、それに喜怒哀楽を断った冷静さが伴わないと、説得力に欠けることになる。

加えて、Ⅰのように過去形「—タ」「—タ」が連続すると、テンスを示すという以上の、リリカルな印象が加わってくる。すなわちここでは「た」文末およびその連続が、文法的機能というより、文体的機能を果たしていると見てよい。ここに独自の個性的文体が出現している。

2.4. まとめ

文の構造上、文末は必須の存在である。文を終わらせ、文として成立させるためには文末が必要なのである。談話で考えれば、発話が終わる、ということはそこで聞き手に順番を譲ってもよい、ということだが、それを書き言葉

の文の終わりに見ることはそれほど難しくない。書き手が、読み手の反発や反感、あるいは反論に備えたりする記述には、そこに書き言葉なりの対話性を認めることができる。

　このように考えれば、書き言葉の場合でも、文末はひとまず命題を言い終わったあとの読み手への持ちかけであり、読み手への配慮の場ともなりうる。その後の文間は読み手に与えられた反応の場、といえないだろうか。もしも話し手も書き手も、ずっと自分で順番をとりたければ、つまり述べ続けたければ、文末で切らずに従属節でつなげていく、という手がある。あるいは、モダリティ部分を最小限にして「物語る」という手段も可能なのである。

　ところで、よく知られているように明治初期の言文一致の試みは、「である」体、「です」体、また「だ」体、というように、文体のバラエティを文末の形で呼び分けるのが普通だが、それは文末には文章の語り方が集中的にこめられており、文末形式の選択は、文章全体の述べ方の姿勢の選択でもあったということを意味している。

　当時は、"書き手""読み手"が色濃く投影された"場"から逃れて、待遇的表現から自由になり、論理や抽象的な関係付けに専念できる文体を求めたのであった。しかし、はじめのころは、叙述の簡潔さで「普通文」にかなわなかったり、また、"乱暴で下品"とされて女性が言文一致体を採用することに抵抗があったり、ということもあったようである。

　それでも徐々に、「口語文」「常体」と呼ばれる脱待遇の性格を持った文体で、日常身のまわりにある報道記事や論説文、随筆文などが書かれることが多くなり、定着してきた。しかし、文章の種類によっては、共通の"場"を捨象したような、事柄本位の書き方というものが、何となく乱暴で落ち着かない、という感覚も根強く残っていたように思われる。こうした歴史的経緯をふまえると、どうであろうか。特に今回の雑誌の随筆のような、実用的意味の薄い、エンタテイメント的意味合いが強いジャンルでは、受け手に受容してもらえるような配慮が、命題に付随していかざるをえない。すなわち、"場"の復活、であり、書き手側の、読み手側に対する共感要求、であると

言えるのではないだろうか。

　読み手への配慮は、かなりはっきりと「働きかけ」となる場合もあるし、婉曲（たとえば押し付けがましくならないように、など）や緩和（たとえば自慢話にならないように、など）となる場合もある。

　もちろん、Ⅱ「気配りとずるさ」を見てもわかるように、モダリティ的文末形式が非常に多いテクストも、全ての文末がそうであるわけではない。ところどころに「Ｖた。」や「Ｖている。」が散らばっている。しかし、それらも、全体の文脈の中で見れば、どこかでモダリティ文末形式に括られるか、そうでないときも、投げ出しや強調、確信、などの表現効果を持ったりする。また、書き手がそこでは自己の内部に沈潜し、読み手への配慮をしない姿勢をとっているのだ、という現れともなる。Ⅰ「母の死」のような、非モダリティ文末が非常に多いテクストは、書き手が読み手に配慮をする余裕がなく、背を向けて事象に集中している、という姿勢が全体を一貫しているのである。それは登場人物の背中越しに、直接事態を見るような位置を読み手にもたらす。このように見てくると、作例や、文章から一個の文を取り出して考察の対象とする方法に加えて、文章全体の中でモダリティというものを見ていく必要を感じる。

　モダリティや意図は、文の途中にも、陳述副詞やその他の多くの形式に見出すことができ、モダリティ的な部分を含む節のようなまとまりもいくつかある。が、やはり文の終わりというものは１箇所しかない。従属節や複文としてつなぐのと、「切る」のとでは、書き手の"思い切り"が異なる。同心円状に命題とモダリティの構造を捉える考え方（林　1995）もあるが、命題より上（左）の部分のモダリティは欠けることもあるし、文末にあるそれとは質が異なると思われる。

　これに比べて文末には確実にモダリティが含まれて成立する。ゆえに、文は一つのことを一つのこととして言い切る、ということになる。しかし、テクスト最終文を除いては、文末が近づくと、言い切ることに対する躊躇いのようなものが生ずるのではないかと思う。それが文末形式の中に現れてきているのではないだろうか。なるべく、切りたくない、できればつなげていき

たい、切るとモダリティ部分として、最終述語として、その文の他の要素を
すべて吸収する部分として、際立ってしまう—というのがその躊躇いの中味
であるだろう。会話における発話は、発話末が形式として明確にされない場
合が多いことを考え合わせても、"場"を意識したテクストは、文を文とし
て言い切りにくく、長く複雑に組み合わさった形式で、言い切りの脱待遇、
"配慮の不在"をカバーしようとしているのではないだろうか。そしてそれ
はスムースに次の文につながっていこうとする展開の方法でもある。

3. 随筆テクストにおける語彙

3.1. はじめに

本節では語句の反復現象を扱う。

　そもそもテクストにおける語句とはどういう存在であるのだろうか。

　語彙論の各種統計データにおいて、あるテクストやテクスト群・ジャンル
で、延べ語数いくつ、異なり語数いくつ、といった数字や、使用頻度の多い
語の順序のランキング表などが示される。もちろんそれらは実に興味深い、
色々な考察や解釈を生む。しかしながら、それらのデータの出し方は語彙論
としてのものなので、テクストにとってはいわば"平面的"で、きれいに整
えられた、あるいは整えられすぎたものとなってしまっている。勿論これ
は、文章・談話研究者の言いがかりにすぎないもので、勝手な言い分ではあ
るが、テクストは時間的構造の上に成立し、刻々と変化して展開していくダ
イナミックな存在である。語句もまた時間的線条的に出現し、"語彙"とし
てその意味を発揮しつつ"機能語"に支えられながらテクストを作り上げて
いく。また一方、語句の意味は、最終的にテクストの中で発現し、誤用やず
れや変化もまた具体的なテクスト（ディスコース）の展開の"最中"の出来
事として起こるのである。語句のあり方も、テクストが語の具体的な使用の
場、最終的な使用の場である限り、線条的時間的展開という前提を免れな
い。本当にテクストの中で語句の様相を見るためには時間的な展開の中で
追っていくしかないと思われる。

ここではその、テクストの中の語句の反復の様相を、以下の二つの観点から観察する。

(1) テクストの始めの方に出てくる語句がそのあとどう反復されるのか——この「始めの方」に題名、書き手の職業名も含めることとする。これは「3.2. 語句の反復パターン——随筆50編の分析」において考察する。
(2) 反復された語句がテクストの中で提示する関係はどのようなものか——これはさらに、【①語句の反復の「結束性」(ハリディ、ハッサン1997)への関わり】と【②反復された語句同士に、語彙体系のなかで何らかの関連がみいだせるか】、あるいは【③テクストの中で、何らかの関連がみいだせるか】という三つの下位の観点を含む。これらについては「3.3. 典型的な二つの随筆の分析」において考察する。

以下順に述べたい。

3.2. 語句の反復パターン——随筆 50 編の分析

3.2.1. 「境界テクスト(パラ)」を対象に含めることについて

語句の反復現象もテクストの線条的展開に即して行われるものとすると、反復の出発点として最も早い可能性のあるのは、常識的にいってテクスト冒頭の1文に含まれる語句であろう。つまり冒頭の1文に含まれる語句が、それ以降のどこかで繰り返されるのである。ところが、今回の随筆テクストの場合、前章に掲げた例でもわかるように、題名、筆者名、職名、があって本文となる構成である。これらはテクストには含まれないものなのだろうか。

文章論の市川(1978)では、「文章の一般的性質」として

(a) 通常二文以上から成り、それらが文脈をもつことによって統合されている。(文章における統合性)
(b) その前後に文脈を持たず、それ自身全体をなしている。(文章の全体性)

と述べている (市川 1978: 22)。

今回の随筆の場合、それぞれ題名がまずやや大きい活字で最初に置かれ、筆者名、かっこに入った小さな活字の職業名がきて、「本文」となり冒頭文が置かれる。そして「本文」最後の1文のあとに少し空間があって、また次の随筆の題名が置かれる(「巻頭随筆」最後の位置に置かれる随筆を除いて)。ところが、上記の (a) には「文」という単位が提示されているので、非文である題名、著者名、職業名は、「文章」(テクスト) には入らないという解釈が成り立つ。また (b) の、「前後に文脈を持たず」というのは、文脈という繋がりが文章の内部でしか発生せず、その前後は断ち切られて何らかのエッジ、区切りがあるということになる。即ち、題名以下の筆者名などを除外したいわゆる「本文」の部分が、上記の (a)・(b) の条件にかなうものとなる。

それでは題名そのほかの「本文」以前のものは、テクストにとって何なのだろうか。

ジュネット (2001) は、次のように言う。

> テクストはほとんどの場合、それ自体が言語的な、もしくは非言語的ないくつかの生産物、たとえば作者名、タイトル、序文、挿絵などを伴い、かつこれらに補強された姿でわれわれのもとに現れるのである。これらの生産物を、テクストに帰属するものとみなすべきかどうかは必ずしも断言できないが、ともかくそれは、テクストを取り囲み延長することによって、まさにテクストを présenter しているのである。この場合 présenter という動詞には、通常の意味〔提示、紹介する〕のほかに、もっとも強力な意味がこめられている。つまりテクストを存在させる rendre présent、言い換えるなら、世界におけるテクストの存在とその「受容」および消費を、少なくとも今日では書物という形で保証する、という意味だ。その範囲や様態こそさまざまであるが、このようにテクストに伴う生産物を別のところで、私は、作品のパラテクスト paratexte と名付けた。
>
> (ジュネット 2001: 11)

とし、更に

> 私がパラテクストと命名したものは、それによってあるテクストが書物となり、それによってあるテクストが読者、より一般的には大衆に対し、書物として提示される、そのようなものである。つまり、パラテクストとは、ある限界、もしくは完全な境界というよりも、むしろ、ある種の敷居 seuil ないしは―ボルヘスがある序文について用いた言葉によれば―中へ入る、あるいはそこから引き返す可能性をだれにでも提供する「玄関ホール」にほかならない。　　　　　　　（ジュネット 2001: 12）

このように説明される側面も持っている。すなわち一個の作品として成立した形の随筆を見た場合、題名以下の非文の部分は「境界テクスト」と呼べるだろう。

「題名」は、本文の要約的な機能や、象徴的な暗示的な機能、またアイキャッチャー的な機能、などを果たす。そして、以下の調査でも明らかなごとく、語句の反復に少なからず関与している。本文を書き終わってから、題名をつける、また付け直すという順序が、可能性として大いに考えられるので、その場合、本文の中の語彙を拾いだして使用するのは当然のことであるから、題名中の語が本文中でも反復されるのは自明、と言われるかもしれない。ただ、読み手の側からすれば、題名が最初にあって、まずそれを既有知識とし、テクスト本文に入っていった後も手がかりとし、因果関係（どうしてそういう題名が付されたか）が解き明かされるまで保持されつづける、という順序となる。本文の前に位置取りするということが題名の機能に深く関わっており、またテクスト本文を掲げられない場合はそれと等価のものとして題名だけに言及するのが一般的である。

すなわちテクストに含めるか含めないかという議論は措き、題名のテクストにとっての重要性はあきらかで、語句の反復をみるのに、ここから始める、という方法は合理的であると考える。

次に書き手の氏名が記されているわけであるが、これも有名性やニュース

性を考慮して人選されているので、名前だけで十分、本文に入ったあとの推論の手がかりになる場合が多い。加えて随筆というジャンルにおいては、テクスト本文の「私」「筆者」などの一人称に確実に呼応することが保証されており、読み手が場面を想像しやすく、大きな手がかりになる。そして氏名が記されると、少なくとも「性別」という情報になりうることも読み手にとっては重要なことである。

しかし、実際に語句の反復現象を見たとき、少数の例外（3.3で扱う「役を勤める」はその数少ない例外の一つである）を除いては書き手の氏名が語句として反復されることは少ない。テクストにとっての重要性は認められるが、今回の反復パターンの中には、入れなかった。

「職業名」は、「〇〇会社社長」とか「〇〇大学教授」といった書き手本人の名乗りである。たとえ筆者名が、読み手にとって何の情報ももたらさない、つまり読み手にとって無名の人であっても、これで何をしている人か、どんな立場の人かが、読みを援助する背景的知識となりうる。こうした職業や肩書き名は、今回資料以外の他のテクストにおいては、テクストの最後に置かれることもある。その場合は"手がかり"となりにくい。やはりテクストの本文開始直前の位置におかれてこそ、「境界テクスト（パラ）」として機能する。仕事上立場上の体験を伝えるということが材料となっていることの多い、今回の随筆テクストでは、職業名も語の反復現象に重要な役割を占めているため、取り上げた。

3.2.2. 反復パターンの設定

以上のように考えた上で、「境界テクスト」も含めたテクストの線条的展開を、【題名―（筆者名）―職名―本文】という順序とし、さらに本文を【冒頭文―前半―後半―最終文】という展開として区切ることとする。「冒頭文」は本文の第1文、「最終文」は最後の1文である。そして本文第2文以降最終文より1文前の文までを二つに分け、それぞれを「前半」「後半」とした。2で割り切れない文の数の場合は内容などで判断してどちらかに分けた。そして、語句の現れ方としては、「題名」「職名」「冒頭文」を始発とする同一

の語の反復現象をとりあげることにした。すなわち、

① 「題名」に含まれる語が、その後の「本文【冒頭文―前半―後半―最終文】」のどこで反復されているか。
② 「職名」に含まれる語が、その後の「本文【冒頭文―前半―後半―最終文】」のどこで反復されているか。
③ 本文中の「冒頭文」に含まれる語が、その後の「前半」「後半」「最終文」のどこで反復されているか。

という観点から、反復のなされ方のパターンを見ていった。即ち大きくは①題名始発型、②職名始発型　③冒頭文始発型の3パターンがあることとなる。

なお、筆者名は反復されることが稀なので(後でその稀なケースを紹介する)ここでは省いた。

また、それぞれの部分に1回だけしか繰り返しがなくても、何回も繰り返されていても、回数に関係なく"ある"ということだけを示した。活用語の活用による違いは区別せず同一の語とした。また、接辞的なものは除外し、自立語のみを対象語句とする。たとえば後の表の「1. 消えた太陽」という随筆で、「住宅用太陽光発電システム」は「住宅/用/太陽/光/発電/システム」とそれぞれ区切るが、「住宅」「太陽」「発電」「システム」のみを対象として取り出す[5]。

3.2.3. 50編の語句反復パターン一覧

以上をふまえ、500編の10分の1として50編をランダムに選んで同一語句の反復現象をひろいだしていった。

5年分の各年度から10編ずつをとり、計50編を対象とした。以下にその反復パターンを一覧表にして示す。

・表の略号
題名の前に付した番号(1〜50)はこの表における通し番号
D=題名　P=職名　B=冒頭文　Z=前半　K=後半　S=最終文
数字の巻号は　77巻―1999年発行　78巻―2000年発行

79巻—2001年発行　80巻—2002年発行
81巻—2003年発行のもの

・表の見方

　たとえば、最初の「1. 消えた太陽」という題名の随筆で、その題名（D）に含まれる「消える」という語を始発の対象語句としたとき、冒頭文（B）「先日、住宅用太陽光発電システムについての公的援助制度が新たに認められることになりました。」には繰り返されないが、前半（Z）に「しかし、このさんさんとふりそそぐはずであった『太陽』が私の許から消えてしまったのです。」という反復がある。後半には繰り返されないが、最終文（S）「日の丸から太陽が消えてしまったら、それは現在の環境問題やエネルギー問題に白旗を上げることになるのですから。」でまた反復されている、ということで、反復位置パターンが〈題名始発・前半・最終文〉で「DZS」となる。次に題名中の「太陽」を対象語句としたとき、上記と同じ最終文（S）に含まれるもののほか、冒頭文（B）「先日、住宅用太陽光発電システムについての公的援助制度が新たに認められることになりました。」にも、上記の前半（Z）にもあり、後半（K）「日本に残された唯一のクリーンな資源、太陽光による発電が、国の基本政策になるよう、今後とも活動を続けていくつもりです。」にも反復されていることから、「DBZKS」という反復位置のパターンとなる。

　次の始発となる語句は職名（P）「風土＆フードディレクター」で、職名始発としてその語が後半の1文「私は風土＆フードディレクターとして、長年にわたって食、環境、エネルギー問題にそれぞれの分野の専門家の仲間たちと真剣に取り組んでまいりました。」に反復され、反復はこの1箇所だけであるので「PK」となっている。

　以下、冒頭文（B）（上記におなじ文）のうちの「住宅」「発電」「システム」「公的援助」という語句が、同様に前半（Z）、あるいは後半（K）で反復されるので各々「BZ」「BZK」「BK」となっている。

表1

題　　名	巻・号	職　　名	始発となった語句	パターン
1.消えた太陽	77-04	風土＆フードディレクター	消える	DZS
			太陽	DBZKS
			風土＆フードディレクター	PK
			住宅	BZ
			発電	BZK
			システム	BZK
			公的援助	BK
2.旅をするように	77-05	俳優・映画監督	旅	DKS
			三六〇度	BZ
			見渡すかぎり	BZ
			地平線	BZ
			風景	BZK
			初めて	BZ
3.宮廷楽団への困惑	77-05	ジャズピアニスト	宮廷楽団	DB
			困惑	DZ
			続く	BK
			番組	BK
4.未来の人間関係	77-05	住友基礎研究所主席研究員	人間関係	DK
			奇妙な	BK
			出版	BK
			記念	BK
			パーティ	BZK
5.ディマジオのくれたもの	77-05	湘南短期大学教授	ディマジオ	DBZK
			くれた	DK
			ジョー	BK
6.蔵が消えた	77-05	映画監督	蔵	DZK

			消える	DK
			友人	BK
			酒	BZ
7.心臓物語西と東	77-05	白鳳女子短期大学学長	心臓	DBZK
			物語	DZKS
			西	DZK
			東	DZK
			国	BZK
			移植	BZ
8.ワタシをご存知？	77-07	女優	ワタシ	DBZK
9.ビジョンとやら	77-08	朝日新聞編集委員	ビジョン	DZK
10.電子ペット供養	77-09	北里大学名誉教授	電子	DK
			ペット	DK
			供養	DZK
			長谷寺	BK
11.映画と風景	78-03	文芸評論家	映画	DBZK
			風景	DK
12.オペラ演出冥利	78-06	映画監督	オペラ	DZK
			演出	DZK
			監督	PK
			役者	BZ
13.会津の古武士	78-06	ノンフィクション作家	会津	DZK
			古武士	DS
			川上	BZ
			人物	BK
			作家	PZ
14.ふかい哀しみの街	78-06	東大教授	ふかい	DK
			街	DBZKS
			哀しみ	DK
			歩く	BZKS
15.以芸伝心	78-06	和泉流C二十世宗家	和泉流	PZKS
			二十世	PK

第3章　随筆テクストの文章特性　83

				宗家	PBZKS
				父	BZK
				十九世	BZK
				大きな	BZ
				傘	BZ
16. 南北戦争ごっこ	78-06	日商岩井ワシントン支店長		南北戦争	DBZK
				ワシントン	PZ
				私	BZK
17. 屋根に草花を植える	78-10	東大生産技術研究所教授		屋根	DBZK
				植える	DZK
18.「戦争を語り継ごう！」	78-11	東大名誉教授		戦争	DZK
				語り継ぐ	DK
				アメリカ人	BZ
19. 若乃花の断髪式	78-14	ノンフィクション作家		若乃花	DBZK
				断髪式	DZK
				国技館	BK
				引退	BK
				藤島	BZ
				披露	BK
				大相撲	BZK
20. 店仕舞	78-15	女優・エッセイスト		すし屋	BZ
				「きよ田」	BZKS
21. 虎口に立った男たち	79-05	ノンフィクション作家		虎口に立った	DK
				引退	BK
				李登輝	BZKS
22. 古書街の変貌	79-06	作家		古書街	DZ
				変貌	DZ
				神保町	BZ
23. ニュートンとともに二十年	79-06	地球物理学者		ニュートン	DK

			地球物理	PZ
			学者	PZKS
			私	PZKS
24. 世界最大書店の誕生始末記	79–06	ジュンク堂書店長	世界	DZK
			最大	DZK
			書店	DPBZK
			ジュンク堂	PBZ
			私	BZ
			経営	BK
			池袋	BK
			オープン	BZK
25. クレオパトラは招く	79–07	中東報道者の会会長	クレオパトラ	DBZKS
			招く	DS
			情報	BZ
			私	BKS
26. 居候四週間	79–07	作家	居候	DZ
			四週間	DZK
			作家	PK
			暮らす	BK
27. 森のペンギン、砂漠のペンギン	79–07	作家	森	DZK
			ペンギン	DZKS
			砂漠	DZK
28. 日本人だってアメリカ人じゃないか	79–07	事業再生アドバイザー	日本人	DZK
			アメリカ人	DZK
			僕	BZKS
29. 菊池寛と松本清張	79–07	筑波大学名誉教授	菊池寛	DBZK
			松本清張	DBZKS
			「松本清張研究」第二号	BZ
30. 男の更年期	79–10	漫画家	男	DZ

			更年期	DZKS
			漫画家	PZK
			朝	BZK
31. 秘密のコレクション	80-01	エッセイスト	コレクション	DK
			一枚	BZ
			ハンカチーフ	BZ
32. 美味しい牛肉と不味いカンガルー肉	80-01	作家・大学講師	美味しい	DZK
			牛肉	DZK
			不味い	DK
			カンガルー	DBZK
			肉	DZK
			レストラン	BZ
33.「待つ人」の心	80-07	作家	待つ	DBZK
			人	DBZK
			心	DKS
			何十年	BK
			ただ	BZ
34. 半日ラマダン	80-08	ミュージシャン	半日	DZK
			ラマダン	DZK
			便秘	BZK
35. ヨーロッパ唯一の仏教国	80-08	作家	ヨーロッパ	DBZ
			唯一	DBZ
			仏教国	DBZ
			行く	BZ
			恵観師	BZ
36. 赤いしみ	80-10	写真家・ノンフィクション作家	赤い	DZ
			しみ	DK
			吉祥寺	BZ
			朝	BZ
37. タイマイの回帰を待つ	80-10	ペット法学会理事長	タイマイ	DZKS

			ペット法学会	PZ
			ヒト	BZ
			動物	BZK
38.鎌倉かるた	80-14	作家・鎌倉ペンクラブ会長	鎌倉	DBZKS
			かるた	DZK
			鎌倉ペンクラブ	PBZK
39.役を勤める	80-14	歌舞伎役者	役	DZK
			勤める	DZK
			歌舞伎	PZK
			役者	PBZK
			幸四郎	BZK
			ミュージカル	BZK
			一千回	BZK
			演じる	BZ
			私	BZKS
40.長い一日	80-15	作家	長い	DS
			一日	DS
			作家	PK
			今年	BZ
			十月三日	BZK
			午後	BZ
			成田	BZ
41.国民との架け橋に	81-01	皇室研究家	国民	DZK
			架け橋	DZ
			皇室	PZK
			天皇	BK
			陛下	BK
			皇族	BZK
42.町内十番以内	81-01	作家	町内	DZK
			十番	DZK
			以内	DZK

43. 骨董市のみそっかす	81-01	装丁家	骨董	DBZ
			市	DBZKS
			みそっかす	DZ
44. ロシアびいきのチェチェン嫌い	81-01	山梨英和大学教授	ロシア	DBZK
			チェチェン	DZK
			我が家	BZ
45. こころの森	81-01	建築家	心	DKS
			森	DZS
			東京	BZK
46. 韓国から文化勲章をいただいて	81-01	映画評論家	韓国	DBZKS
			文化	DBZK
			勲章	DBS
			いただく	DB
			映画	PZKS
			政府	BKS
47. 母の死	81-02	作家	母	DZK
48. バーへの異業種参入	81-02	慶應義塾大学教授	バー	DBZK
			異業種	DK
			ラ・リベルテ	BK
49. 虫の楽園の夢	81-03	随筆家・埼玉大学教授	虫	DZK
			日本	BZ
			昆虫	BZK
			標本	BZ
			大英博物館	BZ
50.「暫」	81-10	松竹社長	「暫」	DBZK
			松竹	PK
			江戸	BZK
			歌舞伎	BZKS
			演目	BZ
			市川団十郎	BZKS

3.2.4. 分析

以上の一覧表からわかることをまとめてみよう。

　まず、数量的な整理を試みる。たとえば、先にも挙げた最初の「1.消えた太陽」だと、「消える」「太陽」など7種類の語句が、題名や職名や冒頭を始発として、その後の部分で繰り返されていることがわかる。始発位置と反復される位置の組み合わせパターンとしては、BZKが「発電」「システム」という2種類の語句で出てきており、DBZKS、DZS、PK、BZ、BKが1種類ずつの語句で出てきていることがわかる。このようにして50のテクストについて整理した結果、つぎのようなことがわかった。

（1）　50のテクストで、合計207種類の対象語句が、題名から、職名から、あるいは冒頭文から、後に繰り返されている。1テクストあたり平均4,1種類の語句について、それらの三つを始発としての繰り返しがあることとなる。

（2）　理論的には、題名（D）で始発となった対象語が、職名・冒頭文・前半・後半・最終文の全てにおいて反復されるDPBZKSがありうるが、それは1例もなかった。それを6/6とすると、実際に最も多くの部分に同一語句が出てくるパターンは5/6であった。

（3）　5/6のパターンは、理論的にはDPBZK・DPBZS・DPBKS・DPZKS・DBZKS・PBZKSの6パターンがありうる。しかし、表の中にでてきたパターンは、そのうちのDBZKSが7種類、DPBZKが1種類、PBZKSが1種類、といった3パターン、計9種類の語句のみで、あとの3パターンは0であった。すなわち、最も多くの箇所で繰り返されるパターンは、題名始発で、冒頭文・前半・後半・最終文の4箇所でそれが反復されるもの、ということになる。これはほぼテクスト全体にわたっていると考えてよい反復パターンである。

（4）　同様にして、4/6はDPBZ、DPBKなど、15パターンがありうるが、実際は

・DBZK　15種類　　・BZKS　7種類　　・DZKS　4種類

・PZKS　4種類　　・PBZK　2種類

の5パターン32種類で、あとの10パターンは0であった。
（5） 3/6 は DPB、DPZ など 19 パターンありうるが、実際は
・DZK　34種類　・BZK　20種類　・DBZ　4種類　・DKS　3種類
・PZK　3種類　・DZS　2種類　・BKS　2種類　・DBS　1種類
・PBZ　1種類

の9パターン70種類で、あとの10パターンは0であった。
（6） 2/6 は、DB、DZ など 11 パターンありうるが、実際は
・BZ　35種類　・BK　21種類　・DK　16種類　・DZ　8種類
・PK　6種類　・PZ　5種類　・DS　3種類　・DB　2種類

の8パターン96種類で、あとの3パターンは0であった。

以上をあわせると、

・50編において、題名、職名、冒頭文をそれぞれ始発の場とする語句の反復現象が、始発位置と反復位置の組み合わせで計25パターン、207種類見出せたということになる。
・最も反復現象の多いパターンは、BZ、すなわち冒頭文に含まれる語句が前半で繰り返されるパターンで、35種類の語句で見られ、次に僅差でDZK、すなわち題名に含まれる語句が、前半と後半で繰り返されるパターンで、34種類の語句であった。
・しかし、今回の50のどの随筆においても必ず、どこかから、何かの語句が必ず最低1箇所は繰り返されており、全く繰り返しがない、というテクストは無かった。
・また、テクストによって、多くの種類の語句の反復現象がみられるものから、1種類しかないものまで、様々であることがわかる。
・最も多かったのは、「36. 役を勤める」の9種類の語句の繰り返しであった。題名から「役」「勤める」が、職名から「歌舞伎」「役者」が、冒頭文から「幸四郎」（これは作者名でもある）、「ミュージカル」「一千回」「演じる」「私」が繰り返されている。
・最も少ないのは1種類で「8. ワタシをご存知？」と「47. 母の死」で、いずれも題名中の「ワタシ」と「母」が繰り返されるのみであった。

一方、繰り返しはどこが始発になっているのか、という観点からも見てみよう。たとえばDPBZKというパターンは、P職名にもB冒頭文にも、繰り返しが現れているが、最初の位置はD題名となるので、題名始発型とする。PBZKSあるいはPBZK、PBZといったパターンであれば職名始発型、BZKS、BZK、BZ、といったパターンであれば冒頭文始発型、となる。それで、207種類の繰り返しのうち、題名始発型が100種類で全体の48,4%、次が冒頭文始発型で、85種類、41.6%、職名始発型は少なく、22種類、10.0%、という結果になった。既に見たデータとあわせて考えると、題名始発型で、中でも前半と後半で繰り返されるという反復パターンが多くみられる、ということになる。
　しかし、これを［境界テクスト(パラ)］としてみると、題名始発・職名始発を合わせて58.4%となり、その重要性がうかがえよう。ロッジ(1997)も小説の題名についてではあるが、

　　小説の題名はテクストの一部—まさに我々が目にする最初の部分—であり、そのため読者の注意を引きつけ、その方向を決定づけるだけの力を持っている。

という。前田(1988)もやはり文学テクストについてではあるが、「タイトル」「作者名」「書き出し」を「読者の読みを指示するベクトルの指標（コード）」であるとしている。やはりテクストの始めのほうに置かれる境界的な位置にある部分は、時間的線条的な作業である「読み」にとって重要なのである。
　また、テクスト本文の冒頭文と最終文を比べると、冒頭文は、それ自体が始発になるパターンや、題名始発型でもその語句が冒頭文の中でも繰り返されたり、職名始発型で、冒頭文でも繰り返されたり、といったパターンも含めて、語句の反復現象に関わることが多い、ということが観察される。それに比較して最終文の方は、関わるパターンの数も、語句の種類もずっと少なく、反復現象に関係することが比較的少ない、と言えよう。すなわち、テクストの開始時点からの反復現象が最終文にまでおよぶパターンは少ないとい

うことが考えられる。

　また、題名や職名、冒頭文に含まれる語句でも、その後全く反復されないままである語句も少なくないということも重要である。逆にそれらに含まれなくても、テクスト中で反復される語句も多いことにも留意すべきである。

　以上は、題名・職名・冒頭文(以下これらをまとめて「テクスト開始部」とする)を始発とする反復語句に限った分析である。テクスト「本文」の内部ではもっと多くの語句の反復現象が起こっている。今回はそれはカバーできなかったが、次節で具体的なテクストを対象に、テクスト開始部始発の語句のテクスト内部でのふるまいを細かく見てみることで、その一端を示したい。

3.3. 具体的なテクストを対象とした分析

ここでは、前節 3.2. の、機械的な分類とその分析では捉えきれない、より広汎な語句の反復現象の様相を、見ていきたい。前節で反復現象が非常に多くみられたテクストと、比較的少ないテクストを取り上げて、もう少し精密に語彙としての広がりを比較してみようと思う。

　テクスト開始部を始発とする反復現象が多く見られたテクストの典型として、前節の分析でも挙げた、「39. 役を勤める」を取り上げる。反復現象の少ないものとしては、同じところで、「8. ワタシをご存知？」と「47. 母の死」に触れたが、ここでは「31. 秘密のコレクション」を取り上げたい。理由は、8 と 47 は、確かに反復が 1 語ずつしかないが、表の該当箇所を見るとわかるように、いずれも DBZK、および DZK と、まんべんなくほぼ全体をカバーしている。「31. 秘密のコレクション」は 3 語「コレクション」「一枚」「ハンカチーフ」あるが、DK、BZ、BZ、というパターンで、それらに比べて全体をカバーしているとは言えない。一方この BZ パターンは前述のように全 50 テクストを通じて反復の対象語句の種類としては最も多い 35 種類を数えており、その意味ではひとつの典型といえる。

　まずそれぞれの原文全文を次々ページに掲げる。

3.3.1.「36. 役を勤める」の語彙分析

まず、3.2.2. の表1の「39. 役を勤める」を取り出し、そこに挙げた、反復された9種類の語が、テクスト全体で何回出現しているのかを数えて一覧表とした。

対象語句	出現パターン	全使用回数
役	DZK	11
勤める	DZK	9
歌舞伎	PZK	9
役者	PBZK	8
幸四郎	BZK	5
ミュージカル	BZK	4
一千回	BZK	3
演じる	BZ	7
私	BZKS	18

以下でこれに基づき、反復された語句がテクストの中で提示する関係はどのようなものかということについて、【①語句の反復の「結束性」(ハリディ、ハッサン 1997)への関わり】と【②反復された語句同士に、語彙体系のなかで何らかの関連が見出せるか】、あるいは【③テクストの中で、何らかの関連が見出せるか】という三つの観点から考察していく。特に、②と③は、前節で語句が線条的に現れる順序、位置を問題にしたのを、語句の持つ意味による平面的な関係性を見ようとするものである。

【①語句の反復の「結束性」への関わり】

表を見ると、題名始発の語句反復が「役」「勤める」、職名始発が「歌舞伎」「役者」、冒頭文始発が「幸四郎」「ミュージカル」「一千回」「演じる」「私」である。このうち「幸四郎」は、筆者名でもあるので、筆者名始発という型を作れば、それに属する。いずれの語句も前半と後半で何回か繰り返される

(「演ずる」のみ前半)。その繰り返されること自体、「結束性」に関わっている。
　「結束性」とは、ハリディ、ハッサン(1997)において

　　結束性はテクスト内のある要素と、その要素の解釈に欠くことのできない他の要素との間の意味的な関係である。(ハリディ、ハッサン1997: 9)

およひ

　　結束性の概念は、少数のはっきり異なる範疇に分類することで体系化することができる。—すなわち、指示、代用、省略、接続、および語彙的結束性である。　　　　　　　　　　(ハリディ、ハッサン1997: 16)

という説明がなされている概念である。その「語彙的結束性」は「再叙」という現象において見られるとして、「a, 同一語、b, 同義語や近似同義語、c, 上位語、d, 一般語」をその例に挙げる。(p367)上の表のそれぞれの語句はこの「a, 同一語」という例にあたり、反復することで結束関係を持っている。
【②反復された語句同士に、語彙体系のなかで何らかの関連が見出せるか】
　さて、これらの語句を見てみると、この中の「役」「役者」「演じる」、「歌舞伎」「ミュージカル」は、互いに関係のあるように見える語句の集まりである。また、同一の文脈の中に共起することもよくあるように思われる語句でもある。すなわち類義関係や隣接関係として捉えられるような語彙である。実際にどのような語彙としての関係をなしているのかを、『分類語彙表』(増補改定版)で見ると、

	分類項目・番号	中項目・番号
役	【1.2400　成員、職】	【1.24　成員】[6]
役者	【1.2410　専門的・技術的職業】	【1.24　成員】

となりまた、

と思えてきたのだ。

歌舞伎の場合、親から子、子から孫へと、代々役の「型」や「魂」を伝えていく。時を経ることで、そこには、有形無形のさまざまな要素が織り交ぜられ、その「役」が磨き上げられていく。このプロセスにおいて、義太夫でいう「肚」つまり役の内面からにじみ出るものを表現するとか、仏教の「勤行」に通じるような、心の誠を尽くすという意味あいが加わり、役と役者の間に、ある種不可分な関係が成立する。これが「役を勤める」の意味なのだと気付いた。

今回の公演で、私は初めて演出を手掛けた。この作業をとおして、自分の演劇観がまた一歩集約されたことにも気付いた。劇中劇という複雑な構造を際立たせるた

めに、ブロードウェイのオリジナル演出を思い出したり、私なりの考えを反映させたりしてみたのだ。その試行錯誤の途中、長年この照明を担当している吉井氏に、「これは演劇だね」と評され、ハッとした。その時、私の脳裏には、この作品のイメージが明確に浮かび上がった。私が描いていたのは、それまでのショーアップされた目に鮮やかな舞台ではなく、演劇としての質の高いミュージカル・ドラマだったのだ。感動を与える舞台、つまり良質の演劇にあるのは、ジャンルの壁など存在しない。そこには、純粋な演劇としての評価であって、歌舞伎でもシェイクスピア劇でもミュージカルでも、優れた演劇であるならば、それらはすべて舞台芸術として賞賛されるべきだし、私はそのような作品を愛して止まない。

歌舞伎の家に生まれた私が「役を勤めること」の真義を確かに感じる今、節目の年を刻んだ役者として、これからの歩むべき

道を考える。

役者幸四郎に与えられた仕事……それは、柔軟でニュートラルな感性のもと、より質の高い純粋の演劇を創っていくことであり、これこそ、私の使命でもあると……。

十二月には、私の主宰する梨苑座歌舞伎の『夢の仲蔵』再演を控え、五年後には『勧進帳』一千回上演の計画もある。

「セルバンテス＝ドン・キホーテ」と役者幸四郎は、三十三年という時間と空間を共有し、ようやく「役を勤める」になったのだと思う。

夏は終わった。残された思い出に浸る日々も、それはそれで素晴らしい。しかし私は、すでに六十一年目の人生を、かなりワクワクしながら踏み出していることを、ここに告白する。

Ⅲ 役を勤める

松本　幸四郎（歌舞伎役者）

役者幸四郎が、ミュージカル『ラ・マンチャの男』の主役を一千回演じたその日、私は六十歳の誕生日を迎えた。

スタッフ、キャストとお客様にお祝いしていただいたのは、祖父の七代目が日本初のオペレッタ『露営の夢』（明治三八年）を演じ、父の八代目が数々の歌舞伎を演じ、父が紀保と名付けた長女と末娘に因んで父が紀保と名付けた長女と末娘たか子が、共演の女優として立っていた。

これは、神様と妻が私にくれたご褒美だと思っている。

私が二十六歳で初演した当時、この難解な作品は、一部の評論家に高く評価されたものの、一般にはあまり受け入れられず、再演などとても望めそうにもない状況だった。ところが、この作品と私に思いがけない幸運が訪れる。

初演の翌年、ブロードウェイの「インターナショナル・ドン・キホーテ・フェスティバル」に、各国の役者に混じって私がキャスティングされたのだ。

若い無名の日本人俳優「ソメゴロウ・イチカワ」のブロードウェイ経験は、私を少し成長させてくれたのだろう。帰国後の凱旋講演（名鉄ホール）から、多くのお客が劇場に足を運んでくださるようになり、今日に至るまでロングランを続けている。

私自身としては、一千回という記録以上に、三十三年という歳月に密かな誇りとはかり知れない重みを感じている。

この作品を三十三年間演じ続けてきたことで思うのは、私の中にある演劇ジャンル別のギアが、何時の頃からか外れていたということだ。それまで私は、歌舞伎、ミュージカル、シェイクスピア劇、テレビドラマと、演じるジャンルごとにギアを入れ換えていた。そうすることで、相応しい役者幸四郎を創り上げてきた。と ころが、その切り換えが、ある時とてもスムーズになっていて、もしかしたら「もう、ギアなんかなくなっているのかもしれない……」と思えるようになったのだ。

それから、ようやくわかってきたこともある。それは、歌舞伎でいう「役を勤める」の意味だ。漠然と理解していたものの、長い間、その本当の意味を探し当てられないでいた。

他の演劇では、「演じる」というが、歌舞伎の場合は「勤める」つまり「役を勤める」という。この「勤める」とは、「演じる」ことを「続ける」ことではないかと。途中何があっても、ただ続けるのではない。長い歳月を費やし、形だけではなく心をこめて表現することをひたすら続ける。そうすることが「役を勤める」ことだ

こんなばかばかしいものに愛を燃やすのは私たちくらいのものだと思い、それがやっぱり楽しかったのだが……世の中には、やっぱり一定数、ものずきはいるらしい。いつのまにか、昔の子ども茶わんはコレクターズ・アイテムになってしまった。今や骨董市などでは千円以上。人気マンガの絵だと三千円なんていう値段がついている。そうなると、私はちょっと白けてしまう。安物のかわいらしさが失われたようで、つまらない。熱がさめる。他の物に気持が移って行く。

そんなふうにして、今までいろいろな物に手を出して来た。多くは骨董市やアンチック・ショップ(というより古道具屋と言ったほうがいいか)でみつけたもの。テリア犬のデザインのあるもの、スマイリー(ハッピーフェイス)のデザインのあるもの、モール人形、うちわ(戦前昭和のもの)、みやげ物の貝細工(海外輸出仕様のもの)、羽子板(おもに、じかに絵が描か

れたもの。押絵の場合は日本髪ではなくオカッパ頭の少女の絵柄のもの)……など。どうでもいいようなものばかりだ。古いものが多いけれど、白洲正子さんの世界からはほど遠く、TVの「なんでも鑑定団」の世界からもズレている。中途半端。興味の対象ばかりではなく、数においても中途半端だ。基本的に、コレクションしようという気がないのだ。何となく集まってしまったというのが好きで、努力して集めようとは思わない。

ただ一つ、少し意識的に集めているものがあるのだけれど、これまた「こんなばかばかしいものに愛を燃やすのは私くらいのものか」と思っていたら、いつの間にかコレクターズ・アイテムになってしまった様子なのだ。近年めっきりみつけにくくなり、なおかつ値段が高騰。どうやらコレクターの世界も変わって来ているようで油断がならない。さらに相場を上げるのもシャクだから、何のコレクションかは、かくし

ておきたい。

三年前にI温泉に行った時、一軒のみやげ物屋のガラス戸越しに私の探し求める物がたくさん並んでいた。喜んだものつかのま、そのガラス戸は固く鍵で閉ざされていた。明かりも消えていて、休業中の様子だった。

店の電話番号を確認し、電話で聞いてみたら、店はやめることになっているのだが、商品は手放す気はない、見せる気もない。——と言い切られてしまった。ガックリ来た。私と同様の問い合わせをした人が他にもいたんだなあと直感した。

いまだに時どき、そのガラス戸の店を思い出し、小さな溜息をついている。

IV 秘密のコレクション

中野 翠
(エッセイスト)

一枚の絹のハンカチーフがある。

数年前に上海に行った時、路地裏のシルク専門店でみつけたものだ。白地にパンダ（六頭）と笹の葉の手刺繍がしてある。四辺は小さな丸型のスカラップ刺繍でふちどられている。

優美な花模様の刺繍ハンカチーフがどっさりある中に、このパンダのハンカチーフをみつけた時は、頭の血管が二、三本切れたんじゃないかというくらい興奮した。店にあるのを全部（と言っても六枚きりだったが）買い占めた。一枚千円以下だったから、たいしたことはない。今は、やっぱり同じ店で買ったパンダ刺繍のポーチに入れ、和ダンスにひそませ、時どき取り出して眺めてウットリしている。一枚は、わざわざ銀座・伊東屋で正方形の額をあつらえて壁に飾ってある（と書いて、今、ハッと気がついた。結局、中身のハンカチーフより額のほうが何倍も高いのね……）。

白と黒と緑の配色の美しさ、シルクに手刺繍の贅沢感、そしてパンダのフザケた愛らしさが私の胸を震わせる。

そうだ、フザケた愛らしさというのが、私の場合は重要なのだ。ただ綺麗だったり高級だったりする物にはたいして惹かれない。そこにちょっとフザケた感じ、トボケた感じ、ばかばかしい感じが加わると、俄然、激しく惹かれてしまうのだ。

確かに物欲は強いほうだと思う。ただし、今風の物欲＝海外一流ブランド熱はほとんど無い。もろに「高級」「贅沢」「リッチ」「ゴージャス」という感じがして、私の人は「持って行ってくれるだけありがたい」というふうで、タダ同然の値段だったには妙に恥ずかしい。たぶん人間が高級ではないせいだと思う。ついていけないのだ。

私はそういう自分の物欲の形を、『千円贅沢』（講談社 '01年秋に出版）という本に書いた。

もう二十年ほど前だが、近所のセトモノ屋（今や死語か）に熱中したことがあった。セトモノ屋としては商売にならないらしく、店先で金魚や熱帯魚を売っていたとおぼしき、素敵なごはん茶わんの数かずを発見したのだ。茶わんの模様が'50年代のモダンアート風で、何ともオツなのだ。さらにイイのが子ども用の茶わんで、稚拙なタッチで赤胴鈴之助やサンタクロースの絵が描かれていたりするのだ（サンタクロースと脇に書かれていたりするのが、いじらしい！）。

「キッチュよね、かわいいよね」と友人と狂喜して、何十個となく買い込んだ。店の人は「持って行ってくれるだけありがたい」というふうで、タダ同然の値段だったのだ。

演じる　　　【2.3240　演劇・映画】　　　【2.32　芸術】[7]
歌舞伎　　　【1.3240　演劇・映画】　　　【1.32　芸術】
ミュージカル【1.3240　演劇・映画】　　　【1.32　芸術】

となる。

　そして、本文中の他の部分に出現するほかの語句をも、こうした語彙関係で呼び寄せて、語彙のネットワークを形成するように見える。たとえば、「スタッフ」「キャスト」という語句が出てくるがこれらは

スタッフ　　【1.2400　成員、職】　　　【1.24　成員】[8]
キャスト　　【1.2400　成員、職】　　　【1.24　成員】

のように「役」と同じ分類項目でまとまる。

　「役者」は、同様に【1.2410　専門的・技術的職業】【1.24　成員】に属する、本文中の語句「俳優」「女優」などの語を呼び寄せる。

　「演じる」「ミュージカル」「歌舞伎」も同様に【1.3240　演劇・映画】【1.32　芸術】に属する「オペレッタ」「劇」「テレビドラマ」「ドラマ」「演劇」「劇中劇」「演出」とまとまってくる。

　また、上の「演じる」と「演出」という語句は、『分類語彙表』では、ともにそれぞれ【2.3240　演劇・映画】【2.32　芸術】と【1.3240　演劇・映画】【1.32　芸術】に属する他、「演じる」は【2.3833　興行】【2.38　事業】にも分類され、「演出」の方は【1.3833　興行】【1.38　事業】にも分類されている。そしてこちらの方の【興行】【事業】でも、同様に「初演」「再演」「公演」を呼び寄せて語彙のまとまりを形成するのである。

　すなわち、題名、職名、冒頭文から始発となったこれらの語句は、同一の語句として反復されるばかりでなく、語彙体系を参照すると、

　　○「成員・職、専門的・技術的職業」を共通の意味として持つ語彙としてのネットワーク
　　○「興行」を共通の意味として持つ語彙としてのネットワーク
　　○「演劇・映画」を共通の意味として持つ語彙としてのネットワーク

を形成しているものと考えられる。

　より大きい括りで、抽象化して捉えると、「成員」「事業」「芸術」という

3種のネットワークであると言うこともできよう。

　こうしたことが、語が実際の文章テクストにおいて"機能する"、その"意味を実際に発現する"ということであると考えられる。語彙体系そのものはテクスト外に存在するものであるから、こうした語句どうしの関係はテクスト外でも成立する関係だと言ってよいだろう。それは、次の項を見るとよくわかる。

【③テクストの中で、何らかの関連が見出せるか】

　次に上記の『分類語彙表』を参照した分析で取り上げられなかった、反復現象の見られる9種の語句の中の「勤める」「幸四郎」「一千回」「私」について考えてみたい。

【勤める】

　この語は、他の語句と上述のような分析で言う意味関係による語彙のネットワークとは何の関係もないように見える。しかしながら、題名にも含まれ、本文中でも何度か反復されているこの語が、上述の語彙ネットワークの中に臨時的関連性を以って位置づけられているところに、このテクストの意味構造[9]とでも言うべき重要性が存在している。

　「勤める」は、まず語彙としての分類では

　　勤める　　【2.3320　労働・作業・休暇】　【2.33　生活】

となっている。その上で本文の第18文目（「他の演劇では『演じる』というが、歌舞伎の場合は『勤める』つまり『役を勤める』という。」）で、この「勤める」という語が、「演じる」という語（【2.3240　演劇・映画】【2.32　芸術】）と関係づけられて登場していることに注目したい。すなわち、「勤める」の題名始発の反復使用は、成句「役を勤める」の一部であることが前提となっているわけである。こうした、歌舞伎において、「演じる」と「勤める」の間に存在する類比（analogy）的捉え方を提示することがこのテクストの意味構造であり、またこれを題名として掲げた書き手の意図であろう。このように、語彙のネットワークからはずれた語が、ネットワークの中に臨時的に位置づけられる場合には、比喩表現や類比的発想を提示する意図が存在することがある。

あまり中心的な意味は持たないが、11文目からはじまる「ギア」の類比も同様である。

【幸四郎】

これは、固有名詞で、普通名詞とは対照的に唯一の物を特定する機能を持つのだが、テクストの中では普通名詞と密接な関係を持って使われる。上述のように冒頭文も「役者」という一般名詞と組み合わせた「役者幸四郎」から始まり、この形で以下の本文でも2度反復される。即ち【1.24成員】の特定化である人名として、【1.2410 専門的・技術的職業】の中の特定化である歌舞伎俳優の家の名として、普通名詞の形作る語彙のネットワークの中で機能する。そしてまた、他の登場人物の名とも固有名詞・人名のネットワークを形成し、場面や出来事を事実として提示するための情報として機能する。その他、「ミュージカル」と「ラ・マンチャの男」、「オペレッタ」と「露営の夢」、「歌舞伎」と「勧進帳」「夢の仲蔵」も普通名詞と固有名詞の関係にある。

ただ、本文中の「七代目」「八代目」と「幸四郎」と、「ソメゴロウ・イチカワ」と、筆者の「松本幸四郎」とを関係づけたり、「ラ・マンチャの男」と「インターナショナル・ドン・キホーテ・フェスティバル」「セルバンテス＝ドン・キホーテ」を関連づけたりするには、背景的知識や推論が必要となる。このように、固有名詞のネットワークを形成するためには、普通名詞のネットワークとは異なる知識が要求されることが多い。

【一千回】

これは助数詞「回」を付した数詞である。このテクストではある時間の経過を、上演回数や「二十六歳」と「六十歳」という年齢の対比、三十三年という年数、という三つの角度で、いずれも数詞を使って表している。また、固有名詞と同様、出来事の情報の一部として時間（十二月、五年後、六十一年目）を示したり、特定のものを指し示すためには背景的知識（七代目、八代目）が必要であったり、といった使い方がなされている。

【私】

これは人称代名詞で、今回の随筆などノンフィクションのジャンルでは、

筆者名の固有名詞が「私」にあてはめられる、というルールがある。そして、このテクストには、「祖父」「父」「長女」「末娘」「妻」という【1.21家族】でネットワークとなる語彙が出てきているが、これらも、何も断りがなければ「私」を基準にした関係であり、普通名詞と人称代名詞の関係と捉えることもできる。

　以上の「勤める」「幸四郎」「一千回」「私」の四語は、テクスト内で各々、成句の一部、固有名詞、数詞、代名詞という語彙としての性格を発現し、かつ他の語と関係づけられて、実際に機能しているということが確認できた。
　今回は、題名や職名、冒頭文を始発として反復される語句だけに着目したが、テクストの内部には、他にも色々なネットワークが存在していると考えられる。この「役を勤める」に含まれる語句は、テクストの内部でも外部でも、色々な関係でつながって、語句同士のネットワークを形成しているのである。同一の意味範疇でまとめられる普通名詞などの語彙は、テクストの外部においても（『分類語彙表』で保証されているように）成立するネットワークである。一方このテクストだけでの臨時的な関係をつくる語句の関係、固有名詞や、数詞や人称代名詞が引き寄せる語句同士の関係は、テクスト内部にあるネットワークと考えてよいだろう。特にこのテクスト内部の臨時的なネットワークは、テクストの独自性・一回性に結びつき、テクストの意味を強力に支えているものと考えられる。また、結束性の観点からみれば、反復されること自体で「再叙」として、テクスト内部につながりをもたらし、テクストをテクストたらしめる働きをしているといえる。

3.3.2.　「31.秘密のコレクション」の語彙分析
それではこの「役を勤める」と対照的なタイプと見える「秘密のコレクション」の分析に移る。
　同様にまず冒頭部始発の反復の対象語句と使用回数を示す。

対象語句	出現パターン	全使用回数
コレクション	DK	3
一枚	BZ	3
ハンカチーフ	BZ	4

　先の「役を勤める」と比べると、語句の種類、出現パターン、使用回数のすべてにわたって少ないことがわかる。
　これらのうち、「コレクション」「ハンカチーフ」は、「分類語彙表」で
　　コレクション【1.1951　群・組・対】　　　　【1.19　量】
　　ハンカチーフ【1.4541　日用品】　　　　　　【1.45　道具】
と、なり語彙的位置は重なってこない。もう1段階範疇を上げても【1.19】は【1.1　抽象的関係】に属し、【1.45】は【1.4　生産物および用具】であり、重ならないのである。
　また、「役を勤める」のように、これらが始発となって、同一範疇の他の語句を呼び寄せるような語彙のネットワークの形成をたどることもできない。すなわち、テクスト外でも成立するような語彙のネットワークは、このテクストにおいて題名・職名・冒頭文を始発として反復される語句の中には全く見出せないのである。したがって、先にみた①②③の三つの角度、すなわち、結束性への関わりや、語彙体系との関係等も観察しにくい。
　しかしながらこのことは、「パラテクスト」という概念の有効性を減じることにはならない。題名「秘密のコレクション」は略題的にずっと働き続け、推論の手がかりとなる。語句としても、「コレクション」は、冒頭文中の「ハンカチーフ」等具体的な物品の列挙や「もの」「物」を含む語句(第30文「テリア犬のデザインのあるもの」など)の列挙と関連づけられる。「秘密」は、このテクスト内で明かさないこと自体が"秘密"である、ということになる。いずれもテクスト内だけの臨時的な関係である。すなわち、この「秘密のコレクション」の冒頭始発の語彙のあり方は、テクスト外の語彙体系や、「再叙」という語彙的結束性からは説明しきれないものだと言えよう。

3.4. まとめ

50の随筆について、テクスト冒頭部分(題名・職名および冒頭の一文)に含まれる語句が後の部分でどのように反復されるかを見た。パラテクストや冒頭文は、本文に入るときの敷居のようなものである。読もうか読むまいか、入ろうか入るまいか、題名や職業名(筆者名)がアイキャッチャーとしてまず働く。冒頭文を見て、読み続けるかどうか、ずっと奥に入るかどうかを決める。それらに含まれる語句が、後で反復されるとは、引きつけられたことがらにテクストの中で必ず触れられるという保証が実行されたということになろうか。

どのテクストもこれらの3種の始発部分のうちのいずれかから、語句がテクスト本文のどこかで反復されていた。反復のパターンは多様であったが、冒頭文始発の語句が前半で、題名始発の語句が前半と後半で反復されるパターンが多くを占めていた。次に、反復のパターンが対照的な「役を勤める」と「秘密のコレクション」について、語句の出方を細かく見た。その語句が『分類語彙表』の中で普通名詞の意味範疇に位置づけられるとき、同じ意味範疇(広いものも狭いものもある)に属するテクスト中の語句と、語彙的なネットワークを形成する場合があった。また、異なる意味範疇に属する語句が、当該テクスト内では、たとえばアナロジーとして、また、抽象―具体の関係として、臨時的な意味関係を結ぶ現象も観察された。普通名詞に属さない固有名詞的、あるいは代名詞的な語句も、普通名詞と、テクストの中で関係づけられて機能することも確認されたと思う。

テクストの中の語彙には、語彙表や辞書の中での位置づけをなぞる面と、そこから離れて、そのテクストの中だけで見せる面とがあり、個々のテクストには両面の様相が見られるがまた、片方がより強く観察されるケースもある、ということになる。結束性に関しては、冒頭部始発の反復だけでなく、本文中では、より多くの語句の反復関係を拾えるだろう。さらに、ハリディ、ハサン(1997)は「語彙的結束性」の「再叙」の中に「同一語」以外にも「同義語や近似同義語」「上位語」などをあげる。また「コロケーション COLLOCATION」をも「語彙的結束性」に含めて論じている。すなわ

ち、上記のような語彙のネットワークや臨時的意味関係を結ぶ現象を捉えることは、結束性というものを語彙面から捉える有効な手段であると言えよう。

4. 随筆テキストにおける広義引用表現

4.1. はじめに

本章全体のはじめにも述べたが今回のこの随筆資料には、"体験を伝える"ために、随筆の書き手の過去の言語行動を描写する叙述や、書き手以外の人物の発した言語の描写が多い。前章で文末形式を調べた際にも、表1で、多い方から10位にカギ括弧 "」"があがり、16位には「という。」があがっていたことも、それが単なる印象だけでないことをものがたっている。

つまりは引用が多い、ということになるのか、と考えたが、実際に見てみると、今回の500編の随筆中には、引用形式や直接話法・間接話法、というきちんとした枠に収まりにくいケースも多いので、"広義引用表現"という仮称を設けて、見てみることにした。

引用というのは、たとえばテキストにとっての、書き手以外の人が書いたテキストから借りてきた部分、地の文にとっての会話文、などというように、何らかの意味で異質の次元が持ち込まれていることになる。その持ち込みが、どのように処理されるか、ということに関しては、引用形式や話法、場の二重性などに注目した優れた先行研究も多い。

今回の研究では、せっかく具体的な文章を大量に見ているのであるから、文法や話法からではなく、テキスト全体の中で観察してみることにしたい。引用という現象を、"テキスト内に別のテキストが存在すること"と捉え、それが"体験を語る"随筆テキストでは必然的なシステムとして機能するものである、と考えることにする。実際に調べてみると、その多様性は際限がなく、整理にも困ったが、同時に、テキストはテキストを材料にする、という、ごく当たり前のことを実感できた。あえてその多様性をみるためにも、普通「引用」とは言わないものまで、広義にとることとした。

4.2. "広義引用表現"の範囲

高崎（2005a）において、今回と同じ随筆を対象とし、この"広義引用表現"に相当するものを"テクスト内テクスト"と呼んで、分類している。基本的にそれは"広義引用表現"と同じ対象をさしているので、今回の分類もそこでの分類方法に従って【1. 明示的　2. 暗示的　3. "擬似引用"的】の3分類とした。ただし、「3. "擬似引用"的」というのは、前回「3. その他」とした項目にあたる、など説明の記述を多少改変した。

　まずその"別のテクスト"の存在を、明示しているかどうかで二つに分ける。

1. 明示的—別のテクスト（の一部）を明示的に言語形式として取り込んでいる。
2. 暗示的—言語活動を意味として含む語（例・「相談する」、「申し込み」など）のみがあってテクスト自体の存在は間接的か、暗示にとどまる。

ここで、「テクスト」と言うときは、もとの言語表現の形態が音声言語であっても文字言語であっても、区別せず扱う。さらに1,2それぞれの中をいくつかに分ける

1. 明示的
    A. 中心的題材として取り込む場合→インタビューや映画・本などの別のテクストの紹介がその随筆の中心テーマになっている。
    B. 簡略化・要約化して取り込む場合→一連の言語活動を簡略にし、要約化して取り込んでいる。
    C. 肉声を装って取り込む場合→話しことばの場合で、具体的場面を感じさせる肉声効果（「オノマトペ的効果」とでも言うべきか）と、「」類を使用することによる区切り、際立ち効果がある。
    D. 原テクストを改変せずそのまま取り込む場合→書きことばの場合で、忠実な再現である標識として働く。「」などの符号を使用することが多い。
    E. 出所を特定できないテクスト、または架空のテクストを取り込む場

合→一般に広まっている言説として、あるいはいかにもそこで行われそうな言説として示される。

2. 暗示的
　　A. テクストは無いが、テクストを名付けた題名などの固有名詞がある場合→これは、わかりにくいと思うが、次のような例である。
（1）私はそういう自分の物欲の形を『千円贅沢』（講談社'01年秋に出版）という本に書いた。
　　　　　　　　　（中野翠「秘密のコレクション」『文藝春秋』2002年1月）

　この例のように、多少はそれについての紹介、言及などの記述が伴う場合が多い。その記述が、上記の1・A〜1・Eのような形になっていることもあるが、その場合は各々のところに分類し、この2・Aには入れないことにした。
　　B. テクストは無いが、言語活動を表す語彙がある場合→これもまず例を示す。
（2）新聞・広報の人たちもどんどん記事にしてくれたのはありがたかった。（三木卓「鎌倉かるた」『文藝春秋』2002年11月）
この例には「記事」というテクストの存在を示す語が使われているが、その記事を具体的に表す言葉はこのテクスト内にはない。こうした言語活動を意味として持つ語は非常に多く、今回の随筆資料の文章中でも

　　メモ・申し入れ・相談・回答・申し込み・読経・承諾・聞き出す・謗りをうける・講演・執筆・問い合わせ・インタビュー・告白する・しゃべる・掲載・伝記・記入する・上梓する・誹謗・報道（以下略）

など多数にのぼる。
　以上の1と2の二つの分類に入るものとは異なるが、ここでの「広義引用表現」に入れたいものを次の「3.〝疑似引用〟的」に分類する。

3. 〝擬似引用〟的
「と言う」「と言った」などの「と」が付く形式は、引用形式の代表的なものの一つだが、実質的に引用という働きをしない「と言（い）う」形式も少なくない。たとえば、前章で扱った「気配りとずるさ」の第2文で、

(3) 公私ともども、かゆい所によく気がつく人は、どの職場でも受けがよ
　　く、概して日本で成功するタイプだといってもよい。

もそうである。これは、書き手がみずからの言述を、いったん対象化して切り離し、再びもとの文脈展開に戻すための方法である。「と言(い)う」を入れることで、他者の言説の引用に伴う対象化と同じ効果があり、「と」以前の部分を別のテクストとして切り離す効果があるものと考えられる。これを、あまり良いネーミングではないが、ひとまず「"擬似引用"的」としておく。

　つまり、テクスト生産者(＝書き手)の現在生産中のテクスト自体に言及する表現、ということで、メタ言語[10]的、あるいはメタテクスト的表現とでも言うべき現象である。そう考えると、「と(言う)」が無くても、たとえば指示語のなかの「文脈指示」用法もまたこの「"擬似引用"的」な機能を持つものと言える。また、接続詞なら「そういえば」や「こんなわけで」「とはいえ」「ていうか」なども入るだろうが、今回はそこまで範囲を広げることはしなかった。

4.3. 具体例に即して

以上の3分類を、本章の「2. 文末表現」で使用した文章例「母の死」と「気配りとずるさ」で検証し、テクスト全体の中での広義引用表現の機能を考察することとしたい。この2つは「2. 文末表現」の分析では、両極端に位置づけられていたのであるが、引用という観点からみると、両者とも引用が非常に多くを占めるということで共通している。ただ、その引用表現の様相はそれぞれ異なっている。

4.3.1. 「母の死」の広義引用表現分析

先の「1. 明示的」・「2. 暗示的」・「3. "擬似引用"的」の分類をあてはめていくと、「母の死」では、92文中39箇所が、広義引用にかかわる表現で、分類項目は1・B、1・C、2・Bの3種類のみであった。

　そして、39箇所のうち、ほとんどが「1. 明示的」のうちの「B. 簡略化・

要約化して取り込む場合」に分類されるものであった。たとえば、

第3文　東京駅で母が倒れ、病院へ運ばれたという連絡だった。
第4文　どの病院か、とわたしは訊ねた。
第5文　御茶の水の駿河台日大病院だ、とYがいった。

のように、実際に電話や会話で発せられた話しことばを、簡略化・要約化して、「　」をつけずに示している。こうした引用表現がずっと続いていき、34箇所の多きにのぼっている。
　しかし、ずっと見てゆくと、たとえば、

第38文　たぶん、といい、それから必ず感染症が現れるので、そこのところを乗り越えられれば、と医者はいった。

という言い直す言い方をそのまま表現にしたり、

第59文　あたしが来たからばあちゃんは治る、とSちゃんはいった。

のような人称のダイクシス表現など、かなり臨場感を与える口調を残した描写的な引用表現もなされる。また第35文の前後では

第35文　病状は安定している、と医者はいった。

のように医者のことばは敬体ぬきで描写されて引用されるが、第44文あたりからと第83文あたりからの何文かは

第44文　体温が上昇するにつれ、感染症が明白になってきました。
第83文　そうです、と医者は答えた。

のように、「ですます」の丁寧体で引用される。第44文のように"と医者はいった"の部分がない場合もある。

　このように、「　」なしで肉声を感じさせずに、要約的に簡潔に、引用表現がなされる場合も、丁寧体やいい直しなど、肉声を感じさせるような描写が引用表現としてなされている場合もあった。

　一方、「　」が使われて、肉声として描写される場合の１・Ｃのケースはごく少なく、終わりの方になってやっと出てくる

第88文　「ごくろうさん」と弟はいった。
第89文　「やっと休めるで」とわたしはいった。

この２箇所のみである。
　２・Ｂの「言語活動を表す語彙のみで、具体的テクストがない場合」もごく少なく、やはり終わりの方に出てくる、第87文「話しかけていた」、第90文「話しかけていた」、最後の第92文「話していたのだ」の３箇所のみである。
　要するに、このテクストは、肉声をなるべく感じさせない描写として引用表現を使っている、という、引用本来の機能からすれば矛盾しているような使い方なのである。しかも、２箇所ほどを除いてほとんどの引用に、「といった」「と答えた」を付して、連続させている。それは、本章の始めの「文末表現」で指摘したような、単純な文末表現の一因ともなっていた。
　また、１・Ｃと２・Ｂが現れる最後の方で、病室という場での「わたし」の基調となる"コード"が大阪弁であったことが明かされる。最初から「　」を使用して"大阪弁"で会話を仕立てることも選択肢としてはあったはずだが、書き手が「　」使用を避けた理由の一つに、"大阪弁"コードを持ち込みたくないという理由があったことが推測される。
　また、次の「気配りとずるさ」で頻繁に出ている、「3. "擬似引用"的」な表現が一切なかったのも、特徴的である。

4.3.2. 「気配りとずるさ」の広義引用表現分析

このテクストは、第4文目にあるように、『政治とは何か』という本をもとにしている。その"もとにしている"やり方に、引用表現が深く関わっている。いろいろなレベルでの『政治とは何か』からの取り込みが、種々の形で示されており、その幅が"広義引用表現"につながっている。43文中34箇所あまりが、広義引用表現に関わっている。

また、"この本によると"とか、"～と書いてある"など、はっきりと引用であることを断る言い方はほとんどない。別のテクストからもってきていること、つまり引用であるということを示して次元の違いを際立たせたり、スムースな展開を妨げたりしない。みずからの主張の文脈の中に取り入れて、文脈の均質性を保っている。

まず、前述の分類でいうと、このテクスト全体が『政治とは何か』という本を材料にしているので、「1.明示的」の「A.中心的題材として取り込む場合」にあてはまる。

次に、「1・B、簡略化・要約化してとりこむ場合」が10箇所ある。

第7文　故竹下氏は、最初に島根県議会に入ったときから、いずれ代議士になろうと思っていたから、功をあえて人に譲ろうとしたとあけすけに語っている。

第20文　大臣答弁で質問に立った野党議員の無知や誤解をあげつらうのは論外で、間違いを自分で悟らせるのが大臣の大臣たる所以だと論した椎名悦三郎のような人もいた。

第21文　とにかく、こちらが分かっている話であっても、初耳のような仕草や驚きで聴くふりをするのが大事だというのは、どの世界にもあてはまる知恵かもしれない。

第31文　記者も時にはトンチンカンなことを言うというのだ。

第39文　竹下氏が外交を常識のやりとりというとき、交渉とは気配りとずるさの入り混じった芸術かもしれないという気がしてくる。

第40文　お前は間違っていると言わないで、自分もむかしはそう思ってい

第42文　タフ・ネゴシエーターとは、強烈な交渉者というよりも、相手の立場まで下がるか相手の立場を引き上げる能力がある人だとは至言であろう。

などである。これらは「語る」「いう」あるいは「至言」などの言語活動を表す語句が使用されているが、原文そのままを保証する「　」は無いので、何らかの変形を加えられている可能性のあるものである。ただ、第20文は、原文にこのような記述があったかどうか不明だが、「諭した」という言語活動を表す語句もあり、形としては一応「椎名悦三郎」の言葉を引いている形式と考えた。また、第39文は、前半の「竹下氏が外交を常識のやりとりという」だけが、Ⅰ・Bとなっており、後半の「交渉とは気配りとずるさの入り混じった芸術かもしれないという」に部分は、後にのべる「3. "擬似引用"的」な用法に入る。

　次に、「1・D、原テクストを直接とりこむ場合」が、6箇所あった。

第10文　「その点ではずるいといえばずるかったんだな」とはずいぶんと赤裸々な告白であろう。
第11文　衆議院に立候補する前日にきちんと二時間ぐらい余裕をとって、県議会にわざわざ辞表を出したのも「ずるい作戦」だと認めている。
第15文　事実、自分で「僕も相当ずるい点もあったんですね」と認めているほどなのだ。
第23文　それではダメなのだとやや辛口の寸評をするのは「相手は軽蔑されたと思う」からなのだ。
第43文　「日本的なるものを極めているから国際性がある。それが国際人であるという気がしますけど」というのは、とかく外国人のずるさに出しぬかれ気配りが裏切られる日本人にとって、味わい深い言葉ではなかろうか。

などである。このように、「　」で括って、本からのことばであるという形式上の明示を行っているが、それらはあまり長い部分をとってはいず、地の文に対する修飾のような役割で入り込んでいる。「ずるい」などきつく響く語句を、本にある語句で、当該随筆の書き手自身のものではない、と距離をとろうとするねらいもあろう。

「1・E、出所を特定できないテクスト、あるいは架空のテクストを取り込む場合」が5箇所あった。

第1文　他人への気配りは日本人の美徳といわれてきた。
第29文　一応、真理や学術を探究するといっている手前、むやみに無内容で、時には間違った話に無闇に相槌を打つわけにもいかないからである。

第29文は前半「真理や学術を探究するといっている」のみが該当する。これらは誰がいつ言った言葉なのか、出所が特定化されない言葉だが一応「と＋いう」が付随している。また、

第32文　それでも、間違っているよと、さも軽蔑したような感じを受けさせないよう当人に悟らせねばならない。

これは「間違っているよと」の部分が、いかにもありそうな言い方として示され、比喩のように働いている。これは元の本にあったことばかどうか不明なくらい地の文に溶け込んでいる。
　なお、

第22文　竹下氏は、頭のよい橋本龍太郎氏の場合はには相手の話が馬鹿らしくなるから、「それはこうこうでしょう」と相手をやりこめると紹介している。

は「　」部分を中に入れて、「と」が2回出てくる入れ子型二重引用となっている。この「それはこうこうでしょう」が、指示語で架空の言説を代用しているのだが、実際は「～は～でしょう」という"決め付け"の機能の形式の方が強調したい部分なのである。外側は、本に書いてある内容の要約的引用で、「1・B」に分類される。

次に、「2.暗示的」の方へいって、「2・A、テクストに名付けられた固有名詞はあるが、具体的テクストがない場合」はどうか。前述したように、第5文に『政治とは何か』が固有名詞として出てくる。しかし、これはこのテクスト全体の材料になり、引用もされて実際に具体的テクストが明示されてもいる。第5文という文レベルだけなく、テクストレベルでみれば、この「2・A」には該当しない。

そして、1例だけではあるが、第37文中の「奇麗事をいっている」はどうか。どういう形にせよ、具体的なテクストがなく、「奇麗事を言う」という言語活動を表す語句のみがあるので、「2・B、言語活動を表す語彙にのみで、具体的なテクストがない場合」とした。

さて、最後に「3."擬似引用"的」引用表現であるが、まず、第2文と第4文には「～といってもよい。」「～という場合もあるのではないか。」と、いずれも「～という」を含む形式が文末に現れている。これらは引用とは言えないのではないだろうか。それでは、何かというと、たとえば第2文は「公私ともも、かゆい所によく気がつく人は、どの職場でも受けがよく、概して日本で成功するタイプだといってもよい。」は、「～概して日本で成功するタイプだ。」と言い切る場合にくらべていくらか緩和された表現となっている。第4文も「しかし、気配りは打算やずるさと紙一重という場合もあるのではないか」は「しかし、気配りは打算やずるさと紙一重の場合もあるのではないか」よりやはり緩和されている。書き手が自分の考えを言い切って、それに引用形式を加えると、なぜ、緩和的になるのであろうか。他の「～という」の形を拾ってみよう。

第8文　委員長になったり、代表質問をしたりといった目立つことはしな

いのだ。
第13文　しかも、みんなには世話になったと県庁の課を全部回って歩く<u>という手の込んだ芝居もしている</u>。

など、このテクスト全体で、実際に引用はなされていないのに、「～という(「といっても」などの変化形も含む)」が付された部分は12箇所に及ぶ。これらは、「という」部分を省略してもかまわない場合も多い。

　すなわち、これらは、書き手がみずからの言述を、いったん対象化して捉え、再びもとの文脈展開に戻すための方法である。他者による言説の対象化と同様の扱い、つまりその部分だけを切り離しあたかも自分のものではないかのように、別のテクストのように扱う効果がある。それが客観的な印象を与え、緩和の効果とつながるのではないか。「～という」の部分は形式化しているとはいえ、自分の言ったことを引用しているということで、引用の基本的な性格は残しており、分類「1.明示的」・「2.暗示的」に連続する「3."疑似引用"的」という広義引用表現と見たいと思う。

　最後に付け加えると、第16文の「逆にいえば」も、「～という」形式でこそないが、後続の「世の中にはずるいだけで世すぎをする人間の方が多い」に対するメタ言語的な表現、引用の"予告"となっているものと思われる。こういったものも広義引用表現に入れたいと思う。

4.4.　まとめ

Ⅰ「母の死」は、体験をそこで交わされる会話のことばを通じて描写しようとしている。引用表現であるということが明確に示されており、文字言語とは次元の異なる音声言語を時系列で取り込んでできごとの描写が成立している。できごとは医者をはじめとする人々の「わたし」とのやり取りの中で明らかになってくる。また、「という」が形式化することも稀であり、「という」は実際に「～と、言う」のである。会話を書きことばに引用する、ということは、きわめて個人的な体験を、不特定多数の読み手に開いていく、ということを意味するように思われる。

Ⅱ「気配りとずるさ」は、『政治とは何か』という書籍中の知識を、「気配りとずるさは紙一重」という書き手の考えを通して、選択し再編成している。どこを読んで何を考えたのか、という思考体験を伝達しようとしている、と言い換えてもよい。

Ⅱでは、様々なレベルの引用表現がそのために使用されているが、いちいち明確に引用であることが示されていない場合も多い。他のテクストの中の言述や言述内容であることを明示ないし暗示しつつも、引用表現をなるべく滑らかに、書き手の論理的文脈展開を保証するものとして取り込んでいる。

書き言葉テクストの引用とは、既に公的な存在として在る知識（情報）内容を、評価し位置づけることで、それを引用する書き手自身のテクストをも公的存在とする言語行為である。ゆえに、書き手がそのテクストで直前に述べたことでも、いったん他人のことばと同じように切り離して扱う"擬似テクスト"的な方法は、客観的印象を与える巧みな方法となるのであろう。

引用表現は、事実の再現というよりも、考えや出来事を扱う、表現方法の一つであると考えられるのである。今回取り上げた二つのテクストが特に引用表現に頼るものではあったにしても、500編のテクストの多くが、程度の差こそあれ、なんらかの広義引用表現を使用している。これはこれらの随筆が、読者の興味・関心にこたえて、書き手がみずからの体験を伝達することがエンタテイメントであるとの確信のもとに書かれているからであろう。また、〔1. 明示的　2. 暗示的　3. "擬似引用"的〕という分け方は、実際の用例を検討すると、連続的なものもあり、かつ、1よりは2、2よりは3において、引用行為というものの抽象化・形式化が見られるように思われる。

5. 本章のまとめ

本章では、随筆テクストを、文末表現・語句の反復・広義引用表現の三つの角度から見てきた。「1. はじめに」でも述べたように、これらの随筆は談話性を有する、"場"のあるテクストである、という観点からまとめてみたい。

この"場"には書き手と読み手の存在が強く関わってくる。書き手は、題

名などの冒頭部分でテクストの意味内容をアピールして読み手にテクスト成立への参加を呼びかける。読み手に選んで、つまり読んでもらわなければテクストは成立しない。書き手はテクスト中で、アピールした内容に必ず触れることで読み手の参加に報いる。そして読み手は、今までに経験したことがない語句のネットワークで意味されるものごとや概念の衝突を、そのテクスト独特の世界として享受する。一方、書き手は、その世界（多くは自立語でカバーされる）のさし出し方にも注意を払わなければならない。命題の形で整えたあと、読み手の受容を求めつつ、書き手の意図が実現されるように誘導していく。あるいは、自らの体験や思考を、引用形式を多岐にわたって使用しつつ、受け取りやすいように加工して読み手に開いていく。このようにして書き手は読み手の受容を求め、読み手はテクストの意味を作りあげてテクスト成立に関わることが期待されている。読み手にはその代償として楽しむこと（エンタテイメント）が約束されている。ここに、書き言葉における相互作用としての"場"が成立している。

　以上が随筆テクストの文章特性であると考えられる。

注

1　新屋映子・高崎みどり「随筆の文末表現—『文藝春秋』巻頭随筆を資料として」イタリア日本語教育協会主催　第3回日本語日本語教育学会（2005年3月　ローマ大学）における口頭発表。発表論文集 "Proceedings of the Conference, Rome, 17–19th March. 2005" 所収（pp200–211）。2006年7月、AIDLG　発行。

2　「文」の中には会話や詩文の引用も含まれるが、独立した1文とみなすかどうかは、前後の文脈から判断した。また、括弧などに入った注釈的な部分や補足情報は除外した。また、この総文数も含めて以下の表1などの数値は、注1の発表・論文中の数値を基にしている。これ以後、認定基準の精緻化、分類の手直しなどを新屋映子氏が進めているので、数値が食い違うことがあることをお断りしておく。

3　文末形式の表示として、補助動詞をすべてVと区別したわけではなく、認定のゆれがあるときは、Vに含めたものもある。

4　2.1で示したように、自立語のうちで形式用言や形式名詞とみなされるものはここでカウントされていない。また、動詞「ある」、形容詞「ない」のうち、存在・非

存在を示す用法はそれぞれⅤ・Ａのなかにカウントされている。
5　語句の反復データ作成には、大澤理英氏、山本博子氏の協力を得た。
6　各語につき、『分類語彙表』の当該語句が置かれている分類項目の番号（「1.2400」のような小数点以下４けたまでの番号）と項目名（「成員、職」）を先に、後に中項目（「1.24」のような小数点以下２けたまでの番号））と項目名（「成員」）を記した。
7　「演じる」は動詞で、番号「2.3240」、「2.34」のように１の位が「用の類」すなわち動詞類の分類番号である「2」となる。ちなみに１の位が「1」が「体の類」で名詞の仲間、「3」が「相の類」で形容詞・形容動詞・ある種の副詞・連体詞類が分類されている。
8　「スタッフ」「キャスト」はこれらの分類項目の他、
　　スタッフ　【1.2450　その他の仕手】【1.24　成員】
　　キャスト　【1.3400　義務】　　　　【1.24　成員】
　　という項目にも登録されている。
9　「意味構造」という用語は、筆者（高崎）自身の中でもまだよく固まっていない捉え方である。テクスト全体を把握するときに、パラグラフや文の連接が示す構造とは異なる、話題や主張、意図、主題など、テクストの内容と密接に関わる具体的なレベルまでおりて把握するときに現れる図式様の見取り図、という説明を仮にしておくことにする。書き手のアウトラインともずれて異なる可能性があり、また、テクスト自体が示す段落や接続表現などとも大幅にずれて異なる。
10　メタ言語表現については、杉戸・塚田（1991）の「言語活動について言及し、それ自体が言語表現をともなう言語活動」という説明にしたがう。

参考文献

アレン、グレアム（2002）『間テクスト性』研究社
市川　孝（1978）『国語教育のための文章論概説』教育出版
大津由紀雄編（1995）『認知心理学３　言語』東京大学出版会
北野浩章（2005）「自然談話に見られる逸脱的な文の構築」串田秀也・定延利之・伝康晴編
　　『シリーズ文と発話１　活動としての文と発話』ひつじ書房
クワーク、ランドルフ（1988）『ことばの働き』紀伊国屋書店
クラーク、H.Hクラーク、E.V（1987）『心理言語学　下』藤永保他訳　新曜社
甲田直美（2001）『談話・テクストの展開のメカニズム』風間書房
斎藤倫明（2002）『朝倉日本語講座４　語彙・意味』朝倉書店

酒井直樹（2002）『過去の声』 以文社
坂原　茂（1990）「談話研究の現在と将来」『言語』19-4
定延利之（2003）「体験と知識——コミュニカティブ・ストラテジー」『國文学　解釈と教材の研究』48-2　至文堂
汐見稔幸（1988）「補稿　書くことと『やさしさ』」茂呂雄二編『認知科学選書16　なぜ人は書くのか』東京大学出版会
清水康行（1989）「文章語の性格」山口佳紀編『講座日本語と日本語教育5　日本語の文法・文体(下)』明治書院
ジュネット、ジェラール（2001）『スイユ　テクストから書物へ』和泉涼一訳　水声社
杉戸清樹・塚田実千代（1991）「言語行動を説明する表現—専門的文章の場合—」『国立国語研究所報告集』12　国立国語研究所
杉戸清樹・塚田実千代（1993）「言語行動を説明する表現—公的なあいさつの場合—」『国立国語研究所報告 106』国立国語研究所
スタッブズ、マイケル（1989）『談話分析』研究社
高崎みどり（2005a）「日本語随筆における"テクスト内テクスト"という現象について」『國文』102号　お茶の水女子大学国語国文学会
高崎みどり（2005b）「日本語随筆テクストにおける語彙的結束性について」『お茶の水女子大学人文科学紀要』1
中田智子（1991）「発話分析の観点」『国立国語研究所報告 103』国立国語研究所
仁田義雄（1991）『日本語のモダリティと人称』ひつじ書房
仁田義雄（2000）「認識のモダリティとその周辺」　森山卓郎・仁田義雄・工藤浩『日本語の文法3　モダリティ』岩波書店
野村真木夫（2003）「現代語のテクストにおける感情表現」『日本語学』22-1
野本和幸（1997）「意味はどこにあるのか」『言語』26(10)　大修館書店
林　四郎（1995）『言語表現の構造』　明治書院
林　四郎（1998）『文章論の基礎問題』三省堂
バフチン、ミハイル（1990）『言語と文化の記号論』新時代社
ハリディ、M. A. K.　ハッサン、ルカイヤ　安藤貞雄他訳（1997）『テクストはどのように構成されるか』ひつじ書房
平田由美（1999）『女性表現の明治史　樋口一葉以前』　岩波書店
藤田保幸（2003）「伝聞研究のこれまでとこれから」『言語』32(7)
ボウグランド、R・d．ドレスラー, W（1984）『テクスト言語学入門』紀伊國屋書店
前田　愛（1988）『文学テクスト入門』筑摩書房

益岡隆志(1987)『命題の文法』くろしお出版

益岡隆志(1991)『モダリティの文法』くろしお出版

益岡隆志(2002)「2、複文各論」野田尚史・益岡隆志・佐久間まゆみ・田窪行則『日本語の文法4　複文と談話』岩波書店

松本祐治他(1997)『岩波講座　言語の科学3　単語と辞書』岩波書店

南不二男(2003)「文章・談話の全体的構造」『朝倉日本語講座7　文章・談話』朝倉書店

メイナード、泉子(1997)『談話分析の可能性』くろしお出版

メイナード、泉子(2004)『談話の言語学』くろしお出版

森山卓郎(2000a)「基本叙法と選択関係としてのモダリティ」森山卓郎・仁田義雄・工藤浩『日本語の文法3　モダリティ』岩波書店

森山卓郎(2000b)『ここからはじまる日本語文法』ひつじ書房

ロッジ、ディヴィット　柴田元幸・兆史訳(1997)『小説の技巧』白水社

山口治彦(1992)「繰り返せないことば―コンテクストが引用にもたらす影響」安井泉編『グラマー・テクスト・レトリック』くろしお出版

山崎　誠(1993)「引用の助詞『と』の用法を再整理する」『国立国語研究所報告105』国立国語研究所

第4章　随筆の名詞文

1. はじめに

言語はさまざまな基準で類別される。名詞中心言語、動詞中心言語というのは、文を構成する中核となるものが名詞であるか動詞であるかによる類別である。文脈が名詞を中心に展開していく英語のような言語は名詞中心的、用言を中心に展開していく日本語は動詞中心的と言われる。例えば外山 (1973: 10) は次のように述べている。

> 西欧の言語が名詞中心構文であるのに、日本語は動詞中心の性格がつよい。「この事実の認識が問題の解決に貢献する」というのが名詞構文なら、「これがわかれば問題はずっと解決しやすくなる」とするのが動詞構文である。

一部に主語無用論の根強い日本語が、従来言われてきたように動詞中心的であることは異論の余地がないと思われる。しかしこうした議論とは別の角度から、日本語はある種名詞中心的とも言えるのではないかと思われるふしがある。日本語には文脈展開の中核となる述語自体に名詞句が多用される傾向があるからである。

名詞は格成分となることを第一の機能とする品詞である。しかし次のように日常、名詞句を述語として用いる例は枚挙にいとまがない。

（1） この辺はいい所ですね。
（2） この家は築10年の中古だけど、なかなかいい造りです。これは買いですよ。
（3） 今一番人気なのは、こちらの製品です。これは絶対おすすめですよ。この手の物としては異例の売れ行きなんです。
（4） そんな仕事、私はお断りです。—ナニ！ お前なんか、もうクビだ！

また次のように、対峙する主語を持たないため、述語とも言いにくい名詞句で完結する文もある。

（5） ごめんください。田中です。—あ、いらっしゃい。何かご用ですか？
（6） お出かけですか。いいお天気ですね。今日はお1人ですか？
（7） お食事の最中ですか？ お邪魔ではありませんでしょうか。
（8） 彼とは5時に会う約束です。

さらに、主語を持たないだけでなく、コピュラをも伴わず名詞句で終止する次のような文もある。

（9） あれから半年。彼からは何の便りもない。
（10） ところで例の件。それとなく探ってみたが、変化ないらしい。
（11） きれいな月！

　述語は言うまでもなく、文の構造的な中心である。(1)〜(4)のように、述語に名詞が用いられているということは、名詞を中心に文が構成されているということを意味する。また(5)〜(11)のように、それ自体完結した文でありながら、構造的に未分化な文—主語を持たない名詞句がコピュラを下接した形で終止する文、あるいは名詞句単独で終止する文—も、やはり名詞を中心に構成されているということができる。
　名詞を中心としたこのような文—名詞述語文および名詞を文末に持つ未分

化な文—を総合して「名詞文」と呼ぶことにすると、名詞文は実際のところ、どのくらい、またどのように用いられているのであろうか。本章はそうした関心のもとに、日本語に特有のジャンルと言われる随筆を資料として名詞文使用の実態を調査し、その表現性を考察すると共に、随筆における名詞文の態様を記述しようと試みるものである。

2. データについて

資料として用いたのは、『文藝春秋』「巻頭随筆」1999年4月号から9月号までの50篇である。著者が日本語非母語話者と思われる文章、及び毎号連載の阿川弘之の文章は除外した。巻、号、文章のタイトル、著者名、著者の職業、及び各編の文数は表1の通りである。

表1 データ一覧

編	巻・号	タイトル	著者名	著者の職業	文数
1	77-04	情報公開の盲点	野田一夫	宮城大学学長	29
2	77-04	ミレニアム	髙樹のぶ子	作家	42
3	77-04	記憶	清家 清	建築家	51
4	77-04	機械〈マシン〉とわたし	宮部みゆき	作家	42
5	77-04	ロボカップの夢	北野宏明	ソニーコンピュータサイエンス研究所シニアリサーチャー	39
6	77-04	蒙昧な国	大高美貴	ジャーナリスト	49
7	77-04	デ・キリコの風景	木島俊介	美術評論家	34
8	77-04	消えた太陽	バーバラ寺岡	風土＆フードディレクター	39
9	77-04	「スラヴィク先生」	齋藤茂太	精神科医	44
10	77-04	春の匂い	吉本隆明	詩人、評論家	38
11	77-05	衰退を逃れる道	江崎玲於奈	茨城県科学技術振興財団理事長	45
12	77-05	金八先生だった私	川上亮一	現役中学教師、プロ教師の会	61
13	77-05	宮廷楽団への困惑	山下洋輔	ジャズピアニスト	38
14	77-05	未来の人間関係	伊藤洋一	住信基礎研究所主席研究員	49

15	77-05	旅をするように	利重　剛	俳優、映画監督	49
16	77-05	ディマジオがくれたもの	廣淵升彦	湘南短期大学教授	47
17	77-05	西洋音楽コンプレックス	藍川由美	ソプラノ歌手	33
18	77-05	しわだらけの手拭い	鷲田清一	哲学者、大阪大学教授	44
19	77-05	蔵が消えた	新藤兼人	映画監督	57
20	77-05	心臓物語西と東	山折哲雄	白鳳女子短期大学学長	54
21	77-06	コソボへの旅の記憶	辻　邦生	作家	28
22	77-06	心の目	石坂まさを	作詞家	58
23	77-06	人のペンを磨く	金子郁容	慶応義塾幼稚舎長	45
24	77-06	無駄遣いという道楽	なぎら健壱	フォークシンガー	50
25	77-06	声が出ない！	夏坂　健	作家	44
26	77-06	なにを食べても…	早坂　暁	作家	46
27	77-06	カウラの桜並木	山崎敏夫	元駐英大使	35
28	77-06	瀬戸川猛資さんとの訣れ	川本三郎	文芸評論家	54
29	77-06	雅楽のこと	平岩弓枝	作家	28
30	77-07	詩人の後姿	辻井　喬	詩人、作家	34
31	77-07	翼をありがとう	辻野臣保	横浜FC代表取締役	56
32	77-07	躍動する椅子	今福龍太	札幌大学教授	33
33	77-07	ワタシをご存知？	小林聡美	女優	54
34	77-07	柞〈ははそ〉の森	畠山重篤	牡蠣養殖業	38
35	77-07	アンコール遺跡修復	中川　武	JSA団長、早稲田大学教授	35
36	77-07	一期一会の録音	青柳いづみこ	ピアニスト	37
37	77-07	東大生との遭遇	蒲島郁夫	東京大学教授	52
38	77-07	山にまつわる想い	橋本龍太郎	衆議院議員、前内閣総理大臣	29
39	77-07	音声入力	水上　勉	作家	37
40	77-08	ビジョンとやら	船橋洋一	朝日新聞編集委員	56
41	77-08	ビアズレーについて少々	平野啓一郎	作家	40
42	77-08	ソルジェニーツィンのやわらかい手	中村喜和	共立女子大学教授	47
43	77-08	魔法のバレエ	佐々木忠次	東京バレエ団代表	37
44	77-08	他人の目	雨宮塔子	元TBSアナウンサー	56
45	77-08	イヌイットになった私	佐紀子ダオワナ	主婦	50

46	77-08	コドモの学級会	斎藤貴男	ジャーナリスト	41
47	77-08	電話をめぐる思い出	篠田正浩	映画監督	47
48	77-08	ジャカランダの花	塚本哲也	東洋英和女学院大学学長	37
49	77-08	大旅行時代	木村尚三郎	東京大学名誉教授	51
50	77-09	ヒューマン・バイブル	小川国夫	作家	51

　総文数2190、1篇の平均文数は43.8である。この中には会話文も含まれるが、引用符によりマークされた会話文は考察の対象からは除外する。(会話文として引用符によりマークされ、他の文から独立しているものは、一つの「　」内に複数文あっても1発話を1文として数えた。例:「え、そこまではしないよ。ミヤベさん、話しかけるの?」で1文)
　「名詞文」というとき、文末における名詞のあり方も以下の(a)～(d)のようにさまざまで、何を名詞文とするかが問題となる。

(a)　「太郎は1年生[ϕ^1／だ／らしい]。」のように、実質名詞で終止するもの、またはそれらが文末の付属語を伴うもの
(b)　「太郎も来るはず[ϕ／だ]。」のように、形式名詞「もの」「こと」「はず」「つもり」「わけ」「の」などで終止するもの、またはそれらが文末の付属語を伴うもの
(c)　「太郎は優等生だと思う。」「太郎は優等生と言える。」のように名詞または文末の付属語を伴った名詞が「と思う」「と言える」「と感じる」のようなモーダルな動詞を伴うもの
(d)　「参加することにする」「彼が正しいということになる」「やめた方がいい」「彼が来るわけがない」のように、形式名詞「こと」「ほう」「わけ」などを含む合成的な形式を述部に持つもの

(a)～(d)のうち、ここで対象とするのは(a)、及び(b)の一部である。文末に位置する名詞の形式性／実質性、モダリティ性／命題性は截然としたものではなく、述定に関わる名詞の機能を考える場合、あらゆる名詞を対象とす

るのが理想であるが、ここではいわゆるノダ文のほか、助動詞的な「〜わけだ」「〜ものだ」「〜ことだ」「〜はずだ」などや接続助詞にコピュラが後接した形の「〜からだ」「〜ためだ」などは対象から除外する[2]。なお、「当り前」「抜群」のように、統語的には「の」を介して名詞に前接するという名詞的な性質を持ちながら、意味的には形容詞であるために名詞に含めないものもある[3]。引用文・倒置文・「それも、思わぬ形で。」のような文中形で終わる言い差し文も対象外とする。

3. 名詞文の使用率

名詞文に入る前に、全 2190 文における動詞（述語）文、名詞文、形容詞（述語）文の使用比率を見てみよう。本動詞「ある」「ない」を述語とするものは存在文とし、接続詞・副詞で終わる文や言い差し文を「その他」とする。結果は表 2 の通りである。

表 2　動詞文・名詞文・形容詞文の使用比率

動詞文	1348	（約 62%）
名詞文	482	（約 22%）
形容詞文	144	（約 7%）
存在文	142	（約 6%）
その他	73	（約 3%）

22% という随筆中の名詞文の使用率をどう考えるべきかは、さまざまなジャンルの調査を俟たなければならない。しかし、この 22% に含まれていないノダ文（のだ・のか・のだろう・のだろうか、など）186 例のほか、助動詞的な「わけだ」「ことだ」「ものだ」「はずだ」などの形式名詞で終わるもの、「〜することになる」「〜した方がいい」「〜した覚えがある」等々の（形式）名詞を含む合成的な述語を持つ文、「N と思う[4]」「N といってもいい」等々を「名詞系述部」と呼ぶとすれば、本資料における名詞系述部は全体の 4 割近くに上る。日本語には広義名詞文が多用されているという印象が強い。名

詞の主たる機能は補語になることであり、述語であることが名詞の二次的な機能であることを考えると、なおさらである。

4. 随筆における名詞文の類型

本章で「名詞文」と呼ぶものの中には、二つの名詞句がコピュラで結合されたいわゆるコピュラ文、文中に主語を持たず名詞句がコピュラを伴った形で終止する文、主語もなくコピュラも伴わず名詞句のみで構成されている文、の三者が含まれる。これら三者の文構造は相当に異質であるが、随筆というジャンルを名詞的表現という面から眺めるにはいずれをも欠くことができない。日本語のコピュラ文に関しては上林(1988)・熊本(1992、2000)・坂原(1990)・西山(2003)・砂川(2005)など多くの論考がある。また、コピュラ文を含めた平叙文一般を分類したものに新屋(1994)がある。それらを参考にしつつ、意味構造に基づいて資料中の名詞文482例を分類したところ、表3のように類型化された[5]。次節以下で随筆におけるこれら各類型の態様を述べることにする。

表3 名詞文の類型

		例文
①	措定文：措定文〈1〉	太郎ハ長男ダ
	措定文〈2〉	太郎ハ欠席ダ
②	指定文：後項指定文	コレヲ作ッタノハ太郎ダ
	前項指定文	タバコノ火ノ不始末ガ原因ダ
	無前提後項指定文	忘レラレナイノガソノ時ノ太郎ノ言葉ダ
③	中立叙述文	西ノ空ガ夕焼ケダ
④	無主語名詞文	雨ダ
⑤	名詞句独立文	アレカラ5年（彼ハドウシテイルダロウ）
⑥	その他	

4.1. 措定文

(12) 父は大正十一年に創設された神戸高等工業学校の教師だった。3[6]
(13) 私の住まいの隣は乳牛を放牧する牧場だった。3

　(12)は「父」について、それが「大正11年に創設された神戸高等工業学校の教師」という属性を持った存在であったことを、(13)は「私の住まいの隣」について、それが「乳牛を放牧する牧場」という属性を持った存在であったことを述べている。このように「AはBだ」の形をとり[7]、前項名詞句Aの指示対象を主題として、その性質や状態など広義の属性を後項名詞句Bで述べる名詞文を措定文とよぶことにする。(12)の前項名詞句と後項名詞句はヒト名詞であり、(13)の前項名詞句と後項名詞句は場所名詞であるというように、(12)(13)はいずれも前項と後項が意味範疇を同じくし、モノをモノとして類別措定しているが、措定文の中には、(14)(15)のように述語名詞が動作・変化のような動詞的な意味や、性質・状態のような形容詞的な意味を表しているものもある。

(14) その後、二年間の派米農業研修を経て、ネブラスカ大学の農学部に留学。37
(15) 私は一瞬、あの『ローマの休日』のグレゴリー・ペックの心境であった。34

　(14)は著者自身についてその行為を述べたもの、(15)は「私」についてその心情を語ったものである。以下、(12)(13)のようにモノをモノとして措定する文を「措定文〈1〉」、(14)(15)のようにモノをモノとして措定するのではなく、意味的には動詞述語や形容詞述語に近いようなものを「措定文〈2〉」とする。

4.1.1. 措定文〈1〉

措定文〈1〉は、前項の指示対象を主題として、後項名詞句の表す事物によってその属性を規定する名詞述語文である。名詞文全体の27%が措定文〈1〉である[8]。

措定文〈1〉は、(16)(17)のように前項名詞句に帰属する属性の表示を、後項の主名詞である述語名詞よりも述語名詞を修飾する連体部が担っているものが大半を占める[9]。

(16) 子供は、まさに、フラジャイルなきらめきをもった存在である。13
(17) 横浜FCはお金のないクラブなのである。44

しかも(18)〜(20)のように述語名詞が前項の主名詞の反復であったり、(21)のように単に主題名詞句の意味範疇を表示するに過ぎないというようなものが多い。

(18) 「イワン・デニーソヴィチの一日」や「収容所群島」を書いた手は非常にやわらかな、あたたかい手だった。42
(19) そのときの顔は講演中とは打ってかわり、好々爺の顔だった。42
(20) このように、妙に深く"機械に感情移入してしまうという"ヘキは、いったいどのくらい一般的な性癖なのでしょうか。4
(21) 小学校の入学式といえば、親にとっては、神妙な、まさに晴れの式典だ。23

特に多く用いられている述語名詞は、さらに抽象的な「もの」「こと」である。指定文〈1〉の131文中、「もの」が24例、「こと」が15例使用されており、この2種類の名詞で措定文〈1〉の約30%を占める。「こと」をはじめとする抽象的な名詞の多用は全体に見られる傾向であるが、「もの」の使用は措定文〈1〉に集中している。「こと」が多岐に用いられるのに対し、「もの」がもっぱら指定に貢献する名詞であることが分かる。

(22) あれほど華やかなスターとして活躍した割りには、ディマジオの引退後の生活はきわめて地味なものだった。16
(23) 一風変わったタイトルは、「狂気というしなやかな銃弾に頭を射抜かれる」という、作中の文章に由来するものです。4
(24) そう考えるのは、道長と同じくらい脳天気なことでしょうか。2
(25) しかし、このさんさんとふりそそぐはずであった「太陽」がわたしの許から消えてしまったのです。原因は、わが家の隣にたつことになった七階建てのマンションでした。これは思ってもみないことでした。8

これらは「もの」「こと」を使用せず(22')〜(25')のように形容詞文や動詞文で述べても素材的な内容に変化を来さない[10]。

(22') ディマジオの引退後の生活はきわめて地味だった。
(23') 一風変わったタイトルは、「狂気というしなやかな銃弾に頭を射抜かれる」という、作中の文章に由来します。
(24') そう考えるのは、道長と同じくらい脳天気でしょうか。
(25') これは思ってもみませんでした。

措定文〈1〉は典型的な名詞述語文と言ってよいものであるが、そのうちのかなりの部分が、このように内容上は名詞文である必然性のないものである。これらの文における述語名詞は属性叙述の実質的意味を連体部に負い、自身はもっぱら文形成の形式面で機能しているに過ぎない。このことは、例えば(22")(23")のように出来事を出来事として表現するのではなく、(22)(23)のように出来事に関わる事物を主題として取り立て、そのような出来事に関わるモノであると、あくまで主題の指示対象を属性規定する文として表現する傾向を示している。

(22") ディマジオは引退後きわめて地味に生活した。

(23") 作者は「狂気というしなやかな銃弾に頭を射抜かれる」という作中の文章から、一風変わったタイトルをつけました。

池上 (1981: 94-95、1982) は、出来事を表現する場合、そこから何らかの個体、典型的には動作の主体を取り出し、それに焦点を当てて表現する傾向を持つ言語と、そのような個体を特に取り出すことなく、出来事全体として捉えて表現する傾向を持つ言語があるとして、前者を〈モノ〉指向的、〈スル〉的な言語、後者を〈コト〉指向的、〈ナル〉的な言語と呼び、日本語は後者の型に属すると述べている。上記の例に見られるような、形容詞文や動詞文であり得るものを名詞文として表現する傾向も、日本語が動作主に焦点を当てることを避けたがる〈ナル〉的な言語であることと無関係ではない。さらに (26)(27) と (26')(27') を比較してみよう。(26)(27) は非動作主、(26')(27') は動作主が主語である。動作主を主語に立てた (26')(27') のような〈スル〉的な表現を避け、動作主主語の代わりに設定された「彼の報告」や「裁判所の示した回答」という非動作主的な主題を受け止めるのは「こと」であり「もの」であろう。

(26) ウチの病院のB医長がゲッチンゲンに留学したとき、先生の研究所を訪ねてもらった。彼の報告は思ったより本が少ないということだった。9

(27) 私が人間らしい生活を送るために太陽光が必要なのはいうまでもありませんが、次世代のエネルギーとしての太陽光の重要性、有効性に対して裁判所の示した回答はこのようなものでした。8

(26') 彼は思ったより本が少ないと報告してきた。

(27') 次世代のエネルギーとしての太陽光の重要性、有効性に対して裁判所はこのように回答し(てき)ました。

データ中、形容詞文の使用は名詞文の約3分の1にとどまっているが、それもこうした名詞文の用法に一因があるのかもしれない。事象を名詞の形で表

そうとする傾向は、(28)～(32)の「～というものだ」「[捨てた／ざらにある／生半可な]ものではない」「～てのこと」のような慣用的な表現に象徴的である。こうした述語名詞と助動詞的な「ものだ」「ことだ」との間にさほど大きな隔たりはないのではなかろうか。

(28) 日本の伝統を踏まえ、1本の旋律に飾りを施して作られた古賀メロディーに西洋音楽の「3要素」を持ち込むのは筋違いというものだ。17
(29) 彼らが活躍する官僚制も捨てたものではない。37
(30) それほど弾きこんできた曲でも、一世一代の名演となるとそうざらにあるものではない。36
(31) 高名な哲学者の息子であるベジャールは驚くほど博識で、日本についての知識も生半可なものではない。43
(32) せっかく莫大な費用をかけて設置した発電システムも、太陽からの恩恵があってのこと。8

　以上のように措定文〈1〉の前項名詞句と後項名詞句の意味範疇は基本的に等価ないし包摂的であるが、中には(33)～(35)のように述語名詞が比喩的に用いられているものもある。

(33) 逆境から身を起こし富と栄光を手にした彼は、長嶋茂雄や野村克也のような野球少年たちにとってかぎりないはげましの源だった。16
(34) 五線譜は、いわば世界の共通語である。17
(35) でも、幸せは遠くにいるが、悲しみはいつも隣にいてくれるので僕の親友だ。22

　措定文〈1〉における述語名詞のいま一つの特徴は、人を表す名詞の使用が多いことである。名詞「人」「人々」「ヒト」で5例、そのほかのヒト名詞が22例であり、措定文〈1〉では5文に1文の割合でヒト名詞が述語になっ

ている計算になる。佐藤（2001: 69）は「一般に、動詞述語文は記述的なテクストのなかに使用され、ものがたりのすじをくみたてるという役わりをにないながら、そのおおくが、時間の観点から、継起的な、同時的な、あるいは後退的なむすびつきをつくっているのに対して、名詞述語文は、時間軸上への位置づけの義務から相対的に解放されているがゆえに、基本的には解説的なテクストのなかに使用され、そのおおくが《説明的なむすびつき》をつくっている。」と述べている。措定文〈1〉にヒト名詞が多いのは、文章の多くが人物を題材としていることの反映であるが、ヒト名詞を述語とする措定文〈1〉は登場人物に関する文脈上重要な説明的機能を果たしていることが多い。名詞述語文は判断・認定の文であり、随筆における判断の主体は基本的に著者である。著者は自らの判断・認定を表わす名詞述語文、とりわけヒト名詞を述語とする措定文〈1〉を要所要所に配置し、前後の文脈に認識的な枠組みを設けている。例えば(36)では「わたし」に対する「日常的にパソコンに話しかけるヒト」という属性規定が前後22文の内容的な出発点であり、(37)では第1文が第2文以降の「私」の行動背景を説明するものとなっている。(38)(39)はいずれも文章冒頭の1文であり、文章の内容に関連した著者の自己紹介の文である。

(36) 実は、<u>わたしは日常的にパソコンに話しかけるヒト</u>なのであります。（略）ワタクシは<u>変わり者</u>なのか？（略）わたしはもう立派にその主人公の仲間なのかもしれない……。（略）実はわたしも同じようなヘキがありまして――という方が百人ぐらいいたら、ずいぶん安心できるような気がするのですが、いかがなものでしょうね。4

(37) <u>私は戦後民主主義教育を受けた第一世代</u>である。「封建的な学校を近代化しよう」と意気ごんで中学校に乗りこんだわけである。当時の学校は「戦前の世代」が実権を握っており、私の目には生徒たちが抑圧され、自由を奪われているように見えた。私は着任早々、職員会議で手を挙げて発言した。自分を生徒の側に置き、権力をふるっている古い教師たちに宣戦布告したわけである。12

(38) 私は三陸リアス式海岸の気仙沼湾で、牡蠣、帆立の養殖をしている漁民である。34
(39) 私は聖書の愛読者です。50

　(40)～(44)はヒト名詞を述語とするものではないが、いずれも措定文〈1〉が、文章の中でキーセンテンスになっている例である。そのことは文末の（　）内に示したタイトルからも察せられるであろう。(40)～(43)はテーマそのものであり、(44)はテーマに直結する衝撃的な発見である。措定文〈1〉の多くがこのように著者のモチーフを提示し、文章のかなめとして機能している。

(40) 「記憶」とは不思議なものである。(記憶)3
(41) 我々の出版記念パーティーは確かに奇妙だったが、これも「未来の人間関係」の形を示したものかもしれない。(未来の人間関係)14
(42) とすれば、私が幻視した彼の彷徨の姿は歴史の後姿とでも言うべきものであったろうか。(詩人の後姿)30
(43) そうだとすれば、椅子は、座るための道具というよりは、私たちの頭脳の働きを小気味のよい前進運動へと駆動すべき、精神のランニング・ギアなのかもしれない。(躍動する椅子)32
(44) これは実は、私が小学生時代をすごした山間の小さな町の、今はもうすっかり消えてしまった風景なのだ。私は深いショックを受けた。今までずっと求め続けていた風景がこれだったのだろうか。いや風景というにとどまらず、私のなかに知を求めるばかりでなくそれを超える何かに憧れる心があるとして、美術史の探索や無数の旅のなかで探し続けていたもの、もっと痛切には数十年の人生のうちにそれと知らず求めていたものがこんな過去の風景だったのだろうか。(デ・キリコの風景)7

　なお、ガ格の前項名詞句が後項名詞句の指示対象の性質を述べるという意

味構造を持った文が4例あった。

(45) 実績と行動で人々を感服させるしかないのがアメリカである。16
(46) それを感じさせないのが彼のエレガンスである。41
(47) 被害妄想の人間が立法府を侮辱するのはけしからんというのが自民党。46
(48) こんなものが国会なのか。46

これらは前項と後項を倒置して(45')〜(48')のように言い換えても内容に齟齬を来すことはないため、措定文〈1〉のバリエーションと考えられる。すなわち、(45)〜(48)は論理的には後項名詞句が主題であり、前項名詞句がその属性叙述になっているということである。

(45') アメリカは実績と行動で人々を感服させるしかない国である。
(46') 彼のエレガンスはそれを感じさせないものである。
(47') 自民党は被害妄想の人間が立法府を侮辱するのはけしからんという党である。
(48') 国会はこんなものなのか。

しかし内容的には同じであっても(45)〜(48)には通常の語順である(45')〜(48')にはない表現性がある。それは、単なる属性叙述ではなく、本質規定ないし真髄規定という意味合いの強い主張である。(45)〜(48)はそれぞれ「アメリカ」「彼のエレガンス」「自民党」「国会」に対する著者の実感の吐露であり、いずれも文章の趣旨に直結する重要な1文となっている。

4.1.2. 措定文〈2〉

(49) 勇払の冬は、金沢に何年か暮し、雪国の冬を知っていたはずの浅野にとっても予想外の厳しさであった。30

(50)　五千年の歴史があれば、千年はたかだかその5分の1だ。2
(51)　92年秋のこと、同氏から、先生が自宅をたたんで老人ホームに移られたという便りをもらった。すぐ先生に見舞状を書いた。先生からクリスマスカードがとどいた。マジックペンで絵が描いてあった。峨々たるオーストリア・アルプスと森と青野〈ヴィーゼ〉を流れる川の絵だった。1997年4月19日、先生死去。97歳だった。令嬢のヘルガさんから正式の死亡通知があった。9

(49)は「勇払の冬」を主題としてその状態を述べ、(50)は「千年」を主題として、その量的な説明をしている。(51)の「死去」は「先生」を主体とする出来事、「97歳」は主体の年齢である[11]。このように、措定文〈2〉「AはBだ」は、Aを主題としてBでその状態・性質・動的事態（動き・変化）・情意など、広義の属性を述べる名詞文である。前項名詞句と後項名詞句は意味範疇を異にする。措定文〈2〉の後項名詞句で最も多いのは上の(50)(51)や次の(52)(53)に見られるような数量的な状態、属性を表す名詞句で、措定文〈2〉の約29%を占める。特に年齢、人数を表すものが多い。

(52)　執筆者は全部で8人。14
(53)　ここは北極まであと1400キロ。45

数量詞は連用修飾機能を持つ点で名詞の周辺に位置づけられる語類であるが、一般に措定文〈2〉の後項の意味するところは形容詞や動詞に近く、述語名詞は名詞の本来的な意味範疇であるモノから他品詞の領域に侵出する。「先生死去。」のように動的事態を表す名詞文では、例えば「先生、遂にウィーンで死去。」のように、動詞に取って代わった述語名詞が名詞本来の機能に拘束されることなく連用修飾語や格成分を取ることも可能である。措定文〈2〉は多かれ少なかれ名詞述語文の範囲を逸脱している。措定文〈1〉は形容詞文や動詞文であり得たものを「もの」や「こと」で引き取って名詞述語文とし、措定文〈2〉は本来動詞や形容詞が位置するところに名詞を起用す

るもので、両者の意味構造は異なるが、名詞化指向の叙述形式であるという点で共通している[12]。名詞がこのような用法を持つのは漢語動名詞の存在によるところが大きい[13]。

(54) 戦争の終り頃、私は舞鶴に生活拠点があって、墓参を口実に或る土曜日の暮、賜暇をいただき、能衣装疎開の舞を拝見したことがあった。同僚の中尉と一緒にこの折、能楽師にお目にかかり、「これが本当のお仕舞いですね」などと駄洒落てみたが、私にとって戦争の終り近くは悲痛な時間の連続であった。その夜泊まるはずの京都ホテルに原隊より電話があり、福知山線の夜行列車で帰隊。木炭自動車が綾部まで迎えに来て呉れ、翌日の軍艦旗揚げにどうにか間にあった。3

(55) 期待を込めて腰を下ろし、自分の体型に合わせて4つのレバーと1つのパッドの位置をおもむろに調節すると…「ん？」「むむむ…」このフィット感には驚嘆。32

(56) ゼミは冬学期では終わらず、結局9月まで続いた。私は彼らに、研究室と設備一切を提供。研究室は知的好奇心に満ちた学生の溜まり場となった。37

　動詞に代わる名詞述語の起用はどのような表現効果を持つであろうか。上例に即して考えてみよう。(51)の文章は著者の父親から二代に亘る故人との交流の歴史を客観的な筆致で淡々と語ったもので、その歴史に幕を下ろした重大な出来事を「死去」の1語に託している。これを、

(51') 先生が亡くなった／死去した。

のような一般的な表現にすると、「死去。」という凝縮された表現の持つ余韻が消える。(54)における名詞文の起用も内容の緊迫感によく合致しており、これを、

(54')　戦争の終り近くは悲痛な時間が続いた／？連続した。その夜泊まるは
　　　 ずの京都ホテルに原隊より電話があり、福知山線の夜行列車で帰隊し
　　　 た。

とすると、緊迫感、切迫感は薄れる。(55)の「驚嘆。」を、

(55')　このフィット感には驚嘆した。

とすると、表現が説明的・客観的になり、同文中で用いられている「……」「ん？」「むむむ……」などの現場的な表現に合致せず、著者の驚きも直接伝わって来ない。

　名詞述語は動詞の持つヴォイス・アスペクト・意志などのカテゴリーを持たない。文脈から自明であるそれらのカテゴリーを捨象し、説明的な言辞を回避することで、素材事態を浮き彫りにし、簡潔性・象徴性などの表現性を得る。また動詞的なカテゴリーを前後の文脈に依存することで、文脈の流れを緊密にする効果を持つ。例えば(56)の名詞文とその後続文は因果関係にあり、意味上、前文は後文に従属的であるが、これを(56')のようにしたのでは説明的で冗長であり、名詞で終止するテンポの良さは消えて、著者の意気込み、潔さも伝わって来ない。措定文〈2〉には主題の省略と見られる例が多く、15例(21%)あったが、それも前後が緊密であることの表れであろう。このように名詞述語は冗漫に流れる説明性を排除することにより、ある場合には冷静な、ある場合には臨場性のある特有の表現性を獲得する[14]。

(56')　私は彼らに、研究室と設備一切を［提供したので／提供した。それで］
　　　 研究室は知的好奇心に満ちた学生の溜まり場となった。

　なお、(54)の「連続」は語彙的なアスペクト形式とも言えそうである。次の(57)〜(59)も同様である。もっとも(59)の「連続」は副詞的な用法であるが。

(57) 着いたその日から驚きの連続だった。6
(58) ところが、心歌への思い込みが激しく、徹夜徹夜の連続。22
(59) 還暦も過ぎたというのに、先日もスコットランドの苛酷なリンクスを手曳きカートで歩くこと連続22日間。25

　形容詞的な名詞述語も興味深い。(49)の「厳しさ」、(60)の「寒さ」、(61)の「若さ」はいずれも形容詞から派生した名詞である。

(60) 暦のうえの立春は、まだきびしい寒さだ。10
(61) この3月16日、ミステリー評論、映画評論、書評などでいい仕事をされていた瀬戸川猛資さんが、肝臓ガンのために亡くなった。まだ50歳の若さだった。28

　形容詞であれば(49')(60')(61')のように単独で述部を構成し得る。

(49') 勇払の冬は、厳しかった。
(60') 暦のうえの立春は、まだ寒い。
(61') 瀬戸川猛資さんが、亡くなった。まだ若かった。

しかし(49)(60)(61)は、(49")(60")(61")のようにすることは出来ず、連体部が必須である。

(49") *勇払の冬は、厳しさであった。15
(60") *暦のうえの立春は、まだ寒さだ。
(61") *瀬戸川猛資さんが、亡くなった。まだ若さだった。

　形容詞的な名詞述語「〜さ」は形容詞の異形態ではない。性質・状態の存在自体に焦点を当てる形容詞と異なり、「〜さ」は連体部に表された性質・状態のあり様によって性状を類別しようとするものであり、その意味で「〜

さ」を述語とする文の本質は名詞文に他ならない[16]。「50歳の若さだった」は「50歳で、若かった」とも、「まだ若くて、50歳だった」とも異なる。

　措定文〈2〉に見られる今一つのパターンに(62)〜(65)のようなものがある。

(62)　20年目にして、ボクはなんか変な気分なのです。26
(63)　私はこれまでこの3人の天才たちと親しく接してこれたことに、神にでも感謝したい気持ちだ。43
(64)　アンコール・ワット（12世紀前半）と並んでクメール建築を代表するアンコール・トムの中心寺院バイヨン（12世紀後半〜13世紀）は、とりわけ危機的な状態であった。35
(65)　科学アカデミーの大ホールでの式典開会直前に私は彼に引き合わされたが、予想に反してご当人はロシア人として中肉中背の体つきだった。42

　これらの述語名詞は、主題についてそれぞれ「気分」「気持ち」「状態」「体つき」という側面・観点から叙述していることを明示しているが[17]、見方を変えれば文末が性状表現で終止することを回避するために置かれたようにも思える。それは、これらの述語名詞に叙述内容上必須でないものが多いからで、述定の実質が述語名詞の連体部にあるという意味で、形式名詞「もの」や「こと」を述語とする措定文〈1〉に通じるところがある。

　措定文〈2〉は措定文〈1〉と異なり、意味的には名詞述語文らしくない名詞述語文である。措定文〈1〉のように内容上のかなめとなるような位置づけのものも少ない。しかし、措定文〈1〉の半数を超える使用数があり、文章全体にアクセントやリズムを与えるなどの独自の表現効果を発揮している。今後、動詞文の余剰性を嫌うテクスト、形容詞文にない名詞固有の表現性、あるいはストレートな表現で終止することを嫌う著述態度などが、措定文〈2〉タイプの名詞文をますます増加させていくのであろうか。

4.2. 指定文

(66) その朝、夜も明け切らぬに電話が鳴って私は慌てて枕元の受話器を取った。仕事先の徳島のホテルでのことである。声の主は石原慎太郎であった。47

(67) 実は、本当は机上でそうした夢を膨らませていることのほうが、楽しいことなのかもしれない。24

(68) 以来私はウィーンを訪れるたびに先生にお目にかかることがならわしになったが、忘れられないのが 82 年のことだ。9

(66) は「声の主」の存在を情報の前提とし、その該当者を情報の焦点として「石原慎太郎」と後項で指定した文である。これに対し (67) は「何かが楽しいことである」ということを情報の前提とし、その何かを焦点として「机上でそうした夢を膨らませていることのほう」であると、前項で指定した文である。また (68) は「何かが忘れられない」ことと、それが「82 年のこと」であることという両項のそれぞれを新たな情報として提示し、前項の何かに該当するものを後項で指定した文である。このように (66)～(68) は情報構造を異にしているが、いずれも前項ないし後項の一方で提示された命題において欠落している情報を、他方で充たすべく指定するという共通性がある。これら 3 類型を「指定文」とし、その下位類として (66) のタイプを「後項指定文」、(67) のタイプを「前項指定文」、(68) のタイプを「無前提後項指定文」と呼ぶことにする 18。

4.2.1. 後項指定文

(69=66) その朝、夜も明け切らぬに電話が鳴って私は慌てて枕元の受話器を取った。仕事先の徳島のホテルでのことである。声の主は石原慎太郎であった。何事かと聞くと、昨夜、松竹から私が監督した『乾いた花』のビデオが送られてきて、それを見ていたら改めて映画に心を動

かされたことを伝えたくなり「貴方の居場所を見つけ、徹夜で朝になるのを待っていた」と、電話の声は笑っていた。石原は政界に転身して文学や映画から遠い存在になっていたと思い込んでいた私には予想できないコールであった。47

(70) ウィーンのアレキサンダー・スラヴィク先生が亡くなって 2 年が経とうとしている。先生が亡父茂吉と初めて相見えたのは 1922 年（大正 11 年）、ウィーン大学の学生 22 歳の時だった。（略）やっと探したカフェの名は CANDIS、茂吉時代から数えて 5 回代替りしていた。<u>先生の後継者はペーター・パンツアーさん</u>。いまボン大学の教授である。92 年秋のこと、同氏から、先生が自宅をたたんで老人ホームに移られたという便りをもらった。すぐ先生に見舞状を書いた。9

(69)(70) は後項指定文である。後項指定文は「A は B だ」の形をとり、A を主題として、A に該当するものを B で指定する文で、名詞文全体の 17% を占める[19]。(69)(70) はそれぞれ (69')(70') と意味的に等価であり、またそれらは (69")(70") とも等価であって、後項指定文は (69")(70") のような基本的な語順とは逆に、通常述語であるものを主題とし、通常主語であるものを述語とした文であると言える。(69")(70") は次節で述べる前項指定文に当たる。

(69') <u>声の主である［の／人］は石原慎太郎</u>であった。
(70') <u>先生の後継者である［の／人］はペーター・パンツアーさん</u>。
(69") 石原慎太郎が声の主であった。
(70") ペーター・パンツアーさんが先生の後継者。

　後項指定文は、(69")(70") のような無標の語順を避けて有標の語順をとることにより後項名詞句を文脈上の焦点として際立たせると同時に、前項で先行文脈を受け、後項から後続文脈へと、文脈の流れを円滑にする構文でもある。(69) では、先行文脈の、電話が鳴ったという記述を前項の「声の主」

が受け、後項の「石原慎太郎」を後続文が引継いでその言動や著者の感想が述べられる。(70)では「先生」に関する先行記述を受けて「先生の後継者」が前項となり、後項の「ペーター・パンツアーさん」に関わる記述が後続する。このように、後項指定文を中継点として前後が緊密に続いている。

　後項指定文は(71)〜(73)のように、「〜のは〜だ」という形式のものが過半数(約63%)を占める。

(71) 　ただし、男性である通訳は部屋に入ることが許されず、ドアごしの通訳となり、大声をはりあげての会話となった。まっ先にインタビューに応じてくれたのは、息子の嫁(26歳)だった。「子供をもっともっと生まなければ。容貌が衰えれば、夫は第二夫人・第三夫人を探します。子供がたくさんいれば、第一夫人として堂々としていられる」。6

(72) 　ここは北極まであと1400キロ。昭和基地よりも極点に近い町だ。初めてカナックを訪れたのは2年前の夏。氷山が浮かび、イッカクという小型の鯨が群れをなすフィヨルドを、カヤックで2週間旅をするツアーに参加してのことだった。45

(73) 　相席があたりまえのこの店では、わたしの前の客もすぐに入れ替わった。やってきたのは、肩口のところが左右でちょっとずれている緩いセーターを着た女性。快活な女子学生とも見えなくはない、艶のある妖しさをしのばせたレディである。18

このような「〜のは〜だ」という形式の後項指定文は分裂文か否かが曖昧である。「〜のは」の「の」が補文標識であれば分裂文であり、(71)〜(73)は、前提となるある事象について、その事象の主体・対象・時・所などの構成要素を特に取り出して後項でそれと指定する文ということになる。後項名詞句は「格助詞の隠見如何に拘らず」(三上1953: 46)有格である。一方、「の」が「(まっ先にインタビューに応じてくれた)人」(71)、「(初めてカナックを訪れた)時」(72)などの名詞の代用であれば前項は通常の名詞句であって、非分裂文ということになる。前項指定文に転換可能であるのは非分裂文の方

であるが[20]、後述するように前項指定文が僅か数例しか見られないところを みると、「〜のは〜だ」形式の後項指定文は分裂文の可能性が高いのであろうか。ただし前項が名詞述語であれば(69")(70")のように対応する前項指定文への転換が可能である。

　後項指定文の述語は、人を表すものが25%、時を表すものと「こと」がいずれも約16%、時を表す名詞句＋「こと」が5%で、この3種類の名詞で63%に上る。(69)〜(71)(73)のように、ヒト名詞を述語とする後項指定文は、前項によって当該人物の立場・役割を前景化しておき、後項で文脈にその人物を導入するという機能を持つ。

　(74)(75)のように1人称代名詞を述語名詞とする慣用的な構文もある。命題は前項内で完結しており、「と思うのは私だけではないだろう」「と感じるのは私だけだろうか」に素材的な意味は希薄である。書き手の認識・主張を後項指定の判断文という構造に託し、自らの正当性を強調するものである。

(74)　多くのアメリカ人の心を、このひと言が象徴的に言い表わしていると思うのは、私だけではないだろう。16
(75)　その発言や演奏に、本業を全うできなかったという忸怩たる憶いが滲み出ていると感じるのは私だけだろうか。17

時を表す名詞による述語は、(76)のように事態の時を焦点化すると同時に、後続する叙述の時間的枠組みを明示する機能を兼ねる。

(76)　浅野晃が勇払に辿り着いたのは敗戦の年の10月である。東京は一面の焼野原になっていたし、それよりも尚彼にとって厳しかったのは戦犯詩人としての追及の火の手であったろう。30

(77)(78)は前項がそれぞれ「場所」「相手」という、出来事の中での意味役割を提示し、後項でそれを特定するという意味構造であり、まさに出来事の

枠組みを明示するための文となっている。

(77) 17世紀のことだ。場所は、イタリヤはフィレンツェ近くの田舎村。その地の尼僧院長、ベネデッタ・カルリーニの身の上に異常な事態がおこる。20
(78) 私は少しイライラしながら質問した。相手は首都カブールの孤児院の校長。6

(77)の3文、(78)の2文を、それぞれ(77')(78')のように1文化させた一般的な形と比べてみると、後項指定文として独立させた効果は明らかであろう。

(77') 17世紀にイタリヤのフィレンツェ近くの田舎村で、尼僧院長、ベネデッタ・カルリーニの身の上に異常な事態がおこる。
(78') 私は首都カブールの孤児院の校長に少しイライラしながら質問した。

「〜こと」を後項指定文の述語とするのは「〜こと」の焦点化であるが、同時に、長い名詞節を補語の位置から切り離し、述部に据えることによって読み手の解釈を助ける手段でもある。実際「〜こと」を述語とする後項指定文のほとんどが、(79)(80)のように、主題は短く、述部は長い。短い主題は、「もう一つの特色は」「大事なことは」「僕が考えていることは」「厚生省の本音は」「面白い発見は」「よかったと思うのは」という類で、前項と後項は〈枠組み〉と〈内容〉のような関係にあり、伝えるべき情報は後項でほぼ完結していると言える意味構造である。短い主題に主観表現が多いのも一つの傾向で、それらは一文のモーダルな輪郭を明示するものとなっている。

(79) 裁判所で一番びっくりしたのは当事者の生の声を聞いてくれるはずの裁判官が、弁護士だけでいい、と私を部屋から出したこと、そして太陽光発電の問題は取るに足らない、つまり大したことではないという

判決が下ったことです。8

(80) 私が嬉しかったのは、<u>さまざまな理由で、研究や作業が滞っているゼミの仲間を、他のメンバーが、司法試験や公務員試験の勉強の合間を縫って、ほぼ連日助けにきてくれた</u>ことである。37

4.2.2. 前項指定文

(81) 流行歌の世界も同様で、東京音楽学校出身の藤山一郎は、古賀メロディーで世に出たにも拘わらず、古賀政男について批判的な発言をしている。(略)それよりも、<u>古賀が、ユリ、コブシ、ソリ、スカシといった伝統的な歌唱法を生かして書いた装飾音符を、プロの歌手が正確に再現できない</u>ことの方が問題である。17

(82=67) しかし子供の頃は、そうしたことへの興味を実現するための物を買えるほどの小遣いを与えてもらってなかった。ひたすら空想や願望だけを膨らませ、本などにそれを求め、そこにある写真などを日がな眺めては、あたかも実際それを体験しているかのように思いを馳せていた。今無駄遣いをするのは、その反動なのかもしれない。実は、本当は<u>机上でそうした夢を膨らませている</u>ことのほうが、<u>楽しい</u>ことなのかもしれない。24

(83) 欧州連合のブルーの旗ではなく、やはりイタリアの三色の国旗なのだ。どこかに理念と現実との間の危ういギャップが広がりつつある。それこそが、<u>ベルサイユ体制の陥穽</u>だったのではないか。40

(84) エゴを大事にすることで、人とぶつかるかもしれないが、ぶつかることを避けるより、<u>憎まれてもそれを辞さない方がずっと自分にも人にも優しい</u>ことなのではないか。44

(81)～(84)は前項指定文である[21]。前項指定文は「AがBだ」の形をとり、Bと叙述される該当者をAと指定する文で、Bが実質的な主題である。(81)は、「問題」について言えば、それは「古賀が、ユリ、コブシ、ソリ、

スカシといった伝統的な歌唱法を生かして書いた装飾音符を、プロの歌手が正確に再現できないことの方」であるという意味になる。前項指定文は基本的に、(81')のように、前項・後項を交換し、意味を変えることなく後項指定文に転換することができる。

(81') それよりも、<u>問題は古賀が、ユリ、コブシ、ソリ、スカシといった伝統的な歌唱法を生かして書いた装飾音符を、プロの歌手が正確に再現できないことの方</u>である。

　前項指定文は全部で7例を数えるに過ぎないため、使用傾向を導き出すには数が少な過ぎるが、使用数の少なさは指定文としての有標性を示すものでもある。後項指定文の前項が前文を受けていたように、前項指定文の前項も7例中4例が「そうした夢」(82)、「それこそが」(83)のように前文を指示語で受けていることから、前項指定文か後項指定文かの選択が文脈に左右されることは否めない。しかし、後項指定文のように旧情報は前提として継承するのが無標であり、前項指定文は旧情報を前提ではなく焦点として継承している点が有標なのであり、文は伝達情報量の小さい要素から伝達情報量の大きい要素へと線条的に推移し、最大の伝達情報量を持つ要素で終止するという communicative dynamism[22] の原則にも抵触する。前項指定文の前項は5例までが、「～こそが」「～ほうが」「～でなく、～が」という強調や対比を表す有標の焦点形式をとっており、先行文脈に対して逆説的、対比的な意味合いを持つ傾向がある。前項指定文は単に情報上欠落した項目を充たすものとして前項名詞句を提示する以上の強い主張を含んでおり、文自体の意味は対応する後項指定文と等価であるとは言え、独自の表現性を持つ文類型である。

4.2.3. 無前提後項指定文

(85)　今回は、人工知能だけではなく、ロボット工学や関連の研究領域も含

めての総力戦が始まっている。その中心的役割を果たしているのがロボット・ワールドカップ構想、別名「ロボカップ」である。ロボカップは、世界中の研究者が、サッカーロボットの開発という共通の課題を設定して研究を行い、それを通じて次世代産業の基盤へと波及していく技術を開発しようという構想である。5

(86) この月輪冥想をわが国に導入し、それに新解釈を加えたのが空海だった。かれによると、大日如来を冥想する場面では、その大日如来がわれ(修行者)の方に近づき、われもまた大日如来に近づいていくのだという。20

(87) 今インターネット上では、「この二千年で一番重要な発明発見は何か」という面白い議論が展開されている。(略)「動物の家畜化」「鏡」「時計」などという答えが並ぶ中で、圧倒的に多くて、100人の回答者の中で約10人の人が挙げているのが「印刷術」。二番目は「ゼロの発見」や「インド・アラビア数字記述法」など数字がらみ。それに続く第三位が、コンピューター、インターネットなど情報関連の分野の発明である。(略)それは多分こうした技術が、経済の形ばかりでなく人と人、人と社会、社会と社会のつながりを大きく変えるであろうと多くの賢人たちが感じているからではなかろうか。14

(88) ところが手術終了後、意識が戻って最初に感じた違和感が、異常な自分自身の静寂だった。医者が何かを訊ねる。答えているつもりが声にならない。言葉以外コミュニケーションの手段を持たない私としては、何としても医者に意思を伝えようとするが、すべて呼吸と共に音量が拡散され、「ざわざわ」とした感じの騒音しか出て来ないのだ。25

　(85)〜(88)は無前提後項指定文である。無前提後項指定文は「AがBだ」の形をとり、AとBの両項を情報の焦点としつつAに該当するものをBで指定する文である。後項指定文では前項名詞句が文の前提として主題化されているのに対し、無前提後項指定文の前項名詞句は後項名詞句と共に新たに

伝えるべき情報としてガ格で表される。無前提後項指定文は、前項と後項の両項に情報的価値があり、その意味で前項と後項とで情報上の価値を異にする後項指定文、前項指定文とは性質が異なる。名詞文中17例（名詞文の約4%）がこのタイプである。熊本（2000: 103）はこのようなタイプの文を「提示文」とし、「指定文（本稿の後項指定文と前項指定文）においては、その要素が置かれた位置によってではなく、それが変項を埋める「値」であること、言い換えれば、「答え」であることによって、際立ちが与えられるのであるが、提示文においては、まず、先行談話との関わりを示して道ならしをし、そこに大事なものを後から登場させる、というその提示の仕方によって、際立ちが生じるということであるように思われる」と述べている。砂川（2005: 129）はこのタイプを「全体焦点文」と呼んで、「状況陰題の存在によって叙述部に対する聞き手の関心を高め、さらに前項「〜が」で特立的な記述を行うことから、後項「〜だ」に提示する情報を強く印象づけ、そうすることで談話主題の導入、古びた主題の再活性化、および談話の結びの機能を果たす」としている。主張の内容は異なっているが、いずれも前項にも情報的な意義を認めているものと考えられる。

　無前提後項指定文の前項と後項は共に情報上価値あるものであるが、しかしそうであれば、前項と後項を入れ替えた（85'）〜（88'）との違いが問題になる。

(85') ロボット・ワールドカップ構想、別名「ロボカップ」がその中心的役割を果たしている（ものだ）。
(86') 空海がこの月輪冥想をわが国に導入し、それに新解釈を加えた（人だ）。
(87') 「印刷術」が圧倒的に多くて、100人の回答者の中で約10人の人が挙げている（ものだ）。（略）コンピューター、インターネットなど情報関連の分野の発明がそれに続く第三位である。
(88') 異常な自分自身の静寂が手術終了後、意識が戻って最初に感じた違和感だった。

しかし(85')〜(88')は、「ロボット・ワールドカップ構想、別名「ロボカップ」がその中心的役割を果たしている（ものである）」こと、「空海がこの月輪冥想をわが国に導入し、それに新解釈を加えた（人である）」こと、「「印刷術」が圧倒的に多くて、百人の回答者の中で約十人の人が挙げている（ものである）」こと、「コンピューター、インターネットなど情報関連の分野の発明がそれに続く第三位である」こと、「異常な自分自身の静寂が手術終了後、意識が戻って最初に感じた違和感だった」こと、というそれぞれの命題を客観的に叙述した中立叙述文であり、(85)〜(88)のような無前提後項指定文とは情報構造を異にする。中立叙述文では命題全体が一体化して一つの事態を表す。これに対し、無前提後項指定文は、命題を前項と後項に逆順分離し、指定文という有標の構造で表すことにより、印象的に一つの事態を提示し、かつ効果的に後項名詞句を導入しようとするものである。こうした構文を選択するのは、書き手が1文の素材事態を重視し、読み手の注目を喚起すべきものと捉えているからに他ならない。無前提後項指定文が17文中11文という高い確率でテーマに直結していることもその間の事情を裏付ける。例えば(85)は「ロボカップの夢」というタイトルの文章で全体のテーマである「ロボカップ」を導入する文、(86)の後項は後続6文の主題で、全体の論旨に大きく関わる素材、(88)は「声が出ない！」というタイトルの文章で内容の出発点となる事態を表すものである。

　ただ、後項指定文で表現するか無前提後項指定文で表現するかはそれほど厳密に規定されるわけではなく、前項を主題化させるか否かに関してはかなり恣意的なところがある。例えば(87)の　　部に見られる「は」を「が」に、「が」を「は」に変えても、ほとんど違いは感じられないであろう[23]。

(87'')「動物の家畜化」「鏡」「時計」などという答えが並ぶ中で、圧倒的に多くて、百人の回答者の中で約十人の人が挙げているのは「印刷術」。二番目が「ゼロの発見」や「インド・アラビア数字記述法」など数字がらみ。それに続く第三位は、コンピューター、インターネットなど情報関連の分野の発明である。

4.3. 中立叙述文

(89) そこで思い出すのが、スティーブン・キングの『しなやかな銃弾のバラード』という短編のことです。(略)これがもう、機械〈マシン〉を使っている物書きには他人事とは思えず、身につまされて、涙なしには読めない短編なのですね。4

(90) 結局、4日間カブール市内をかけずりまわり、ろくな取材ができなかった。タリバンの「出国ビザ審査(約20分間)」の面接を無事パスしたのがせめてもの救いだった。6

(91) つい最近パソコンを購入した。これが三台目のパソコンである。24

(92) いま、世界遺産がブームである。35

(93) この5月、十数人の仲間と南フランス、プロヴァンスの旅に出た。いま話題のアカデミー賞受賞作「恋におちたシェイクスピア」をはじめ、数多くの字幕を担当している、戸田奈津子さんが「事務局長」である。49

　これまで措定文と指定文に関して分類記述してきた。措定文は主題とその解説部分から成り、指定文は未定項を含む部分と未定項の該当者からなる部分で構成されていた。これに対し(89)〜(93)の前項・後項は主題と解説に分かれることも、未定項を含む部分とその該当者とに分かれることもなく、前項と後項の結合が一つの事態としてまるごと提示されている[24]。措定文と同じく、前項名詞句は何らかの対象を指示し、後項名詞句は前項名詞句に帰属する広義属性を表すが、措定文は前項が主題として提示されるのに対し、中立叙述文は前項と後項の結合の全体が新しい情報として差し出される。こうした名詞文「AがBだ」を久野(1973)の用語を借りて「中立叙述文」と呼ぶことにする。中立叙述文の前項と後項を入れ換えると(89')(90')のように無前提後項指定文になるが、上述したように両者は情報構造が異なる。

(89') 涙なしには読めない短編がこれなのですね。

(90')　せめてもの救いがタリバンの「出国ビザ審査(約二十分間)」の面接を無事パスしたことだった。

(89)(90)では事態に対する印象、感慨が表出され、(91)～(93)では事態が客観的に叙述されている。中立叙述文で表される事態は静的、動的さまざまで、命題全体が情報の一つとして出来事の中に組み入れられている。中立叙述文は15例あったが、いずれも事態説明の詳細に貢献しているものの、述語名詞に特別の傾向は見られず、文章中の位置づけも特別のものではない。

4.4.　無主語名詞文

(94)　私がシャッターを切ると、興奮してキャーキャーとかしましい。その時である。父親である運転手が、いきなり部屋に入ってきて、大声で怒鳴りつけた。6

(95)　まずは髪を短くし、ひげを剃り、ネクタイにスーツという衣装に変身することにした。次に、台詞と身振りである。12

(96)　温泉町の医者がホテルまで往診してくれ、「確かに胆石のようですが、心筋梗塞をおこしてます」と、びっくりするような診断です。26

(97)　いまの私は手術から3ケ月経過しているが、相変わらず声が出ない。数ケ月単位で快復するから心配いらないとは思えない状況である。25

(98)　タクシー、バス、飛行機、電車……といろいろ乗ってみて、それぞれの交通機関の動きと椅子の質や構造が、自らの腰を通じて細かく体感され、いままでは意識もしなかった情報が、私の頭脳のなかの身体感覚データベースのなかに蓄積されていった。腰椎にかかる微細な力を、椅子の座り心地を通じて感じながら外界を理解する、という不思議な感覚のモードである。32

(99)　他人を観察し、返ってくる反応を待って、それによって自分の心がどう動くのか、それすらもどこかで客観視していたように思う。私は順応性があって、優しそうな人のように見えるだろう。でも、自分で動

かすことよりエネルギーを必要としない、ズルいやり方でもあった。
44

(94)～(99)は、いずれも主語ないし主題を持たない名詞句が、コピュラを伴って文を構成している。このような名詞文を「無主語名詞文」とする。無主語名詞文は述語名詞[25]に対峙する主語や主題を持たないが、コピュラを伴った判断・認定の形式をとっており、判断・認定の非明示的な対象は文脈に求めることができる。例えば、(94)は「これから述べる出来事が起きたのはその時である。」、(95)は「次に考えるべき対象は台詞と身振りである。」、(97)は「今の状況は～とは思えない状況である。」、というように。ただこれは、ノダ文で「～のだ」の対象を文脈に求めようとするのにやや似ている。小池(2002: 363)は、無主語文には、主語が表面化していないだけの擬似無主語文と、本質的に主語が現れ得ない真性無主語文があるという。しかし擬似無主語文か真性無主語文かは必ずしも分明ではない。池上(1983: 21)は「日本語では表層的な構造における関係としてのみ「省略」を規定することは困難であり、そこにはコンテクスト的な要因が多く介入する」と述べている。本稿では(100)の第2文のように、前文を受けて主題が問題なく設定できるものは主題の省略と見て、情報構造に基づき措定文ないし後項指定文とした。

(100) 先生の後継者はペーター・パンツアーさん。(ペーター・パンツアーさんは)いまボン大学の教授である。

無主語名詞文は、(94)(95)のような一語文的なものから(97)～(99)のような複雑な構造の文までさまざまであるが、いずれにしても主語を問わない、それ自体で完結した文である。「こんにちは。営業部の田中です。」と「こんにちは。私は営業部の田中です。」とは等価ではない。三上(1975: 25)は述語としての体言の一類型として、存在、出現を表す「火事ダ」という無主語文の類を認めている。ただし「火事ダ」も「空の明るさなり火焔なり発煙

なりを眺めて何か異変のあることを認め、次にその異変を以て火事と断定したのなら」判断を表す品定め文の下半分でこの類型ではないとし、存在、出現の「火事ダ」は「眼前の実景やサイレンの音を知覚した途端に」発する場合であると言っていて、ここでの分類とは基準が異なる。ここでは判断か存在・出現かに関わらず主語を持たないものは無主語名詞文である。三上の言う存在、出現を表すものは資料中の無主語名詞文には見られず、それらはもっぱら次節の名詞句独立文として表されていた。

　述語名詞の多くは事物の客観的な属性・状態や書き手の評価を表す連体部を伴い、無主語名詞文に限ったことではないが、連体部と述語名詞は日本語の連体修飾の持つ意味構造の多様性をそのままに具現している。ただ、主語を持たない無主語名詞文における名詞句の連体構造は、それ自体、主述が対峙しない形での論理的な主述関係ないし題述関係を成していると考えられるものが多い。川端(2004: 74)は「青い花」のような装定関係について、「「花」は被修飾語、「青い」は修飾語と呼ばれ、概念の内包を豊かにし概念の外延を狭くするものとしての限定構造が把えられるのだが、その限定は何において成立しているのか。被修飾語が資格上の主語、修飾語が資格上の述語である主述関係、即ち一つの判断構造を了解してのみ、その限定の所以は、説明可能であろう。(略)述定に対するその倒逆構造は、主述の限定関係の積極的な述定性のその実現を、当面、抑止することの形式である。」という。無主語名詞文はこうした装定関係自体を文として提示するもので、主述関係(ネクサス)でなく連体関係(ジャンクション)で事物とそのあり方(属性、内容)を述べる形式である。主張・情報の中心は連体部にありながら、そこに示される事物のあり方よりも事物の存在自体を前景化する形式と言えよう[26]。(101)は文章冒頭の1文であるが、これだけで〈出版記念パーティーが開かれたこと〉〈そのパーティーが奇妙だったこと〉が理解でき、冒頭の情報としても十分に充たされている。

(101)　奇妙な出版記念パーティーだった。集まったのは、約90人。スーツ姿は、わずか2、3人。みんなラフな服装で、季節柄、3分の1

はゆかた姿だった。14

(102) 生徒が悪い、と考えることができれば楽だったろう。しかし私はそれほど思いあがってはいなかったようだ。とすると、<u>私の能力の問題</u>である。私には生徒を導く人間的魅力がないのかもしれない。12

(103) これまでの私が関心をもってきたテーマの推移の背後には、相互性と関係性、それに、フラジャイルな（壊れやすい）もののきらめきとでもいうものがある。子供は、まさに、フラジャイルなきらめきをもった存在である。相互性と関係性はどうか。それが、舎長としての最初の仕事である入学式で、いきなり実現した。（略）会場は不思議なみずみずしさが残った。私のなかには、なんともいえない「いい感じ」が充満していた。（略）それが、いきなり、会って初めてで向こうから（それも、壇上にいる私に）話しかけてきてくれたのだ。救われたという気持ちだった。（略）<u>それがうまくゆきそうな予感をもてるスタート</u>だった。23

(104) 16年前、私には心筋梗塞の経験がある。（略）その後順調に快復し過ぎたことは、当節の超過密スケジュールでも一目瞭然だが、しかし、<u>いい気になりすぎてはいけないはずの人生</u>なのである。それが昨年の秋頃から、どうにも息苦しくてならない。16年前に逆戻りの感がある。25

主張・情報の中心が連体部にあることは、(101)では「奇妙」の内容が、(102)では「能力」の内実が、(103)では「うまくゆきそうな予感をもてる」根拠が、(104)では「いい気になりすぎてはいけないはず」の根拠が後続文や前後の文脈で展開されていることからも明らかである。

「いいお天気ですね（≒お天気がいいですね）」「10円のおつりです（≒おつり［が／は］10円です）」のような構文はごく日常的で、資料中でも無主語名詞文は措定文〈1〉に次いで多く、108例を数える。無主語名詞文は、日本語が名詞的に把握する言語であり、且つ単肢言語であることを象徴的に示す文類型と言えるのではなかろうか[27]。

無主語名詞文の述語名詞には、(95)の「台詞と身振り」、(96)の「診断」のように実質性の濃いものから、「こと」のように形式的なものまで多様である。文としての完全な形式を備えたものに実質性の稀薄な名詞や形式名詞が後接すると、名詞文らしさは弱まる。措定文〈1〉の場合と同様、形式的な名詞述語は「わけだ」「のだ」などの助動詞的なものに限りなく近く、その峻別は難しい。特に無主語名詞文で最も多く用いられている述語名詞「こと」と助動詞的な「こと」との境界は定かでない。(105)(106)のように「～ということだ」「～ということだろう」「～ということではないか」などの形で、先行の叙述内容に解釈や判断を加えるものが10例あったが、これらの「こと」やいわゆる伝聞の「～ということだ」などは名詞述語ではなく文末形式とすべきかもしれない。ただこれらの「こと」も(107)の「意図」のような名詞述語に連続している。

(105) 　これもまた海外での旅行情報で、これだけ旅行業者の広告が新聞雑誌に溢れているのに、「千年の節目を○○で迎えよう」といったツアーを日本では見かけない。<u>不況で、それどころではないということなのだろうか</u>。2

(106) 　フランス人の奥さんにお会いしたことはないが、今回の旅でちらりと姿を見せたニース大学のお嬢さんが、どこから見てもフランス人のマドモワゼルで、じつに可愛い。ボーイフレンドとかしこまって私たちの前に並んだ様子が、日本の青年と違って何とも初々しく、好ましかった。<u>親のしつけがきちんとしているということであろう</u>。49

(107) 　先日、住宅用太陽光発電システムについての公的援助制度が新たに認められることになりました。つまり、<u>太陽光発電の将来性と実用性について国が認めその普及をバックアップしましょうという意図</u>です。8

　(108)の「何たることだ」、(109)の「～ばのこと」、(110)の「それだけ

のこと」、(111)の「〜したまでのこと」などは半ば慣用化している。

(108) 何たることだ！1
(109) ただし千年先に、ちゃんと日本という国が存在していればのことだけど。2
(110) 何のことはない、紙をセットしたとき、給紙トレイのダイアルをB4の目盛りに合わせてなかったという、たったそれだけのことだったのでした。4
(111) 本来なら法案提出に先立って政府の側が公開しておかなければならない情報や方針を秘匿して嘘に嘘を塗り固め、国民を欺いて無理を通そうとするやり方が卑劣に過ぎるから、私は物書きの当たり前の仕事として取材し、本を書き、頼まれたから参考人として話をしたまでのことだ。46

　(105)(106)のような「ということ」の例にしても(108)〜(111)のような「こと」にしても、認定や判断を「こと」という名詞の枠に納めた形で差し出しているわけであるが、無主語名詞文に5例見られる「話」[28]も、「こと」に近い名詞化機能を帯びて用いられることがある。(112)の「話」は先行4文をまとめて、解説を加えたものである。

(112) ベルサイユ体制によって上から植え付けられた「民族自決」と「民主主義」は、その単位を国民的〈ナショナル〉共同体に置くこととしたため、少数民族の共同体や文化は排斥された。ハンガリーでは1920年に、それまで「多種多様な信仰を持つハンガリー人」の一部であったユダヤ人を「異人種」と規定する法律を制定した。ポーランド、スロバキア、ルーマニアがこれに続いた。近代化を急ぐトルコはアルメニア、ギリシャ、クルドの順で"民族浄化"を行った。すべてヒトラーの登場以前の話である。

後述する名詞句独立文にも共通することであるが、無主語名詞文には出来事の叙述から切り離され、独立に出来事の時・所を表し、後続文脈で展開する出来事の枠組みを提示する機能を担っているものが多くある。(94)や次の(113)は出来事の時を表しており、「こと」にも(114)(115)のように時を表す語句と結合して同様の機能を果たしているものが多い。

(113)　その中に大島渚がロンドンから送ってきたファックスがあった。講演旅行の途中に立ち寄ったロンドンで武満の死を知った彼は待ち切れなくてファックスしてきたに違いない。その直後である。大島がロンドン空港で脳内出血で倒れたというニュースがテレビに流れた。47

(114)　17世紀のことだ。場所は、イタリヤはフィレンツェ近くの田舎村。その地の尼僧院長、ベネデッタ・カルリーニの身の上に異常な事態がおこる。20

(115)　もうひとつ10月31日のセレッソ大阪戦のあと横浜国際競技場でサポーターが全日空スポーツと話合いをしたときの事だ。話合いは長時間に及び、サポーター達に疲れの色が見え始めた。そんな時、サポーター達に、大量のハンバーガーを、一説には200個とも20万円分とも言われている、を差し入れしてくれた人がいた。31

(116)〜(118)のように、まず伝えるべき出来事を提示した後に、後続文で時や所を示すという手法をとることも少なくない。

(116)　お母さんはこの蔵の中で死んだ。家を売った翌年だった。19
(117)　小津安二郎の遺体はすでに解剖室に移されていた。その戸外に杉村春子さんがいた。12月12日の冬の夜である。47
(118)　その朝、夜も明け切らぬのに電話が鳴って私は慌てて枕元の受話器を取った。仕事先の徳島のホテルでのことである。47

出来事の状況を表すこうした無主語名詞文は、「昨日 庭で 太郎が転んだ。」のように、1文の中で出来事を命題の中心に据え、副次的に「時」や「所」を表示するのではなく、「時」「所」を文として独立させることにより、時間軸・空間軸を前景化する手法であり、同時に命題の中核である出来事自体を状況成分から切り離して特立させるものでもある。無主語名詞文は事象の断片であるために意味を文脈に依存する度合いが高いが、まさにそのことによって文章構成に寄与しているわけである。

　また、本資料中には1例しか見られなかったが、時々耳にする「〜この頃である。」という慣用的な表現がある。

(119)　大正7年生まれの私は馬齢を重ねて現在、80歳。いつ死ぬるかとさえ考えるこの頃である。3

飯間(2003: 47)はこの表現について、「文の終わりに使われる「……このごろである」は、多くの場合、それ自身にはさほど深い意味はなく、文の調子をやわらげるために添えられた表現であると考えられます。」と述べている[29]。「〜この頃である」は現在そうした状況にあることを表しており、意味的にはいわば「いつ死ぬるかとさえ考えている」のテンス・アスペクト形式「ている」に相当すると言ってもよい。しかし機能形式の「ている」と違い、語彙形式による「この頃である」には主体のおかれた状況や主体自身までをも髣髴とさせる響きがある。「文の調子をやわらげる」というのもそうした表現の持つ含蓄から来ているのではなかろうか。この文型のコピュラは「(この頃)だ」ではなく、「である」がふさわしい[30]。

　以上見てきたように、資料中には無主語名詞文が形式面でも機能面でも多様に使用されている。

4.5. 名詞句独立文

(120)　イスラム原理主義・タリバンが支配するアフガニスタン。そこで女

性たちがどう考え、どう生きているのか、知りたくて私はこの国に来た。6

(121) 1人のピアニストは、いったい1つの作品を生涯でどのぐらいの回数弾くものだろうか？ デビューのきっかけとなった曲、いつ弾いても評価の高い曲、弾きこむうちに次第に深みの増してきた曲、子供のころ弾いた思い出の曲、アンコールの定番。頻度が高いのは、いわゆる手の内にはいった作品ということになる。36

(120)(121)はコピュラを伴わない名詞句で文が構成される、いわゆる体言止めの文である[31]。こうした類型を「名詞句独立文」とする。連体部を持つのが一般的であるが、名詞単独の場合もある。名詞句独立文は無主語名詞文よりもさらに構造の未分化な文である。両者は形式的にはコピュラの有無において相違しているだけであるが、無主語名詞文は文の中核たる述語の形式をとっているという意味で文としての体裁を保っているのに対し、名詞句独立文は単に素材を提示しただけという形式である[32]。特に(121)のような素材列挙型が多く、18例（名詞句独立文の35%）に上る。これらを名詞句独立文として文中から独立させ、長く複雑な構文を回避するのは読み手の解釈を助けることにもなろう。名詞句独立文は、文末のモダリティ形式を欠き、肯否のカテゴリーも持たない。素材の意味的な補完は文脈に委託される。野田(1989)は真性モダリティを持たない文は他の文ないし文章・談話の枠に依存していると述べ、坪本(1998: 102)は、「人間の知覚および認知機構は、不完全な形状に出会った時にそれを補填し、まとまりのある図形として認識する。断続する境界を何らかの形で補い、1本のつながりにすると考えられるからである。」と述べている。

名詞句独立文は文らしい要素の削ぎ落とされた文であるが、明示的なモダリティ形式の欠如は、むしろ名詞句独立文に自由な表現性を与えており、名詞句は書き手のさまざまな意図を担って文中に位置づけられている[33]。名詞句だけの文は感嘆・詠嘆の表現とされることが多いが[34]、名詞句独立文の帯びる語用論的機能は多様である。

名詞句独立文には、文で言えば状況語に相当する機能を果たしているものの比率が、後項指定文や無主語名詞文よりもずっと多い。時・所を表す名詞句独立文は出来事自体から切り離されて時空的枠組みを独立に表し、具体名詞による名詞句独立文は付帯的状況を表して出来事という舞台を具体化する。最も多く用いられているのは（122）や、（123）の3例のような事態生起の時を表す名詞句で、「〜時のこと」という形を含めて13文（名詞句独立文の26%）見られる。

(122)　<u>夜</u>。ボンのホテルの部屋でテレビをつけた。アルバニア系の住民を乗せたトラックがマケドニアの難民キャンプからコソボに帰っていく光景をCNNが映している。40

(123)　<u>そんなヤケクソ的な最新刊が出版されたある日のこと</u>。「キミは、最近本を出したらしいじゃないか。げっへっへ」と、ワタシが老後の楽しみの為にと地味に通っている英会話の先生（日本人）が言った。（略）<u>そしてその数日後</u>。銀行で支払いなどをしていると、奥から支店長がでてきて、「奥様、ご本をまた出されましたね。うちは出版元の○○舎さんとも取り引きさせていただいておりまして、新刊のリストが送られてまいりますものですから。ぜひ、注文させていただきます」と、ご丁寧にそう言った。（略）<u>さらにまた後日</u>。『裏の家で飼われている猫は、こきたない紐でつながれていて、いつも路上に佇んでいる。それが、うちのと瓜ふたつのデブ猫で、はじめて路上でその姿を目撃した時は、うちのが脱走したんじゃないかと見まごう程だった』ということをある新聞の小さいコラムで書いた。ある朝、散歩の途中その家の前を通ったら、「先日はうちの猫のことを書いてくださって、ありがとうございました。こきたない紐でねぇ。おっほっほ」とその家の奥様に声をかけられてしまった。33

(124)(125)の「〜すること〜時間」のような形式は、容易ならない時間の

経過を表す慣用的な表現形式である。

(124) <u>マニュアルを引っぱり出してきてページをめくり、あれやこれやと試すこと半時間</u>。でも、やっぱり駄目です。仕方がない。リースのサービスセンターに電話しました。4
(125=59) 還暦も過ぎたというのに、先日は<u>スコットランドの苛酷なリンクスを手曳きカートで歩くこと連続 22 日間</u>。25

これらは一般的な文の形をとるとすれば、(124')(125')のようになるであろう。(124)(125)は通常は動詞文で表されるはずの物語文なのである。(124')(125')と比較して明らかなように、時間名詞を後置した(124)(125)に時間の長さを印象づける効果は歴然である。

(124') 半時間あれやこれやと［試しました／試してみました］。
(125') 連続 22 日間スコットランドの苛酷なリンクスを手曳きカートで歩いた。

　場所の表現は(126)の第 3 文や(127)のように、連体部で出来事の舞台としての状況を叙述する。また単純な場所表現は(126)の第 1 文のようにしばしば時の表現と共起する。(122)(126)は共に冒頭の 1 文であり、文章全体の枠組みを示すものである。

(126) <u>銀座の夜</u>。酒宴のあと、仕上げに？(麺)類を食べたくなって、通りかかった露地の奥のラーメン屋さんの暖簾をくぐった。<u>間口がかろうじて 3 メートルあろうかという狭い店</u>。カウンター席の後ろをいざりながら進み、奥に空席を一つ見つけたときはもう、眼鏡が湯煙でくもって真っ白になっていた。18
(127) 小学校の入学式といえば、親にとっては、神妙な、まさに晴れの式典だ。<u>130 余名の新入生と保護者でほぼいっぱいの会場</u>。壇上には

慶応義塾長、常任理事のお歴々、幼稚舎の教員スタッフ全員が居並ぶ。23

ニ格の名詞句を伴う(128)(129)は出来事の付帯的状況である。

(128) ヨーロッパの鉄道の二等客車らしき向かい合わせの座席の一隅に、小さな野ウサギが1匹、ゆったりと腰を下ろしている。<u>側面には灰皿と、飲み物を置く細い棚</u>。32

(129) 英語圏以外で、チャンネルをひねって英語がとび出してくると、何だかほっとする。勿論半分程度しか耳にはひっかかってこないが、半分だけでも有難いし、おおよその見当をつけながら見るのも楽しいものだ。<u>手にはフライドポテト</u>。かなりだらしない恰好ではあるが。6

(130)(131)のように、文章の新たな展開の始発部に用いられて部分的タイトルの機能を果たしている名詞句独立文もある。

(130) ところで、<u>雅楽といえば、舞楽</u>。戦前、私の叔父が名古屋の熱田神宮で舞人を務めていたことがあり、私も舞楽を習いたいと思ったのだが、父は女のやるものではないと相手にしてくれなかった。29

(131) さらにまた、こんなこともあります。<u>わたしにとっては仕事の必需品であるパソコン</u>。同じくワープロやパソコンを使っている友人の作家のなかには、愛機に名前を付けているという人もいますが、「じゃ、声を出して話しかけたりする？」4

名詞句独立文が、文脈の中で出来する現象や動き、あるいは認識や知覚の対象を表す場合、それらは(132)〜(134)のように感嘆や詠嘆などの情意の対象であることが多い[35]。(132)〜(134)の名詞句独立文はそれぞれ、＿＿部に表された感覚や心情の対象である。情意の主体は随筆においては著者に

(132) はっとした。まったく音がないのだった。時折そよぐ風が微かに耳をくすぐる以外、まったくの無音の世界。浮遊しているようでもあり、何かに包まれているようでもあり、畏怖のような、だけどそれとはまた違うこの感覚は、それでだったのかとわかった。15

(133) 多くの委員が真剣に耳を傾けてくれたが、呆れ果てた者も少なくなかった。法案を推進する政党に属する一部委員たちだった。私語に雑談、薄笑い。汚い野次。46

(134) 見ているわたしには、言葉の少なさというのがきもちよかった。ちょっと意表を突くけれど、すぐに、あ、そうかと分かる、朴訥だが寸分の狂いもない精確な所作。ふつう、たとえば、水を出してくれるとき、お箸を置いてくれるとき、メニューをくれるとき、いちいち「これは何々で、このようにして使ってください」とは説明しない。18

　（135）～（137）の名詞句には文章を貫く書き手の思いが凝縮している。（137）の名詞句は「しわだらけの手拭い」というタイトルに呼応して文章の趣意を象徴するものである[36]。

(135) 日本に残された唯一のクリーンな資源、太陽光による発電が国の基本政策になるよう、今後とも活動を続けていくつもりです。ことは我が家1軒の問題にとどまりません。日の本の国、日本。日の丸から太陽が消えてしまったら、それは現在の環境問題やエネルギー問題に白旗を上げることになるのですから。8

(136) いろいろうまくいかなくても、クヨクヨする事はない。たった1つの命。たった1つの人生。22

(137) 粗品で貰うような宣伝入りのあの白いタオル、きちっとたたまずに置いてあったしわしわのタオルというよりは「手拭い」。（略）言葉

の過剰が〈出逢い〉の可能性を遠ざけるのだ。無言でも、動作が無骨であっても、汚いぼろ布であっても、思いは通じるものなのに。18

　名詞句独立文における連体部と文末の名詞は無主語名詞文と同様に論理的な主述関係を構成していると見られるものが多い。坪本（1998: 182）は「レンコ（バスに）飛び乗る。閉まるドア。」の下線部のような表現形式を「ト書き連鎖」と名付け、ト書き連鎖はコトとモノの両義性を持ち、その働きは「名詞句を意識の中心におきながら、全体で場面を描写するところにある」と述べている。名詞句独立文は、通常の文構成意識を退け、文末の名詞を前景化するという逸脱した形式をとりながら、さまざまな機能を担って文脈の中に述語文と対等に位置づけられている。

　テンスからもムードからも解放された素材のままの形式は詩や俳句に似た表現効果を持ち、時に文章のクライマックスを演出し、さらにはその簡潔性で文章にリズムを与える。また、一語文的な名詞句独立文は、文章や段落における状況語的、見出し語的、あるいは提示語的な機能など、自在な働きを見せて、印象的な表現効果を演出する。例えば（138）を（138'）のように一般的な構文におさめると、印象はかなり違ってくる。

(138)　誰もがいうように瀬戸川さんは博識だった。ミステリーのこと、映画のこと、古本のこと。28
(138')　誰もがいうように瀬戸川さんはミステリーのことや映画のことや古本のことなどに博識だった。

　名詞句独立文は学術論文のような科学的な文章には使用されることの少ないものであるが、随筆ではその特性が大いに活かされていると言える。名詞句独立文は随筆の非散文的な一面を象徴している。

4.6. その他

以上の名詞文の類型のいずれにも該当しないものが3例あった。(139) の1例、及び (140) の2例である。前項((140) の2文のうち、前の文の前項は先行文に依存して省略されている)と後項の意味関係を考えると、いわゆるウナギ文的なものと思われる。(139) は無前提後項指定文に近い。これらを「その他」として挙げておくことにする。日常会話に頻出するこの種の文が資料中僅かに3例であったのは意外であった。随筆では、文としては未分化な無主語名詞文や名詞句独立文は多用されても、1文内の論理関係は文脈に依存することなく当該文内で完結しているということになる。

(139) しかし戦争が激しくなり、空襲が激化し、やがて敗戦、皆が生きて行くだけで精一杯の時代にはさすがに父も山に行くどころではなく、ようやく再開した登山がこの時でした。38

(140) このエレガンスの質は、決してワイルドの『サロメ』が目指した「ビザンチン風」ではないし、モローとも、デゼッサントとも違う。バイロスの絵にしばしば見られるフラゴナール的なロココともやや違う。寧ろ、ヴァトーか。しかし、これはおそらく、ラクロである。41

4.7. まとめ

以上が随筆50篇における名詞文の類型である。表4に各類型の使用数を示す。

表4　名詞文の類型と使用数

① 措定文	措定文〈1〉	……131（名詞文の約 27%）	⎫ 約 42%
	措定文〈2〉	…… 70（ 〃 約 15%）	⎭
② 指定文	後項指定文	…… 80（ 〃 約 17%）	⎫
	前項指定文	…… 7（ 〃 約 1%）	⎬ 約 22%
	無前提後項指定文	…… 17（ 〃 約 4%）	⎭
③ 中立叙述文		…… 15（ 〃 約 3%）	
④ 無主語名詞文		……108（ 〃 約 22%）	
⑤ 名詞句独立文		…… 51（ 〃 約 11%）	
⑥ その他		…… 3（ 〃 約 1%）	

計　482

　名詞文の典型は「鯨は哺乳類だ」のようなもの、本章で措定文〈1〉とした、主体をめぐってその属性を類別規定するというものであり、本資料中で最も多く見られたのもそうしたタイプであったが、それらは名詞文全体の 27% にとどまっている。全体では非典型的な名詞文の方が圧倒的に多く、特に文構造の未分化な無主語名詞文の多用が目に付く。名詞が名詞らしくない働きをする措定文〈2〉や明示的な情報構造をとる指定文も少なくない。これらの名詞文はそれぞれの文章において以下のように多様な機能を果たしていた。

・先行文で言及された素材の類別・属性を述べることによって文脈に説明を組み入れる。
・判断文としての名詞文は重要な論点の提示や文章のキーセンテンスであることが多い。
・出来事の構成要素である時間・空間・登場人物・付帯状況などを明示し、事態の枠組みを明らかにする[37]。
・有標の文構造により情報の焦点を明示し、文章の中心的な素材を効果的に導入すると同時に、前項・後項の適切な語順が文脈の流れをスムーズにする。

・動詞の持つ陳述性を捨象することにより、名詞句の指示対象である素材事物を強く印象づけ、読み手の想像力を引き出す。
・情報上は不要な名詞述語を付加することにより、文の調子を和らげ、余韻を持たせる。
・時に簡潔で軽快、時に重厚な調子を与え、文章に抑揚をつける。
・先行する複数の文を総括して、文章の分かりやすい結構に寄与する。
・文章のタイトルに呼応して文章全体の結構に寄与する。あるいは文脈の新たな展開を告げて、部分的なタイトルの役目を果たす。

名詞文が文章においてこのような機能を持ち得るのはなぜであろうか[38]。それは、一つには名詞文の構造的特性によるものであり、今一つは名詞という品詞的特性によるものである。動詞文のような、述語を主成分とする従属的な構造と異なり、名詞文は基本的に前項・後項の二項が対峙する構造である。動詞文が述語を中心として一つの出来事を語るのに対して、名詞文では主語／主題と述語との一致／不一致が問題とされる。措定文では後項が前項を性状規定し、指定文では一方に欠落する項目を他方で指定する。主語を持たない無主語名詞文も、文脈に潜在する非明示的な対象に相対しているという意味で例外ではない。無主語名詞文と措定文・後項指定文との境界が連続的であるのもこうした名詞文の本質に根ざしている。(141)～(145)は無主語名詞文としたものであるが、(141)(142)は主題の省略された措定文〈1〉に近く、(143)～(145)は後項指定文ないし無前提後項指定文に近い。

(141) ロボカップの活動は、「夢」が、推進力になっている。国や専門分野を超えた研究者の夢の共同体である。5

(142) 「カピタン」の仕事が終わったあと、昨年の7月、「文藝春秋」でまた3人で映画の座談会をする機会に恵まれた。瀬戸川さんと一緒に「アラビアのロレンス」の音楽を歌い出してしまうほど楽しい夜だった。28

(143) それに、日本人として考えておかなければならないことがある。欧

州と米国が道義外交・軍事介入に踏み出してくる時、日本の身の処し方が難しくなるということだ。40
(144) 多くの委員が真剣に耳を傾けてくれたが、呆れ果てた者も少なくなかった。法案を推進する政党に属する一部委員たちだった。46
(145) 立役者がもう1人いる。永年パリ在住の友人、浅田幸夫氏である。49

　また、名詞は事物を名詞的な概念、すなわちモノとして表す語である。措定文〈1〉では動詞的なコトや形容詞的なサマも被修飾名詞で受けてモノをモノとして措定するものが多かった。また措定文〈2〉では動きや状態自体がモノとして表されていた。措定文は構造的にモノを特立させるものであり、無主語名詞文や名詞句独立文は全体がモノの提示であった。このように名詞文は、事物をモノとして、あるいはモノに収斂させて表現する文である。「存在」「話」「問題」などの抽象的な述語名詞も多いが、何よりも「こと」「もの」が全体の約20％を占めている事実は、そのことを端的に物語る。(146)は「ドラマチックな環境で暮らした」ことよりも、どんな「患者」であったかという表し方であり、(147)(148)では事態をそれぞれ「もの」「こと」として表している。

(146) 思えば何とドラマチックな環境で暮らした患者だったのだろうか。25
(147) とにかく後で考えると、金の無駄遣い以外の何ものでもない。24
(148) 自分の理想を押さえ込み、自然の自分をねじまげるのは精神的にものすごくつらいことだった。12

　事態表現そのものを文末に露出させず、モノ（名詞）というコードを介在させるのは書き手であり、こうした名詞文のあり方に、事態をモノとして意味づけしつつ言葉を進める書き手の態度を読み取ることができる。「こと」「もの」「の」などの形式名詞がモダリティ形式として文法化したのは、このよ

表5　文類型別述語名詞類の使用数

名詞文の類型＼名詞の種類	「こと」	「もの」	人	時	時+「のこと」	数量	場所	その他	計
措定文〈1〉	15	24	27	3	0	1	7	54	131
措定文〈2〉	0	0	0	3	0	20	0	47	70
後項指定文	13	1	20	13	4	3	1	25	80
前項指定文	2	0	0	0	0	0	0	5	7
無前提後項指定文	2	0	3	0	1	0	1	10	17
中立叙述文	0	0	1	1	0	0	0	13	15
無主語名詞文	20	2	8	10	6	0	2	60	108
名詞句独立文	2	0	0	11	2	1	4	31	51
その他	0	0	2	1	0	0	0	0	3
計	54	27	61	42	13	25	15	246	482

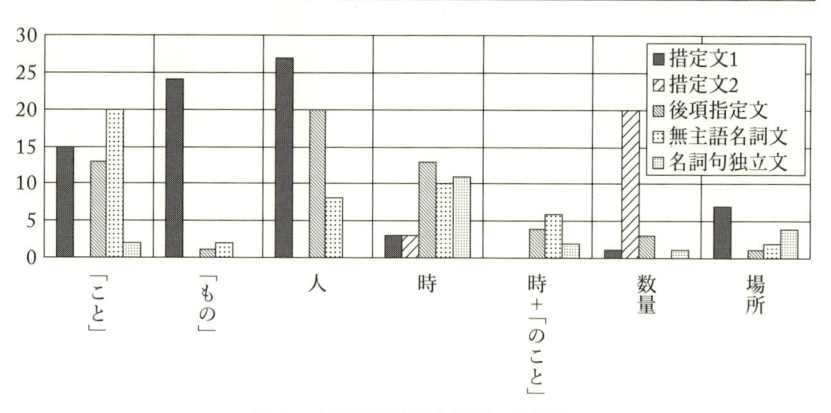

図1　文類型別述語名詞類の使用数

うな表現傾向に由来するものであろう[39]。参考までに、述語名詞を「こと」・「もの」・人を表すもの・時を表すもの・数量を表すもの・場所を表すもの・

その他に類別してその使用数を調べた結果を表5に示す。図1は、表5から使用数の少ない「前項指定文」「無前提後項指定文」「中立叙述文」「その他」を除いてグラフ化したものである。

　名詞述語はコピュラによって肯否・テンス・ムードなどのカテゴリーを持つが、述語を本来の機能とする動詞の持つカテゴリーの多様さには及ばず、プロセスを述べるには欠けるものが多すぎる。しかし文脈から明らかであれば、詳細はむしろ余剰であり、時に蛇足となる。波多野(1953: 102)は、野球放送における「打ちましたがファウル」「投げました。ボール」のような表現は、「状景をもっとも端的に聴取者の心に印象させる方法で、日本文において特に有効に使用される表現手段であろう。」と述べている。本資料には名詞文、特に無主語名詞文や名詞句独立文が少なくなかった。随筆というものがすべてを正確に述べることを要求される科学論文のようなものと違って、表現効果に依存するところの多いジャンルであることを示している。

　文は、文脈・場面の中で意味を持って存在している限り、述語の有無にかかわらず陳述性を持つ。林(1993: 793)は、もしも信号機に「歩行」「待機」と出るとすれば、「命令はしていなくても、陳述はしていると見なければならない。」とし、「日本語文の述語には、描叙、判断、表出、伝達の四段階が含まれる。(略)陳述は、伝達段階にまで達したものが最も文句無しの陳述になるが、どの段階ででも、とりあえずの陳述は果たされる。時には、述語が無くても、これら四つのうちいずれかの機能が発揮されて、とりあえずの陳述が果たされることがある。その「とりあえずの陳述」を「仮り陳述」と称」すとして、陳述に「本陳述」と「仮り陳述」を認めている。また、時の場面設定をする「時の状況語」が、「ある日のことでした。」のように独立した文になったものは本陳述であるが、話の冒頭ではなく、「話がクライマックスにさしかかるような所で、「その時でした。」などと、鋭く、時の一文が投げ込まれることがある。これは、文の形をした間投句で、ここにある陳述は、仮り陳述である」とも述べている(林1993: 807)。林の言葉を借りれば、本資料中の名詞文には「本陳述」「仮り陳述」が入り混じっているわけである。本陳述と仮り陳述の間も連続的なものであろう。

5. 文章例

　文章における働きに触れながら名詞文の類型を見てきた。同じ随筆というジャンルとは言え、著者の職業も文章のテーマもさまざまである。たとえ同一著者であっても題材や年代などさまざまな要因により文体は変異する。当然ながら名詞文に関しても資料とした50編の文章中、名詞文が多用されているものと、それほど用いられていないものがある。最も多い文章で約41%の使用率、最も少ないもので約7%、平均約22%であった[40]。しかし文章間の差異を超えて名詞文という観点から共通性を調べた結果、名詞文がそれぞれの文章に効果的に配置され、独自の貢献をしていることが分かった。出来事の記述を動詞文で、書き手の主観・主張を名詞文で、という違いが明確なもの、名詞文のディスコースマーカー的な機能が顕著なもの、名詞文がキーセンテンスとなっているもの、短い名詞文が客観的な淡々とした筆致を印象付けているもの、逆に感覚的な描写に名詞文を多用して詩的な効果を出しているもの、出来事の重要な道具立てを名詞文で提示しているもの、名詞文のみで大要が把握できるもの、クライマックスを名詞文で表現しているもの等、名詞文は各文章で多彩な表現性を発揮している。

　下に名詞文の最も多かった文章の全文を挙げ、文章中の名詞文の働きをみることにする[41]。1文ずつ並べて番号をつけ、名詞文としたものに下線を施し、類型を記す。

〈文章例：「一期一会の録音」全37文〉

〈1〉　一人のピアニストは、いったい一つの作品を生涯でどのぐらいの回数弾くものだろうか？

〈2〉　デビューのきっかけとなった曲、いつ弾いても評価の高い曲、弾きこむうちに次第に深みの増してきた曲、子供のころ弾いた思い出の曲、アンコールの定番。（名詞句独立文）

〈3〉　頻度が高いのは、いわゆる手の内にはいった作品ということになる。

〈4〉　ピアニストの一日の練習時間は、学生時代で平均八時間。（後項指定

文)
〈5〉　プロになっても、最低四〜五時間。(後項指定文。前項省略)
〈6〉　併行して数曲は練習するし、一つの曲をくりかえして弾くわけでもないが、それにしても膨大な反復回数になるだろう。
〈7〉　世界をまわるピアニストは、シーズン前にリサイタルのプログラムを考え、いろいろ組み合わせを変えながら各地のステージをこなすという。
〈8〉　その数、多い人で年三百回。(後項指定文)
〈9〉　そのシーズンのために新たにレパートリーに入れる曲もあるが、全部なじみのない曲では心配なもの、さりげなく、前記のような「十八番」を組みこんでいく。
〈10〉　それほど弾きこんできた曲でも、一世一代の名演となるとそうざらにあるものではない。(措定文〈1〉)[42]
〈11〉　演奏は生物〈なまもの〉だから、ピアニストの体調、楽器やホールの音響、当日の温度や湿度、聴衆の質や量に左右される。
〈12〉　協奏曲なら、指揮者やオーケストラとの相性もからんでくる。
〈13〉　よしそれら全部が満たされたとしても、その演奏がよい条件のもとにライヴ録音され、CDとして今日耳にすることができるということになると、確率はさらに低くなるといわざるをえない。
〈14〉　そんな奇跡的CDのひとつが、この二月にビクターからリリースされた。
〈15〉　今は亡き恩師であり、フランス帰りの天才少女として一世を風靡した安川和壽子の弾くショパン『ピアノ協奏曲第一番』である。(後項指定文。前項省略)
〈16〉　今から二十年前、井上道義指揮のNHK交響楽団と共演した折の録音で、九六年七月に安川が亡くなったとき、FMの追悼番組で放送されたものである。(措定文〈1〉。前項省略)
〈17〉　八三年に、リウマチによる腱断裂で演奏活動から引退を余儀なくされた安川は、LP時代にショパンやドビュッシーのピアノ曲全集を録音

しているが、CD 化され、市場に出たものはこれまでわずか一枚だった。（措定文〈2〉）

〈18〉 録音嫌いで知られる安川は、四十二年にわたる演奏活動の間、自主リサイタルの録音を禁じたため、ライヴ録音の数もきわめて少ない。

〈19〉 そんな安川の足跡を残そうと、遺族や門下生を中心に記念会が結成され、NHK ライブラリーに残された音源をリサーチしたところ、ピカ一の候補にあがったのがこの演奏だった。（無前提後項指定文）

〈20〉 安川と協奏曲というと、戦前は尾高尚忠やローゼンシュトック、戦後は森正や岩城宏之など、大物指揮者との顔合わせが多かった。

〈21〉 一九七九年当時五十七歳、楽壇の重鎮だった安川と、三十二歳の新進指揮者井上との組みあわせは、夏休みの青少年コンサートという舞台で、大家で観客をひきつけ、新人には経験を積ませようという上層部の配慮からだったことと思われる。

〈22〉 今にして思うと、これが一期一会の出会いを演出した。

〈23〉 井上にとって安川は、子供のころから知っているあこがれのピアニスト、「雲の上のひと」である。（措定文〈1〉）

〈24〉 しかし、NHK ホールでの演奏の前に五回の地方公演を行ううち、親子ほども年の違う新人と大家は、ステージ上ですっかり意気投合してしまった。

〈25〉 ショパンはソロ部分にテンポの変化が多いため、相性次第では難しい協奏曲だが、安川とは、最初からうちあわせをする必要もないほど気持ちが通じあい、回を重ねるごとにそれが深まっていった、と井上は回想する。

〈26〉 外交官だった父親の仕事の関係で、生後まもなくパリにわたり、第二次世界大戦の勃発によって十七歳で帰国した安川は、パリ音楽院で師事したラザール・レヴィの教えに従って、ロマン的感情を露わにしない端正なスタイルを貫いていた。

〈27〉 その典雅な弾きぶりは、多彩な音色、美しい舞台姿とあいまって熱狂的なファンを生んだが、同時に、演奏が客観的すぎて物足りないと不

満をもらす向きもないではなかった。
〈28〉 若くして楽壇の頂点にのぼりつめ、常に規範たることを義務づけられた演奏家ならではの軛もあったことだろう。
〈29〉 しかし、この録音を聴くと、そうした印象はきれいにぬぐいさられる。
〈30〉 <u>イントロダクションに漂うただならぬ熱気</u>。(名詞句独立文)
〈31〉 <u>きらめく音</u>。(名詞句独立文)
〈32〉 <u>朝露をふくんだ花びらのように瑞々しいカンティレーナ</u>。(名詞句独立文)
〈33〉 <u>子馬のように活気にみちたロンド</u>。(名詞句独立文)
〈34〉 <u>それは、すでに何千回、何万回と歩いてきた道を定石通りにたどる大家の演奏ではない</u>。(措定文〈1〉)
〈35〉 初舞台の異様な緊張と高揚の中で、キャリアの第一歩に胸はずませる新人の初々しいときめきすら感じられる。
〈36〉 端正なスタイルはそのままに、ショパンのフレーズのすみずみにまで反応し、感動を聴衆に伝えようとするひたむきさが胸を打つ。
〈37〉 「雲の上のひと」と、夢みるような瞳をもつ新進指揮者の、舞台の上に限定されたむつまじい語らいは、音楽の神秘、人のこころの不思議さを私たちに教えてくれるかのようだ。

　以上が「一期一会の録音」の全文である。この中に名詞文としたものが15文含まれる。名詞文を中心に各文の働きを見てみよう。
　〈2〉の名詞句独立文は、〈1〉で提起された課題を受けて、考察の対象となる「一つの作品」の候補を例示している。一つ一つの名詞句は書き手の脳裏に浮かんだものであり、読み手にとっても列挙された順に次々と辿りながら思いをめぐらす対象ともなる。〈4〉〈5〉の後項指定文は〈1〉の課題を解決するための客観的な材料を簡潔な形で提示している。〈5〉の主題は〈4〉と共通であるため省略されている。〈8〉は〈7〉に数量的な説明を加えたもので、やはり〈1〉の課題を解決するための間接的な材料提示となっている。

これらは書き手の思考プロセスに介在した情報であると同時に、読み手の思考を促す材料でもある。〈1〉の「一つの作品」、〈3〉の「手の内にはいった作品」、〈6〉の「一つの曲」、〈9〉の「十八番」などの名詞句がやがてタイトルに直結する〈10〉の「一世一代の名演」への伏線となるのであるが、〈4〉〈5〉〈8〉の後項に示された客観的な数字は前後の文脈と相俟って「膨大な反復回数」を強力に裏打ちするものとなる。〈10〉の揩定文〈1〉では、1人のピアニストが一つの作品を弾く回数は数え切れないというそれまでの論調から一転して、しかし「一世一代の名演」はそうあるものではないと述べて、テーマを暗示し、本題の開始を告げている[43]。「一世一代の名演はそうざらにはない」に比べて、「一世一代の名演<u>となる</u>とそうざらに<u>ある</u>ものではない。」という勿体を付けた名詞化表現は、書き手の信念をより強く感じさせる。〈11〉～〈13〉では〈10〉の論拠が展開され、特に〈13〉のCDに関する記述が〈14〉の「奇跡」という表現に説得力を与えたのち、〈15〉でタイトルの指示物であり文章の中心素材である「安川和壽子の弾くショパン『ピアノ協奏曲第一番』」が、前文を引き継ぐ自明の主題を省略し焦点のみを残した形で劇的に導入される。「安川和壽子」を修飾する連体部は主役の簡潔な紹介となる。この1文はすなわち文章全体の焦点であり、「～である。」という文末形式と相俟って名詞文の重みが効果的である。〈16〉は〈15〉と共通する主題が省略された解説文で、揩定文〈1〉である。述部には「今から二十年前、井上道義指揮のNHK交響楽団と共演した折の録音」と「九六年七月に安川が亡くなったとき、FMの追悼番組で放送されたもの」という二つの名詞句が並列されている。〈16〉は〈14〉〈15〉で提示された題材に関して録音の概要を客観的に述べており、録音に至る経緯や録音の性質・評価を語る後続文脈に対して、その枠組みを示している。また、この1文で、安川和壽子と並ぶもう1人の主役「井上道義」が導入される。〈17〉の揩定文〈2〉から、録音に至った背景・経緯の説明が始まる。「これまでわずか一枚しか市場に出ていない」という無標の文形式でなく、「市場に出たものはこれまでわずか一枚だった」という名詞文にすることで数量を強調し、「一期一会の録音」の価値を間接的に高めることにもつながっている。〈19〉はCD化の背景説

明である。「ピカ一の候補」という前項で読み手の目を引き付け、後項でそれが「この演奏」であると明かす〈19〉は無前提後項指定文の情報構造が効を奏している。主役2人の背景事情が説明されている〈20〉〈21〉、及びその事情が文章の核心に触れることを述べた〈22〉を受けて、〈23〉の措定文〈1〉では2人の関係が主観的な筆致で述べられており、その異色さが強調されている。主役2人の尋常ならぬ関係は、尋常ならぬ演奏を予測させる。〈30〉〜〈33〉では、「この録音を聴くと、そうした印象はきれいにぬぐいさられる」という前文の意味がたたみかけるように列挙された四つの名詞句独立文の感覚的な表現で明らかにされる。〈34〉の措定文〈1〉では判断文に戻って演奏に説明的な評価を加え、冒頭の1文から続く演奏回数の話題に衝撃的な終止符が打たれる。続く〈35〉〈36〉で〈34〉の詳細が語られる。

　以上「一期一会の録音」を名詞文の働きを中心に見た。〈2〉〈4〉〈5〉〈8〉は本題に入る前の助走的な部分に提示された客観的な材料であり、〈10〉で文章の本題の開始が暗示され、〈15〉で文章の中核となる素材が提示され、〈16〉でテーマである出来事の枠組みが示され、〈17〉〈19〉〈23〉で背景事情を述べてテーマを際立たせる効果をあげ、〈30〉〜〈33〉でクライマックスを演出し、〈34〉で印象的な評価が与えられている。文章の精彩は名詞文の使用に負うところが大きい。

6. おわりに

随筆の名詞文をさまざまな角度から見てきた。文には、動きや変化を述べて出来事を進行させる文と、立ち止まって感じたり、考えたり、反芻したりする文がある。名詞文は基本的に後者のタイプである[44]。動詞文の述語である動詞、形容詞文の述語である形容詞は本来用言であるために述語性を免れないが、名詞は体言であるため、名詞句独立文のように述語性、陳述性を持たないまま文章中に配置されることもある。名詞文はそれぞれの文章に、内容的にも形式的にも起伏を与えている。

　言語を運用する際、話し手・書き手の頭にあるのは、文法性や整合性より

も、情報をいかに効果的に、またどのような態度で伝えるかということであろう。文法論としてはむしろ周辺的に扱われる措定文〈2〉・無主語名詞文・名詞句独立文などの使用は、言語運用上のメカニズムに基づくものであり、言語行動の現実を示す興味深い現象である。本研究で資料とした随筆が、学術論文や論説文などに比べると話し手の情意を伸び伸びと表現できるジャンルであることも名詞文の多用に関係しているかもしれない。また、日本語は情報構造重視の主題優先言語であり、文構成に述語のみを必須とする単肢言語であり、意味を文脈に依存することの多い高文脈言語である。名詞文各類型のあり方は、こうした日本語の特徴を象徴的に示している。

　冒頭、英語（欧米語）名詞中心説、日本語動詞中心説を紹介した。名詞中心的か動詞中心的かという二分法は、モノ指向的かコト指向的かという二分法に平行する。池上（1981）の「モノ指向的な言語」と「コト指向的な言語」について先述したが、この場合のモノは統語的には多く主語を指す。本資料中名詞文は22%の使用率であった。これが多いか少ないかは今のところ比較の対象がないため、不明である。しかし、これら少なくとも22%の名詞文は、主語ではなく、文そのものの形成においてモノ（名詞）指向的であったし、使用率はともあれ、「この食材は栄養価が高い。」のような表現と「この食材は栄養価の高いものである。」のような表現とが違和感なく併用されているのが日本語である。欧米語が名詞を核として主語と述語の関係を明確にするという意味で名詞中心言語であるとするならば、日本語は事態そのものを名詞的に把握し、表現することが多いという意味で、名詞中心言語であると言えるかもしれない。近年、日本語と韓国語との対照研究の中でも日本語は名詞的、韓国語は動詞的という論が散見されるようになってきた[45]。金（2003: 59）は日本語と韓国語の「名詞終止文」（本章の名詞句独立文に近い）の出現頻度を比較し、「日本語の名詞終止文の頻度の高さは驚くべきであろう。これは、日本語の名詞が、韓国語の名詞に比べ、述語としてより積極的に機能していることを物語るともいえよう」と述べている。述語であることは名詞としては副次的な機能であるが、ある種の名詞は、「〜するこの頃である。」「〜したまでのことだ。」「〜している場合ではない。」「〜したある日

のこと。」「〜すること1時間。」「(成功したのも努力)あってのこと。」等々、あるものは文型として、あるものは合成的な述部内部の要素として、固定化されている。

　以上は僅か随筆50編の、それも短い文章を対象とした名詞文の観察である。本資料中の名詞文は形式的にも機能的にも多様であったが、会話に見られる「じゃあ、一つ質問。」や「賛成！」のような遂行文的な名詞文も、「太郎の弱虫！」のような表出の文型も見られなかった。表現主体の属性、文体、ジャンルなど、文章(談話)の種類によって名詞文は異なる様相を呈するであろう。データの充実と共に今後の課題としたい。

注

1　「φ」は言語形式を持たないことを示す。
2　今後はこれらを含め、形式的には名詞文とは言えない(c)(d)、さらには従属節における名詞述語なども視野に入れる必要があるであろう。
3　村木(1998)はこのような語群を「第三形容詞」と呼んでいる。
4　「N」は名詞句を表す。
5　資料に現れたもののみを対象としており、名詞文の類型を網羅するものではない。
6　文例末の数字は用例の含まれる文章の編番号(表1)を示す。文例中の述語名詞句に施された下線は筆者による。以下、実線は述語名詞句、波線は主語／主題名詞句、あるいは問題となっている箇所を示す。また一つの用例番号のもとに複数の文が含まれているとき、記述の対象は下線部を施した文である。用例や引用文中の(略)は筆者による。
7　主題を表示する「というのは」「とは」「も」などの諸形式を係助詞「は」で、コピュラの「です」「である」及びその変化形を「だ」で代表させる。主題が無助詞で表される場合も主題が省略される場合もある。また「自宅は寝るだけの場所。」(45)のようにコピュラを伴わない場合もある。なお、「Aは／がBだ」のAを「前項」ないし「前項名詞句」、Bを「後項」ないし「後項名詞句」と呼ぶことにする。
8　措定文〈1〉は三上(1953)の「第一準詞文」、上林(1988)・西山(2003)の「措定文」、坂原(1990)の「記述文」に当たる。
9　三上(1975: 25)は「牛ハ草食動物ダ」「コレハ片桐君の帽子ダ」の「動物」「帽子」は「解説に役立たぬ付けたり」と言っている。本稿の資料中、「どうやらこれ、テー

10　ブル・ナプキンらしいのだ。」(18)、「その人に声をかけ返すのも礼儀だ。」(22)のように、後項名詞句が、名詞一語で構成されている措定文〈1〉は少ない。なお後項名詞句の主名詞を「述語名詞」と呼ぶことにする。

10　「もの」「こと」に限らず措定文〈1〉の多くの述語名詞に言えることである。

11　ただしこの「先生」は「は」も「が」も伴っておらず、主題であるとも単なる主語であるとも解釈できる。

12　南(1993)は「ボクラハ12日ニ神戸カラ船デ出発ダ」のような、本章で措定文〈2〉とする文を「擬似名詞述語文1」と呼び、本章で「その他」とする「ワタシハカレーライスデス」のような文(いわゆるウナギ文)を「擬似名詞述語文2」と呼んでいる。

13　漢語動名詞を松下(1930)は「無活用の動詞」と呼んでいる。波多野(1953)は「名詞状動詞」と呼び、特殊な新聞文法の用法と述べている。

14　名詞述語の起用には動詞の「〜シタ」「〜スル」などの同形態の反復を回避する側面もあるであろう。なお、「(皇后様は)とっくの昔に、森と海との関わりにお気づきだったのである。」(34)の「お〜だ」の形は動詞から派生した尊敬語の一形式で、日常頻繁に使用される形態であるが、本資料では敬語の使用がほとんどなく、用例はこの1例のみであった。また「そのことは言わずじまいだ。」「彼はあれ以来だんまりだ。」のように、動詞的な意味を表す和語名詞は少なくないが、本資料にはそうした例も皆無であった。

15　「*」は不適格な文であることを示す。

16　新屋(2006)は形容詞から派生した名詞「〜さ」を述語とする文の性質について考察している。

17　新屋(1989)はこのような名詞を「文末名詞」と呼んだ。

18　指定文は砂川(2005)の「同定文」に近い。後項指定文、前項指定文、無前提後項指定文はそれぞれ砂川(2005)の「後項焦点文」「前項焦点文」「全体焦点文」に当たる。

19　後項指定文は三上(1953)の「第二準詞文」、上林(1988)、西山(2003)の「倒置指定文」、坂原(1990)の「同定文」に当たる。

20　例えば(71)が分裂文の場合、対応する元の文は「息子の嫁がまっ先にインタビューに応じてくれた。」となり、名詞文ではなくなる。このあたりの事情は西山(2003)に詳しい。

21　前項指定文は上林(1988)、西山(2003)の「指定文」に当たる。

22　『現代英文法辞典』(1992: 271)

23　例えば(71)(72)(76)(85)(86)なども、「は」か「が」かは流動的である。

24　(90)は「せめてもの救いは〜面接を無事パスしたことだった」とも言い換えられるので、前項指定文の可能性もある。
25　主語を持たないのであるから、「述語名詞」というのも適当ではないかもしれないが、便宜上「述語名詞」と呼ぶことにする。
26　このような意味構造は後述する名詞句独立文に共通する。
27　林八龍(1995)は「散歩ですか」「どちらへお出かけですか」「あー、いい風！」「いい眺めですね」のようなものは韓国語では名詞文にならないと述べている。日本語学習者の産出する文が不自然と感じられる要因の一つに主語を立てすぎるということが挙げられるが、無主語名詞文の習得は発想を異にする学習者にとってかなり困難なものであろう。
28　措定文〈1〉にも「これだけ危険な数字を持ちながら、体系立った治療法がいまだ確立されていないというのも解せない話。」(25)という例がある。
29　飯間は「〜このごろである」を女性に多い表現であるとしている。(119)の著者は男性であるが、本資料外の随筆で拾うことの出来た5例中、著者が男性のものが2例、女性のものが3例であった。全体の男性著者：女性著者の割合がざっと4：1であったことを考えると、確かに女性に多い表現と言えるかもしれない。
30　メイナード(2004)に「だ」と「である」に関する考察がある。
31　名詞句が終助詞「か」を伴うものは無主語名詞文とした。その他の終助詞を伴うものは本資料中には見られない。なお「体言止め」の定義は諸家により一致していない。
32　芳賀(1962)は「頂上！」のようなものを「不完全分化文」、「きれいな雪景色！」のようなものを「分化文」と呼び、後者を述語文と同列に扱っている。また、中村(1991: 214)はレトリックの一種として「なんらかの言語形式を省くか、伝達すべき情報の量から見て、通例よりずっと少ないことば数で表現をまかなうかする技法」である「省略」の一部として、述語を省略した結果の「体言止め」と黙って名詞を投げだした感じの「名詞提示」を挙げている。
33　「せめてスポーツに救いを求めれば国際オリンピック委員会のていたらく。」(35)のように、内容的に文に近いものも1例あった。
34　山田(1908)の「感動喚体」は希求や感動を表わす文である。波多野(1953: 118–119)は名詞ばかりで出来ている現代詩を「通達性を犠牲にして、感情の表現性を増そうとしたもの」と述べている。
35　感嘆文は「！」で表わされることが多いが、名詞句独立文で文末に「！」が用いられていたのは1例のみである。情意の性質はさまざまで、先の(121)などは、選択

肢の羅列といったおもむきが強く、情意性が薄いが、それでも1句1句に思いが込められていると言えないわけではない。

36　日本語記述文法研究会 (2003: 82) は、「感嘆文の特徴は、名詞を中心として文が構成されること」とし、名詞を文末に置く感嘆文として「おいしい水！」「この曲の序奏の美しさ！」「この作品の面白いこと！」というタイプがあると述べている。本稿の名詞句独立文に見られたのはこれらのうち第1のタイプのみであった。

37　時を表すものが全体の11%を占める。

38　すべてが名詞文だけの持つ機能というわけではない。

39　森山 (2000: 33) は、「「太郎は（が）悪い」では、例えば、自分の判断として「太郎が悪い」という判断を組み立てることになっているが、「悪い太郎」といえば、「太郎＝悪い」ということがすでに前提として成立していることになる。同様に、「太郎が悪いのは～」などと言う場合でも、「太郎＝悪い」という関係はいわば前提扱いされるのである。述語を言い切りでなく、名詞相当の構造として収束することには、このような一種の前提化の操作が認められ、これが「のだ」などの形式名詞の用法の根底にあると見てよいであろう。」と述べている。

40　本資料外であるが、同じ『文藝春秋』2002年11月号の巻頭随筆における「北の国から」という文章では名詞文が44%で、名詞文の70%が名詞句独立文であった。

41　著者はピアニストの青柳いづみこである。本文を掲載するに当たって著者の許諾を得た。

42　「もの」を、「一世一代の名演」という主題に対応すると考え、「もの」を述語名詞とする措定文〈1〉とした。

43　読み手の頭の中では「一世一代の名演」という名詞句が、「一期一会の録音」という音形的にも近似のタイトルに結びつくであろう。

44　林 (1998: 48) は「外界での事件を追って、具体的事物の変化や動きを叙して行く文章」を「事件モードの文」、「心の中を徘徊するタイプの文章」を「心モードの文」と呼んでいる。

45　林八龍 (1995)、井上・金 (1998) など。

参考文献

荒木一雄、安井稔編 (1992)『現代英文法辞典』三省堂
飯間浩明 (2003)『遊ぶ日本語 不思議な日本語』岩波書店
池上嘉彦 (1981)『「する」と「なる」の言語学』大修館書店

池上嘉彦(1982)「表現構造の比較―〈スル〉的な言語と〈ナル〉的な言語―」『日英語比較講座第4巻 発想と表現』大修館書店
池上嘉彦(1983)「テクストとテクストの構造」『日本語教育指導参考書11 談話の研究と教育Ⅰ』国立国語研究所
井上 優・金 河守(1998)「名詞述語の動詞性・形容詞性に関する覚え書―日本語と韓国語の場合―」『筑波大学東西言語文化の類型論特別プロジェクト研究報告書』
林 八龍(1995)「日本語と韓国語における表現構造の対照考察―日本語の名詞表現と韓国語の動詞表現を中心として―」『日本語の研究』明治書院
川端善明(2004)「第2章 文法と意味」『朝倉日本語講座6 文法Ⅱ』朝倉書店
上林洋二(1988)「措定文と指定文―ハとガの一面」『筑波大学文藝言語研究・言語編』14
金 恩愛(2003)「日本語の名詞志向構造(nominal-oriented structure)と韓国語の動詞志向構造(verbal-oriented structure))『朝鮮学報』188 朝鮮学会
久野 暲(1973)『日本文法研究』大修館書店
熊本千明(1992)「日・英語のコピュラ文に関する一考察」『佐賀大学英文学研究』20
熊本千明(2000)「指定文と提示文―日・英語の観察から」『佐賀大学文化教育学部研究論文集』5(1)
小池清治(2002)「無主語名詞文による表現」『日本語表現・文型事典』朝倉書店
佐藤里美(2001)「テクストにおける名詞述語文の機能―小説の地の文における質・特性表現と〈説明〉―」『ことばの科学10』むぎ書房
坂原 茂(1990)「役割、ガ・ハ、ウナギ文」『認知科学の発展 Vol.3 特集メンタルスペース』講談社
新屋映子(1989)「"文末名詞"について」『国語学』159集
新屋映子(1994)「意味構造から見た平叙文分類の試み」『日本語学科年報』15 東京外国語大学
新屋映子(2006)「形容詞派生の名詞「～さ」を述語とする文の性質」『日本語の研究』2(4)
砂川有里子(2005)『文法と談話の接点 日本語の談話における主題展開機能の研究』くろしお出版
坪本篤朗(1998)「第Ⅱ部 文連結の形と意味と語用論」中右実編『日英語比較選書3 モダリティと発話行為』研究社出版
外山滋比古(1973)『日本語の論理』中公文庫
中村 明(1991)『日本語レトリックの体系』岩波書店
西山佑司(2003)『日本語名詞句の意味論と語用論』ひつじ書房
日本語記述文法研究会(2003)『現代日本語文法4 モダリティ』くろしお出版

野田尚史(1989)「真性モダリティをもたない文」『日本語のモダリティ』くろしお出版
芳賀　綏(1962)『日本文法教室』東京堂出版
波多野完治(1953)『文章心理学入門』新潮文庫
林　四郎(1993)「仮り陳述論」『国語研究』明治書院
林　四郎(1998)『文章論の基礎問題』三省堂
松下大三郎(1930)『改撰標準日本文法』中文館書店
三上　章(1953)『現代語法序説』刀江書院(1972復刊 くろしお出版)
三上　章(1975)「述語としての体言」『三上章論文集』くろしお出版(『コトバ』(1968)を収録)
南不二男(1993)『現代日本語文法の輪郭』大修館書店
村木新次郎(1998)「名詞と形容詞の境界」『月刊言語』27(3)
泉子・K・メイナード(2004)『談話言語学』くろしお出版
森山卓郎(2000)「1　基本叙法と選択関係としてのモダリティ」『日本語の文法3　モダリティ』岩波書店
山田孝雄(1908)『日本文法論』宝文館出版

第5章　随筆のジャンル特性

本章では、随筆というジャンルの日本語の文章における位置づけを整理し、その特性について考察を行っていきたい。具体的には、テクストのジャンルに関する議論を手始めに、エッセイとの比較などを通してその性格を明らかにしていく。

1.　ジャンル論

言語コミュニケーションのカテゴリー化については、それにどういった基準を設けるのかという問題や、実際の見極めに際しての個人差などについて、様々な議論が行われている。また、いかなるテクストも孤立したジャンルとして位置づけられることはなく、常に他のテクストと関係を持ちながら存在しているため、ジャンルを認定する上で、J. クリステヴァの考える間テクスト性やG. ジュネットのトランステクスト性などは極めて重要な要素である。

　随筆というジャンルを考えるにあたり、ここではこのジャンルに関する日本語の文章論、及び西欧のテクスト言語学における先行研究を整理してみたい。

　日本語の文章論において、ジャンルとは近代文学の始まりと共に取り上げられるようになった概念である。明治20年代には、坪内逍遙が、文章を特定の時や場所、人に対してのみ通じる「殊文」と、そうではなく一般的に通用する「通文」とに分け、後者を対象に「美辞論」を展開している。そこで

は「通文」に「智・情・意」という3種類が立てられ、各々の目的とは「知解・感(動)・実践」だと考えられているところから、この分類は「論説文・小説・意見文」といったジャンルに分けに相当するものと見てよいだろう。同じ頃には、五十嵐(1909)によって西洋の修辞学に基づいた文章の分類も紹介されている[1]。

　これに対して、近年、文章は主にその目的から種類分けが行われている。例えば、波多野(1958)では、文章を「緊張体系の成立する方向」によって以下の2種類に分類している。

　　①叙述の文：自己の立場を理解させることが目的であるが、その目的は決して立場の同化を望まない。(叙事文・記事文・説明文)
　　②説得の文：大切なことは自己の立場に相手をひきずりこむことである。(議論文・勧誘文)

　また平井(1970)では、文章の理解や表現の指導を目的として、文章を次の3種類に分ける。

　　①何かを知らせる目的の文章(説明文・記事文・叙事文・解説文・記録文・報告文・観察文など)
　　②何かについて説き伏せる目的の文章(議論文・説得文・勧誘文など)
　　③何かについて感銘を与える目的の文章(叙情文・随想文など)

　波多野、平井の両説は、文章の目的として、書き手が自らの立場をどう提示し、読み手にどういった変化を与えるかといった情報提供の姿勢に基づくものである。更に市川(1978)では、具体的機能(用途)を基準として、読み手(相手)の種類に基づいた文章の性質上の分類を以下のように行っている。

第5章　随筆のジャンル特性　187

第一類　特定の相手に向けて表現される文章
　　　　通信の文章、告知の文章、申告の文章、報告の文章、証明の文章、契約の文章
第二類　不特定の相手に向けて表現される文章
　　　　解説の文章、報知の文章、実録の文章、表出の文章、表明の文章、論説の文章、宣伝の文章、教戒の文章、公示の文章、課題・解答の文章、規約の文章
第三類　後日の相手（特定または不特定）に向けて表現される文章
　　　　記録の文章

　また、阪倉（1963）では「機能による文章の分類」が、次のように示されている。

第一類　伝達を直接の目的とはしないもの
　　　　［心覚えの文章］
第二類　特定の相手に対する伝達を意図したもの
　　　　［証文の文章・手紙の文章・申告の文章・通達の文章・証明の文章］
第三類　不特定の相手を目指す文章
　　　　［規約の文章・報道の文章・解説の文章・論説の文章・説教の文章・広告の文章］
第四類　内言的性格が強い
　　　　［宣言の文章・小説の文章・詩の文章］

　阪倉の分類では、第一・第二類が言語が持つ現実的な機能である伝達自体に基づいた基準であるのに対し、第二・第三類は筆者自身をどう文章に打ち出していくかを中心的課題としており、これは平井説や市川説との間に位置づけられる分類方法だと言える。
　これらに対して平澤（1992）は、新しい手法を用いて多面的な視点から分

類を行っている。ここでは文章の目的（伝達・説得・感動・意欲・記録・法律）、特定相手、実用性、文体（多話・直叙・韻律）、連接複雑の合計12項目の分類基準について「その傾向が強いか否か」の判断を行い、13種類のジャンルの文章（報告文・告知文・報道文・説明文・学術論文・論説文・小説・詩・俳句・手紙文・日記文・広告文・記録文）の類似度をデンドログラムで示している。これによると、これら13のジャンルは、（ア）伝達型文章、（イ）説得型文章、（ウ）情感型文章、（エ）混合型文章という四種類のクラスターを形成していることが確認されるが、これは書き手の目的に沿った、平井説に近い分類となっている。

これら近年の議論の中で、「随筆」は、平井説における「何かについて感銘を与える目的の文章」の中の「随想文」がそれに相当するものと知られる他は、波多野説による「叙事文」、市川説の「表出の文章」などがそれにあたると考えられるものの、明確には示されていないのが実状であることが分かる。つまり、随筆は日本語において広く知られたジャンルだとされながら、ジャンル分類においては取り上げているものが少なく、曖昧な位置づけをされているのである。

こうした中、随筆というジャンルに特化した研究として、吉田（1990）がある。これは随筆の読み方や書き方をテーマとして、数多くの随筆作品を時代を通じて網羅的に取り上げており、示唆に富む指摘がなされている。但しこれは、随筆と他ジャンルとのテクストを体系的に比較するといった性質は持っていない。

次に、欧文研究におけるジャンル規定について見てみたい。以下に示すのは文体論の立場からのGenreに関する説明の一部だが、その規定には様々な要素が関与し、恣意的な部分も発生することが指摘されている。

> However, arbitrary may appear to be the boundary between one genre and another, what distinguishes them, and what determines how genres are traditionally defined, is usually the set or cluster of structural and STYLISTIC properties that have come to be associated with them, which have come to

be DOMINANT in the FORMALIST sense; also certain functions, TONES, subject matter, WORLD-VIEWS and audiences. 　　　(Wales　2001: 77)

　この他ジャンルについては、「絶えざる変化をこうむる体系」であり、「歴史的に確認された言説的特性の体系化」(トドロフ　2002: 54-60)といった、時代ごとの社会の動きやイデオロギーを反映したものとする考え方もある。
　ところで、Genre と深く関係する概念として、D.Biber らコーパス言語学の学派によって用いられる Register という用語がある。これは、

In their view, register is viewed as a situationally defined language variety which presents systematic correlations between clusters of linguistic features and situational factors. 　　　(Georgakpoulou & Goutsos　1997: 53)

と説明されるように、言語的要素に加えて状況などが重要な決定要素となる性質を持つ。また McCarthy & Carter (1994) では、Genre を Register よりも "higher level" にあるものと考えている他[2]、Genre を "deeper level"、Register を "surface level" に置くといった考え方もある。こういった諸説に関して、Wales (2001: 338) では、Genre と Register の区別は難しいとした上で、Register について次のように説明している。

It is probably easiest to see registers as particular situational configurations of linguistic resources, quite specifically contextually determined; genres are larger or 'higher-level' structures, groups of texts which are recognized as performing broadly similar functions in society. So advertising comprises specific types which vary in choices of linguistic features, for example, according to medium (TV, radio, magazine, etc.), field (beauty products, mobile phones), tenor (target audience, etc.). Register is thus a usefully flexible concept: we can appreciate genres for their shared elements; but no two registers will ever be identical.

この説明に見られる Tenor や Field は、Halliday らの機能体系文法の説から引用されたもので、社会的な文脈とテクストの持つ意味との関係を示す概念である。Halliday (1978) では、これに Mode という概念を加えて、以下のような説明が示されている。

Types of Meaning in Relation to Social Text　Halliday (1978)

Meaning	Reality Construal	Contextual
Interpersonal	Social Reality	Tenor (social action)
Ideational (logical, experiential)	Natural Reality	Field (role structure)
Textual	Semiotic reality	Mode (symbolic organization)

これによると、Tenor とは起こっていることは何か、Field とは話し手の役割、Mode とは言語のどんな面を用いているかということを示し、各々は密接に関係づけられるものだとされている。

欧文テクストにおける Genre 規定は以上のようであるが、続いて、具体的な Genre の種類がどのように設定されているのかについて見ていきたい。現在では一般的に、文章は大きく NARRATIVE と NON-NARRATIVE に分けられるが、Georgakpoulou & Goutsos (1997: 52) ではその特徴についてディスコース分析の立場から次表のようにまとめている。ここでは、内容の順序や特徴、叙述の観点などからこれら二つのジャンルの特徴が示されている。

Defining characteristics of the narratives and non-narrative modes
Georgakpoulou & Goutsos (1997)

	NARRATIVE DISCOURSE	NON-NARRATIVE DISCOURSE
Ordering	temporal sequence	multiple (logical, temporal etc.)
Particularity	particular events	generic truths
Normativeness	disruption & re-establishment of equibrium	stating (arguing etc,) what the norm is
Reference	reconstructed events	verifiable events
Perspective	personal	impersonal
Content	under negotiation	permanent across contexts

　ここでは、もう少し細かいジャンル分けを巡って歴史的に研究の流れを見てみたい。まず古くは、アリストテレスの『詩学』に始まる三分類である Narration（ある特定の時に発生した事件の一連の流れからなる物語を書いたもの）、Description（何かがどのように見えるのかを示したもの）、Argumentation（議論や見方、理論が支持、もしくは批判される過程を示すもの）が有名である。そして近年では、Kinneavy(1971)などが、これらに加えて、"essay" や "summaries" などを含む四つめのカテゴリーとしての "Expression" を示している。

　続いて、テクストジャンルの体系的な類型化を図った Longacre (1976) では、内容の展開が時間的な流れに沿っているか否かという、先に示したいわゆる Narrative と Non-narrative との区別に加えて、表層（prescription＝指示）と深層（prejected＝工夫）における特徴から4種類のジャンルを設定している。以下の表にあるように、言説の発信者が持つ意図に着目し、Procedural（＝手続き）、Hartatory（＝勧誘）といった類別を立てている点が興味深い。

Genre: Surface and Deep level   Longacre (1976)

Deep	Surface	-projected -prescription	+projected +prescription
+succession	+chronological framework	NARRATIVE	PROCEDURAL
-succession	-chronological framework	EXPOSITORY	HORTATORY

　こういった Longacre の研究を受けて Genre の細分化を更に進め、factual genres (事実描写のジャンル)の下位分類を検討した Martin (1992) では、以下のような matrix が示されている。

Cross-classification of factual genres.   Martin (1992)

		-generalized	generalized: document	explain: resolve	debate
-activity structured		DESCRIPTION	REPORT	EXPOSITION	DISCUSSION
+activity structured		RECOUNT	PROCEDURE	EXPLANATION	EXPLORATION

INTERPERSONAL VARIABLES resolve/debate analytical/hortatory
IDEATIONAL VARIABLES +/-activity structure, document/explain
TEXTUAL VARIABLES   +/-generalized

　Martin は、社会的な目的に応じて機能的にジャンル設定を行っており、まず、テクストの彩 (texture) を規定する要因である Register をもとにその上位に存在する Genre を考える。Register は、"tenor (interpersonal)"、"field (ideational)"、"mode (textual)" の三要素から成るが、Genre とはそれらを調整合体することで規定されると考える。また Genre という言葉については、一般的に用いられているところの genre (文学作品のタイプとしての短編、

詩、小説、劇など）とは異なるものとし、具体的には、ロシアの文学理論家であるBakhtinのいう「話し言葉と書き言葉、日常語などの全てを包含する」性格を持つものと規定している (Eggins. & Martin. 1997: 235)[3]。そのため、ジャンルの認定においても、先に述べた機能文法 (Halliday (1978))などによるテクスト的、対人的、観念的な変数が用いられているのである。この研究は8種類に及ぶジャンルの具体的な特性を取り上げて整理している点で、ジャンル相互の類似性や相違点といった関係が明示されたものと言えよう。

現代ではジャンル分けの姿勢が更に多様化し、一般的なテクストのジャンル分けにとどまらず特定の領域を対象としたジャンル立てが考えられるようになっている[4]。しかし、やはりここでも"essay"というジャンルが立てられている研究は少ないことから、欧文におけるEssayの位置づけの難しさが窺われる。

以上のように、日本語の文章論では機能に応じた分類が中心であり、また英語のテクスト分析では社会的な目的や活動という視点からジャンル分けが行われる傾向が強く、随筆やEssayといったテクストのジャンルとしての位置づけについては定説は見られないと言える。

2. 随筆について

2.1. 随筆とは何か

まず初めに、随筆というジャンルがどのようにして始まったのかについて見ておきたい。諸橋 (1959) では、「随筆」について「筆にまかせて何くれとなく書き記す。又、記したもの。そぞろがき。漫録。漫筆。」と説明し、白居易作「送令狐相公赴太原詩」の「詩作馬蹄随筆走」という部分を引用している[5]。

また日本において随筆を書名とした最初の文献は、室町時代に成立した一条兼良の『東斎随筆』である。これは78の説話を「音楽・草木・鳥獣・人事・仏法」など11に分類、配列した説話の抄出集である。この書物の名前の由

来は、中国の氾鎮による『東斎記筆』と洪邁による『容斎随筆』に基づくと考えられる。この洪邁の『容斎随筆』は、宋代に書かれた「随筆」の初出であるが、これは文献書誌の考証学を著したもので、その序に「予老瀬読書不多、意之所之、随即記録、因其後先、無復詮次、故目之曰随筆」という記述が見られる。

また明代において、当時のジャンル論を展開した徐魯庵の『文体明弁序説』では、以下に示す「雑著」というジャンルの記述が見られるが、そこに示された性質から随筆とはこの一種と考えられる。

> 按、雑著者、詞人所著之雑文也、以其随事命名不落体格、故謂之雑著、然称名雖雑、而其本乎義理、発干性情、則自有致一之道一（略）（下線立川）

さて、現在多くの人々が随筆を読む理由とは、それによって知識を得るためというよりも、興味ある話題や内容を楽しむためだと考えられる。次に、こういった随筆の内容的特徴について考えてみたい。現代の随筆のジャンル特性については、

> 筆者の感興のおもむくままにその見聞、体験、感想、批評等を筆に任せて記した自由な形式の文章をいい、したがってその一編はおおむね短文である。　　　　　　　　　　　　　　　　（日本近代文学大辞典）

といった見方が一般的である。この説明にもあるように、テーマや形式は共に自由で、内容の運びも書き手の裁量によって決められる。一方、古典随筆については、次のような解説が行われている。

> 自己の体験、心情、思想、また見聞する物事への感想、批評などを記した散文、狭義には特定の形式によらず、くつろいだ自由な姿勢で筆のおもむくままに行った表現をいうが、広義には雑多のものを幅広く含み、

曖昧に用いられることが多い。　　　　　　　（日本古典文学大辞典）
　江戸以前における随筆は、筆にまかせて、それまでの見聞、体験、感想などを自由に記した散文体の作品と定義づけられてきている。
（日本随筆辞典）

　ここから、古典随筆にも自由な姿勢で記述されるといった特徴が見られることが分かる。更に、古典の随筆作品をその内容別に集めた柴田他（1979）では次のような記述がある。

　　随筆の語は、従来極めて漠然とした意味に用いられ、…近年はただ軽い気持で書流した短文をも、一様に随筆と呼ぶ習わしになってしまっており、随筆そのものの正体はいよいよ捉えにくい…。見たこと、聞いたこと、感じたこと、考えたこと、さては調べたことなどを前後の連絡もなく書き連ねた、短章の累積より成る著作といって宜しかろうか。実際に於いては、多くの随筆書にも叙上の諸条件を完全に具備したものは少なくてその大部分は偏するところがあり、見聞録、随想録、語録などの名で呼んだ方が適切なものも、時には随筆の名で呼ばれている…。

　随筆と呼ばれる作品の内容の多様性から、そのジャンル規定の難しさが指摘されている。以上のように、随筆とは筆のおもむくままに筆者の考えを端的に表現した短編であるといったジャンル自体の性質には、時代を通じて大きな変化は見られない。また、随筆は自己の見聞した事物のありようを描く作品から、そういった経験に対する見解や批評を述べる作品まで内容や特徴には幅がある。しかも、それらここの作品の間に厳密な線引きを行うことは困難である。更にこういった様々なタイプの文章を内包するがゆえに、構造的に特定の形式が認められていないこともまた、特徴の一つだと言えよう。

2.2. 日本における随筆の歴史
日本の典型的な古典随筆としては『枕草子』や『徒然草』が有名だが、前節

で述べた通り「随筆」という語の初出は室町時代であり、文章のジャンルの一つとしてこの語がはっきりと定着するのは、近代に入り大正後期ごろからとされる。ただ、随筆の内容は広範囲に渡ることから、そのテーマは書き手の生活や社会背景などとも密接につながりを持っているはずであり、時代ごとに変化が見られるものと考えられる。そこで以下では、時代の流れに沿って、日本における各時代の代表的な随筆作品を概観していきたい。

2.2.1. 中古

平安時代中期(1000年ごろ)に、我が国最初の随筆である清少納言の『枕草子』が書かれた[6]。この跋文には「この草子、目に見え心に思ふことを人やは見んとすると思ひてつれづれなる里居のほどに書き集めたる」とあり、この姿勢は先に見た随筆の内容的特徴と合致している。また収められた話題も、類聚的章段、日記的章段、随想的章段といった幅広い内容を持っており、これは随筆の典型を成す作品と見てよいだろう。その他、都良香の山水記『富士山記』や、菅原道真の『書斎記』などが随筆的内容を持つ作品とされている。

2.2.2. 中世

中世初期には、鴨長明が三大随筆の一つである『方丈記』(1012)を書いたが、この書名は慶滋保胤の『池亭記』にならったものである。「記」とは、中国文学に見られる形式で、叙事を主としてこれに自己の思想を交え筋道立てた展開を持つ西洋のエッセイに近い性質のテクストを示す。またこの作品は和漢混交文体で明確な文章構成を持っている点で、他の古典随筆とは若干異なった特色を持つ作品であると言える。

これに続く吉田兼好の『徒然草』(1330年頃)は、最古の写本を残した正徹がその著書『正徹物語』の中で「つれづれ草は枕草子をつぎて書きたす也」と述べたように、『枕草子』に触発された作品とされる。また「つれづれなるままにひぐらし、硯にむかひて心にうつりゆくよしなしごとをそこはかとなく書きつくればあやしうこそものぐるほしけれ」という序段の内容は、心

第 5 章 随筆のジャンル特性　197

に浮かんだ内容をくつろいだ気分で書く随筆文学の特徴ともいえる姿勢が提示されている。更にその内容は、処世訓ないし人生批評、趣味・教養、無常論、発心・遁世へのすすめ、説話、考証、回想談、情景の素描など極めて多岐に渡り、やはり随筆的な要素を充分に備えた作品だと言える。

　この他、随筆とは規定されないが、そのジャンル的内容を持つ作品も多く書かれ、随筆に含まれる作品の幅が大きく広がったのもこの時期である。例えば、この時代に盛んになった仏教信仰に応じて書かれた親鸞の『歎異抄』や道元の『正法眼蔵』などの法語、鴨長明の『発心集』のような説話などが挙げられる。また、日記『たまきはる』や紀行文『海道記』など、叙述内容は多種多様だが、いずれも書き手の思想が読みとられる文体を持った、随筆とみなし得る作品は多い。

2.2.3. 近世
近世に入ると随筆作品の数は激増し、それに伴ってその内容も更に広がりを見せたが[7]、その代表的な作品例としては、室鳩巣『駿台雑話』や松平定信『花月草紙』など、多くが平仮名漢文混合体であり、枕草子や徒然草の影響を受けた作品であった。ここで、吉田（1990）が規定する「近世の随筆のジャンル」を紹介したい。（（　）内は具体的な作品例である。）

1．擬古典様式のもの（『尤之双紙』（斎藤徳元）『可笑記』（如儡子））
2．教訓的なもの（『鑑草』（中江藤樹）『知恵鑑』（橘軒山人））
3．自伝的なもの（『いはでもの記』（滝沢馬琴）『折たく柴の記』（新井白石））
4．思想的な内容のもの（『花月草紙』（松平定信）『独語』（太宰春台））
5．考証的なもの（『骨董集』（山東京伝）『用捨箱』（柳亭種彦））
6．芸道に関するもの（『難波土産』（穂積以貫）『役者論語』（八文字屋自笑））
7．文芸論的なもの（俳諧、歌論など）
8．日記的なもの（『おらが春』（小林一茶））

9．紀行類(『奥の細道』(松尾芭蕉))
  10．見聞雑記の類(『窓のすさみ』(松崎堯臣))
  11．諧謔滑稽を主としたもの(『うづら衣』(横井也有))

　この分類においては、中世までの随筆では見られなかった「芸道」や「諧謔滑稽」をテーマとする随筆の登場が注目されるが、これは近世文学の全般的な特徴の一つである「読者」の位置づけと大きく関係するものと考えられる。この時代は、文学を享受する受け手のすそ野が広がり、一般民衆が楽しむ対象としてのジャンルが必要となった。この時代に入り、随筆は、書き手が楽しんで執筆することに加え、読み手が楽しめるという性質の重要性に答えながら発達するジャンルに変化したと言える。そのため、書き手も読み手のそういった期待を充分意識しながらテクストを作成することになり、「書く」「読む」という相互の言語活動が「楽しむ」という共通要素によって緊密化したものと言えよう。そして、ここで成立した随筆のジャンル特性こそが、現代の日本語テクストにおける「随筆」に大きく影響しているのである。

2.2.4. 近代
(1) 明治期
　芥川龍之介は在来の随筆を分けて、「感慨を述べたもの、異聞を録したもの、考証を試みたもの、芸術的小品」の4種類としたとされている。「芸術的小品」を含めている点は、古典文学から近代文学への過渡期に活躍した作家ならではの指摘だと言えよう。これは、『日本近代文学大辞典』において随筆に含まれるとされる「漫筆、漫録、漫記、閑話、茶話、鶏肋等」などに見られるように、「肩の凝らない自由な展開」を持ち、「読者の鑑賞に値する」といった文体的特徴に着目した分類規定であるといえる。以下では、時代の流れに沿って明治期における随筆の代表的なものを追っていきたい。
　明治初期においては、日本の古典随筆の伝統的な自照性を重んじた内容と並んで、啓蒙家や新聞記者等の知識人の手によって、社会に高い関心が向け

られた作品が書かれた。例えば、西周は明治初年頃の自分の未完成稿に暫定的に「随筆」と名付けた作品群を残している。これらの作品群は雅文体で書かれた歴史文学に近いことから、一般的な随筆テクストとして完成されたものとは言えないのだが、当時既に随筆というジャンルが広く知られていたことを裏付ける事実である。その他の作品には、成島柳北の『柳橋新誌』(1874)や福沢諭吉『福翁百話』(1887)などがある。

　明治20年を過ぎると、文学史上の古典復古の風潮の高まりに伴って擬古文体で表現された随筆が書かれた。これらは主に北村透谷ら「文学界」のメンバーなどを中心とした、自然や人生をテーマとした文章である。

　明治30年代に入ると、ホトトギス派の正岡子規による『墨汁一滴』(1901)や『病床六尺』(1902)といった写生的随筆、また、漱石の弟子である寺田寅彦などの随筆も見られる。更に、徳富蘆花『自然と人生』(1990)に代表される小説家の随筆が登場した他、「随想」という書名がつけられたものとして、新渡戸稲造『随想録』(1907)が出版された。

(2) 大正期

明治末期から大正にかけては、小説家によって多くの随筆が書かれた。島崎藤村『千曲川のスケッチ』(1912)や、夏目漱石『永日小品』(1910)『硝子戸の中』(1915)、武者小路実篤『筆のむくまま』(1924)などである。1923年1月に菊池寛によって創刊された『文藝春秋』の巻頭には、芥川龍之介の「侏儒の言葉」が掲載された。これは「巻頭随筆」として現在まで受け継がれているが、随筆というジャンルの定着に大きく貢献した。同年11月には雑誌『随筆』が、またやや後れて東京朝日新聞経済部編『経済随想』(1927昭和2)が刊行された。

　大正から昭和にかけて活躍した新感覚派の横光利一は、弟子にむけて「せっかく小説になるものを随筆にしてしまっては損である。小説家たるものの随筆なんか書いてはいけない。書くなら小説のあまりかすで書け。」という戒めを残したと言われているものの、こうした小説家による随筆執筆の多さから、大正後期には、こうした小説第一主義から脱却し、随筆というジャ

ンルが社会的評価を獲得して見直され始めたと推測される。随筆は、「雑文」でも「軽視すべき」ジャンルでもないと認識されるに至ったと言ってよいだろう。

(3) 昭和期

吉田(1990: 134–135)は、「昭和時代は随筆時代」とし、その最大の理由を「広い意味の文芸的興味が社会にひろがったためもあるが、ジャアナリズムが盛んになり、活字が自由になった結果として、専門の文士以外の社会人の執筆の機会が多くなったこと、そしてまた社会機構の複雑さが増したため、社会的常識が要求され、各方面の人々の感覚、知識、経験がもとめられていること、マス・コミュニケーションが比較的手軽に、わかりやすい文章を要求すること、など、要するに現代という社会の要求が必然的にそうさせたといわざるを得ない。」としている。この時期は、昭和9年(1934)に改造社『日本文学講座　随筆日記編』が、昭和26年(1951)に至文堂『日本文学教養講座　随筆・日記・評論』(斎藤清衛・成瀬正勝著)が出版され、全集的性格を持つ講座の中に「随筆」というジャンルが認められている。内田百閒『百鬼園随筆』(1933)や森田たま『もめん随筆』(1936)といった「随筆」と冠した作品も多く出された他、大草　実編『読書随筆』(1938)のように、萩原朔太郎や正宗白鳥、長谷川如是閑などの作家の文章を集めたものも出版され、随筆は確固とした地位を築いていった。更に、ジイド『詩作と随想』(1933)やパスカル『パスカル随想録』(1934)、モンテーニュ『随想録』(1935)などが翻訳され、海外の随筆も読まれるようになった。

戦後、随筆は、文学者に加えて各界の人々によっても書かれるジャンルとなり、その内容はいよいよ広がりを見せた[8]。また読者は、作品の内容を楽しむと共に筆者自身に対する興味の高まりを見せるようになった。これは、多様な書き手が登場するようになったこの時期以降の大きな特徴だと言えよう。つまり、書き手の多様化に従って、読み手は書き手自身への興味を出発点として随筆というテクストに触れる傾向が強くなったのである。そして今日、随筆は、筆者に関する新しい情報や筆者が初めて明かすような極めて個

人的な体験、独特の批評等を手軽に享受できるジャンルという性格を持つようになってきている。

3. エッセイについて

3.1. 西洋におけるエッセイ

3.1.1. 西洋におけるエッセイの歴史

エッセイとは、もともと西洋において書き始められたジャンルであり、その歴史は16世紀にフランスで書かれたモンテーニュの『随想録（エッセEssais）』(1580) に始まる。エッセとは「試し」という意味であり、その前書きには「これは親しい身内の者たちにあてた個人的な書き物である」といった叙述が見られる。当時フランス語の論文では厳密な構成が不可欠であったが、この作品はあくまでも「試論」であるため整った構成は持たず、自分の考えを自由に綴る文章だとして世に出されたのである。そして17世紀に入ると、パスカル『パンセ (Pensées)』やラ・ロシュフーコ『マキシムモラル (Maxim morale)』といったフランスのモラリスト文学にエッセイの形態がとられるようになった。この形態はイギリスに渡り、フランシス・ベーコンの『エッセイズ (Essays)』(1600年頃) やチャールズ・ラムの『エリア随筆 (Essays of Elia)』(1823) などに受け継がれる。17世紀後半には、ジャーナリズムの発達とともにその題材内容も変貌し、これが我が国の大正後期の随筆の盛況につながっていくのである。

　この後、西欧でのエッセイは、科学や芸術、宗教に対する批評から、哲学的論考、自伝、小説に近い言説までの広い領域を網羅するジャンルを形成していくが、一般的には「知」や「真」の追求といった読者の知的欲求を満たすに足るテクストと見られているようである。

3.1.2. 西洋におけるエッセイのジャンル的位置づけ

ここでは、もう少し詳しく英語の領域における Essay について述べておきたい。まず、一般的な定義の例を挙げておく。

[Essay] (in composition) a longer piece of writing, particularly one that is written by a student as part of a course of study or by a writer writing for publication which expresses the writer's viewpoint on a topic. Essays are often organized according to a number of recognizable rhetorical forms and usually contain the following sections:
1　the **introduction**: this presents the topic and contains the THESIS STATEMENT
2　the **body**: this is a series of paragraphs each with a TOPIC SENTENCE. The paragraphs in the
　body of the essay develop and support the thesis statement.
3　the **conclusion**: this summaries what has been said and often presents a solution or makes a　prediction.

(Richards. & Platt. & Platt. 1997: 128-129)

いわゆる学生の書く paper としてのエッセイがまず挙げられ、次に出版を前提とした何らかのテーマに対する視点や考察を示す作家によるエッセイが挙げられ、いずれも明確な三部立ての構成を持つとされている。また、後者の「作家の視点を表すエッセイ」には、いくつかのタイプを認めることができる。例えば、グロード＆ルエット (2003) が紹介している Just (1960) の分類では、エッセイ自体の下位分類として次の6種類を挙げている。

1　観念的なエッセイ
2　文化批判のエッセイ
3　文学批評のエッセイ
4　伝記的なエッセイ
5　ある対象（町や景色の叙述）にあてられたエッセイ
6　アイロニカルなエッセイ

以上の指摘から西洋の「エッセイ」と日本の「随筆」と比較すると、明確

な構成を持つか否かという面で両者は大きく異なるが、多様な内容が認められる点では共通の性格を持つジャンルと見なすことができるだろう。

さてここで、主にフランスやドイツのテクスト分析をふまえたエッセイに関する論考であるグロード＆ルエット（2003）を見ておきたい。この研究ではエッセイのジャンル的特性に関して、「優れて分類不可能なテクスト」であり、「主観的なものと客観的なものの『あいだ』に位置」し、「論証的な目的を備えたフィクションではない散文」であると規定する。そしてエッセイという概念の本質的な点は、「文学（その芸術的な目標が意図的であるような言語による生産物）の領域には属していない」、つまり「いかなる文学的なコードも不在であり、詩的機能の優位によって特徴づけられてはいない」点にあるとして文学テクストとの違いを明示する。更にエッセイの目的とは、「心理への参照作用と読者を説得しようとする配慮とによって二重に特徴づけられている言説の中で任意の題材に関する省察を提出すること」だと考えている。エッセイが含むジャンルについては、「診断としてのエッセイ」と「論争（討論・反省）としてのエッセイ」を認め、両者は以下のような関係を持つものとされている。

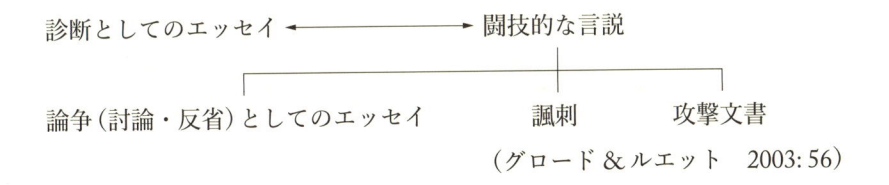

診断としてのエッセイ　←――――→　闘技的な言説

論争（討論・反省）としてのエッセイ　　　諷刺　　　攻撃文書
（グロード＆ルエット　2003: 56）

ここでは、エッセイというジャンルが「闘技的な言説」やその下位分類の「諷刺・攻撃文書」と相関をもって規定されている。ジャンルの内部に「事実確認」や「批判」といった傾向を認めることでそれを閉じた構造とは捉えず、それ自身を他のテキストとの関係の上で成立するものと位置づけている点が興味深い。

最後に、欧文以外の外国文学における随筆にあたるジャンルについてごく簡単にふれておきたい。中国の文章には『朱自清散文』などで知られる「散

文」というジャンルがあるが、これはエッセイに近い性質を持つと考えられる。この散文には人物散文や風景散文などがあり、旅行での思い出や生活の中での瑣事などのテーマについて書き手が自分の考えを自由に書き上げ、読み手に深い印象を与える文章とされる。他に「随筆(suibi)」というジャンルもあり、『魯人随筆』や前述の白居易の「送令相会赴太原」などが有名である。

また韓国には、スピル(supil)という自分の心の中をみつめるような作品群があり、これは、作家の考えや感想を形式に縛されずに、自由に書くジャンルとされている。

3.2. 日本におけるエッセイ

近年、我が国でもエッセイが盛んに書かれるようになってきた。昭和10年に日本ペンクラブが設立されたが、PENとは"Poet", "Play-write", "Editor", "Essayist", "Novelist"を指しているといった事実からも、「エッセイ」というジャンルが既に日本文学に一定の地位を確立していると見てよいだろう。木村(1995)は、エッセイとはそこに書かれた「個人的体験、個人的思惑」が「普遍性を持つ意見や主張に昇華されていく」ジャンルだとして、「個人」という人間がその中心に置かれることを強調している。しかしその種類は「花鳥風月的エッセイ、生活エッセイ、思い出の話(自分史)、紀行文、読書感想文、俳文、政治や経済や社会問題についての意見、学術論文に近いもの、ノンフィクション」などがあるとしており、この点では随筆と共通している。

またエッセイと他ジャンルとの相違点については、特に定められた構成がなく、抽象的な論証、結論や要約を用いない点で論文とは異なり、書き手自身の個人的な見解が直接的に出ている点で評論とも異なる。更に、エッセイは創作ではない点で小説とは違うが、単なるノンフィクションともいえないとしている[9]。

ところで、エッセイと深く関わる作品群に「アフォリズム」がある。これは、人生や社会についての鋭い批判や洞察を行う風刺的な作品で、皮肉やユーモアを豊富に用いる簡潔な文章である。

萩原朔太郎はその著「アフォリズムに就いて」で、アフォリズムの和訳である「金言、格言、警句、箴言」は、あまりにも理知的で人間味がなく、文学としての内容を指示していないと述べた上で、エッセイや随筆とアフォリズムの関係を述べている。その一部を以下に引用したい。

> アフォリズムは、詩や小説と同じく純粹の文学表現（理知からの思索ではなく、生活体験からの直覚的表現）に属する文学なのである。つまり早くいえば、アフォリズムはエツセイの一種なのである。エツセイのいつそう簡潔に縮小され、より芸術的、詩文的にエキスされた文学で、いわば珠玉エツセイとも呼ぶべきものなのである。…内田百閒氏の随筆は定評のある名文であるが本質的にはやはり「随筆」に属するもので、西洋流の意味のエツセイやアフォリズムではない。…日本人の書く随筆といふものは、どうしても『枕草子』や『徒然草』の傳統であり、花鳥風月の趣味性を中心主題とするやうである。この趣味性の代りに哲学観を入れ代へたものが即ち西洋流のエツセイであり、さらにそのエツセイを寸鐵的に緊縮したものがアフォリズムである。

これに加えて朔太郎は、「随筆」として書かれた作品である芥川龍之介の「侏儒の言葉」をとりあげ、「風刺のきいた短い言葉でおのが思想や批評を展開するやりかたをアフォリズムというが、これ（侏儒の言葉）また一種のエッセイとみなされる…」と述べている。朔太郎は随筆の特徴に「趣味性」を、エッセイの特徴に「哲学観」を挙げることで、両者の違いを明確に指摘しているのである。

4. 「随筆」の特異性―エッセイと随筆との違い―

最後に、エッセイとの違いに触れながら、現代の日本語における随筆のジャンル特性を考えていきたい。この両者については、まず以下に示すように、ほとんど同じジャンルと見る考え方がある。

近代の随筆にも「枕草子」「徒然草」を源流とする自然、人生の観照の伝統が強いが、欧米のエッセイの影響、刺激で知性・思索性を加え、ジャーナリズムの発達を併せて多彩となった。そして今日エッセイは我が国の随筆とほとんど同意となっている。　　　　　（日本近代文学大辞典）

　これに対して、エッセイは我が国の随筆とは異なる、あくまでも別のジャンルだと考える見方もある。例えば平井（1984）では、随筆とエッセイの違いとして、随筆は「日本古来」のもので、「趣味や風流を論じたり、仏教的人生観を述べたりする」一方、エッセイは「西欧風な文化の伝統を反映して、論理や倫理の裏付けが厳しく、核心につっこんだ軽い小評論」としている。前述のように萩原朔太郎も、日本の随筆は「花鳥風月の自然を描いたり、あるいは日常生活の身辺雑記などを茶話のような低い調子で書く」ものであるのに対し、西洋のエッセイは「必ず本質になにかの哲学的、思想的の根拠があり、かつ書くことも人間生活の文化命題に広く渡っている」としている。
　本章では、随筆に関して、その歴史的な流れや先行研究などを見てきたが、そこから両者は共通性を持ちながらも各々が独立したジャンルであるということが明らかになったと思う。以下にその根拠、並びに随筆が持つ特徴をまとめておきたい。
　まず初めに、両者が各々他方の影響を受けることなく成立したという経緯が挙げられる。随筆は、漢文学等の影響は多少あったにせよ、基本的には日本語の文章の中で独自に発生したジャンルである。第二に、欧文研究で指摘されていたように、エッセイは、発生当時には形式の不在や個人的な書き物という側面を持っていたが、今日ではExpositoryの一種に位置づけられたり、その構造がある程度規定されていたりする点、更には表層的には規則的な体系を持ち得ていないような形式の裏に複雑な論理を内包する可能性を持っている点等において随筆とは異なることが挙げられる。また三点めとしては、随筆はエッセイと同様に広い内容の種類が認められるが、その文章内容には、書き手が読み手の興味を考慮した上でテーマを選択し、それに関し

て情報提供を行おうとする意図が存在していることが挙げられる。エッセイも極めて個人的なテクストではあるが、書き手の自由な主張を行う傾向が極めて強い。また、読み手を説得したり教育したりするといった志向までは持っていないが、ベースには論理的な思考や人生に向かう姿勢などの大きなテーマをめぐる思索的な「書き手の個」が強く意識されている。読者はエッセイの「自伝」的な要素を持つ叙述の中に存在する書き手の豊かな経験や知識から、自身が生きていく上でのヒントを学び取ろうと作品に期待しているものと考えられる。一方随筆は、書き手の個性が重視されながらも、読み手の特性や欲求に配慮した内容や文体が形成される。その内容においては、自分の考えを明確に提示するのではなく、むしろそういったことは読み手に嫌がられない程度に抑えた調子で叙述されるのが普通である。

　随筆は、一方では書き手の個性を生かし、また一方では読み手が魅力にあふれた味わい深い文章を楽しむといった、日本文学の歴史の中で育まれてきた独特のジャンルであり、エッセイは、筆者の何らかの主張を読者に理解させることを目的とするジャンルなのである。これは、伝統的な随筆とは自然や人生観照を描くものだが、西洋のエッセイの影響によって変化した日本的なエッセイについて「知性と思索性のある新しい随筆」（井上1988）だとするような考え方に端的に表れていると言えよう。

　この日本語に特有のジャンルとして成立した随筆を分析対象とすることで、他の言語には見られない日本語テクスト独自の性格などが明らかになるのではないかと考えられる。

注

1　五十嵐(1909)では、記実文(Description)、叙事文(Narration)、説明文(Exposition)、論議文(Argumentation、Persuasion)といった分類が見られる。

2　こういった立場では、例えば、天気予報という"Genre"の中にテレビにおけるものや新聞におけるものといった"Register"を認めることができるいった規定が行われる。

3　よってMartinは「職場の会議のジャンル」といった社会における言語活動から規

定した談話（Discourse）のジャンルをも認めている。
4 例えばコンピューターメディアの中で行われるコミュニケーションのジャンルには、"the computer manual and help line." "e-mail communications." "information on the Internet textbooks." "research article."（Bloor 1998）などが挙げられている。但し、ここに挙げられたジャンルは、一般の textbook や essays, reports とは異なるとされている。
5 その他、随筆に関連する事項については、以下のように説明されている。
　［漫筆］筆のまにまに書き付けること。そぞろがき。漫録。随筆。
　［漫録］そぞろがき。又、漫筆の文章を集め載せたもの。漫筆。
　［記］　文章の一体。又、記事・志・述ともいふ。事実をありのままに直陳するもの。叙事を主とし、議論を交へるものを変体とする。
6 『枕草子』は、近世の研究者である伴蒿蹊がこれを随筆と規定しているのを初めとして、我が国最初の随筆作品として広く認められている。
7 秋山他（1986）では、随筆に含まれる内容の種類として、「考証、世相、風俗、回想、政治、議論、随想、雑著」などを挙げているが、近世に書かれた作品ではこれらがほぼ網羅される。
8 例えば、現在の『文藝春秋』の巻頭随筆においても、大学教授や俳優、医師、ピアニストなど文筆業ではない書き手が大部分を占め、文壇以外で活躍する人々の随筆が多く掲載されている。
9 因みに英文学では、トルーマン・カポーティによるノンフィクション小説や、トム・ウルフのニュー・ジャーナリズム運動に見られる「実話に基づくフィクション」というジャンルが存在している。ロッジ（1997）では、トム・ウルフの指摘として、「要約よりも場面描写を通じての語り」、「非人称的な視点よりも特定の関与者の視点からの場面の提示」などといった小説から借用した効果的な表現技法を紹介しているが、これらはエッセイにも共通する表現の特徴ではないかと考えられる。

参考文献

秋山高志他著　朝倉治彦監修（1986）『日本随筆辞典』東京書籍
五十嵐力（1909）『新文章講話』早大出版部
市川　孝（1978）『国語教育のための文章論概説』教育出版
井上俊夫（1988）『エッセー・随筆の本格的な書き方』大阪書籍
木村治美（1995）『エッセイを書くたしなみ』文芸春秋

グロード, P. & ルエット, J.F. 著　下澤和義訳 (2003)『エッセイとは何か』法政大学出版局
阪倉篤義 (1963)「文章の機能と目的」『講座現代語第5巻　文章と文体』1-18　明治書院
柴田宵曲他著 (1979)『随筆辞典』東京堂出版
トドロフ, T. 著　小林文生訳 (2002)『言説の諸ジャンル』法政大学出版会
西周 (1967)『明治文学全集3　明治啓蒙思想集』筑摩書房
日本近代文学館編 (1977)『日本近代文学大辞典』講談社
日本古典文学大辞典編集委員会編 (1998)『日本古典文学大辞典』明治書院
萩原朔太郎 (1936)「アフォリズムに就いて」『セルパン』昭和11年6月号
萩原朔太郎 (1976)『萩原朔太郎全集』筑摩書房
波多野完治 (1958)『ことばと文章の心理学』新潮社
平井昌夫 (1970)『文章表現法』至文堂
平井昌夫 (1984)『何でも分かる文章の百科事典』三省堂
平澤洋一 (1992)「文章の目的と種類」『日本語学』11 (4)　49-55
諸橋轍次 (1959)『大漢和辞典』大修館書店
山本夏彦 (2003)『日常茶飯事』　新潮文庫
吉田精一 (1990)『随筆とは何か』創拓社
ロッジ, D. 著　柴田元幸・斎藤兆史訳 (1997)『小説の技巧』　白水社
Bloor, T. (1998) 'Conditional expressions: Meaning and realization in two genres.' In Sachez-Macarro, A. & Carter, R. (eds), *Linguistic choices across genres: variation in spoken and written English*. John Benjamins.
van Dijk, T. A. (1997) *Discourse as Structure and Process*. SAGE Publications.
Eggins, S. & Martin, J. R. (1997) "Genre and Register of Discourse." In van Dijk, T. A. *Discourse as Structure and Process*. SAGE Publications.
Georgaupoulou, A. & Goutsos, D. (1997) *Discourse Analysis*. Edinburgh
Halliday, M.A.K. (1978) *Language as Social Semiotic*. Arnold
Just, K.G. (1960) "essay." in Stammler.W. (ed.), *Deutshe Philologie im Aufriss, Berlin, Erich Schmidt Verlag*, T.2, pp1897-1948
Kinneavy, J.L. (1971) *A Theory of Discourse*. Printice Hall
Longacre, R. E. (1976) *An Anatomy of Speech Notions*. Peter de Ridder.
Martin, J. R. (1992) *English Text.—System and Structure*. John Benjamins
McCarthy, M. & Carter,R. (eds.) (1994) *Language as Discourse: perspectives for language teaching*. Longman
Richards, J.C., Plat, J. & Platt, H. (1997) *Longman Dictionary of Language Teaching and Applied*

Linguistics. New Edition. Longman

Sanchex-Macarro, A. & Carter, R. (eds) (1998) *Linguistic Choice across Genres. Variation in Spoken and Written English.* John Benjamins

Schifrrin, D., et.al (eds) (2001) *The Handbook of Discourse Analysis.* Blackwell

Wales, K. (2001) *A Dictionary of Stylistics. 2nd ed.* Longman

随筆500編題名一覧

月刊誌「文藝春秋」巻頭随筆の1999年4月号から2003年8月号までの500編の題名を筆者名とともに示す。詳しくは「序章」を参照のこと。なお、月を示す数字の後の「1」「2」などの枝番号は、その号の中の順序を示す。

通し篇番号	年・月	巻・号	題名	筆者	読み仮名
1	99.04-1	77-04	情報公開の盲点	野田一夫	のだかずお
2	99.04-2	77-04	ミレニアム	髙樹のぶ子	たかぎのぶこ
3	99.04-3	77-04	記憶	清家 清	せいけきよし
4	99.04-4	77-04	機械〈マシン〉とわたし	宮部みゆき	みやべみゆき
5	99.04-5	77-04	ロボカップの夢	北野宏明	きたのひろあき
6	99.04-6	77-04	蒙昧な国	大高美貴	おおたかみき
7	99.04-7	77-04	デ・キリコの風景	木島俊介	きじましゅんすけ
8	99.04-8	77-04	消えた太陽	バーバラ寺岡	ばーばらてらおか
9	99.04-9	77-04	「スラヴィク先生」	齋藤茂太	さいとうしげた
10	99.04-10	77-04	春の匂い	吉本隆明	よしもとたかあき
11	99.05-1	77-05	衰退を逃れる道	江崎玲於奈	えさきれおな
12	99.05-2	77-05	金八先生だった私	川上亮一	かわかみりょういち
13	99.05-3	77-05	宮廷楽団への困惑	山下洋輔	やましたようすけ
14	99.05-4	77-05	未来の人間関係	伊藤洋一	いとうよういち
15	99.05-5	77-05	旅をするように	利重 剛	りじゅうごう
16	99.05-6	77-05	ディマジオがくれたもの	廣淵升彦	ひろぶちますひこ

通し篇番号	年・月	巻・号	題名	筆者	読み仮名
17	99.05-7	77-05	西洋音楽コンプレックス	藍川由美	あいかわゆみ
18	99.05-8	77-05	しわだらけの手拭い	鷲田清一	わしだきよかず
19	99.05-9	77-05	蔵が消えた	新藤兼人	しんどうかねと
20	99.05-10	77-05	心臓物語西と東	山折哲雄	やまおりてつお
21	99.06-1	77-06	コソボへの旅の記憶	辻　邦生	つじくにお
22	99.06-2	77-06	心の目	石坂まさを	いしざかまさお
23	99.06-3	77-06	人のペンを磨く	金子郁容	かねこいくよう
24	99.06-4	77-06	無駄遣いという道楽	なぎら健壱	なぎらけんいち
25	99.06-5	77-06	声が出ない！	夏坂　健	なつさかけん
26	99.06-6	77-06	なにを食べても…	早坂　暁	はやさかあきら
27	99.06-7	77-06	カウラの桜並木	山崎敏夫	やまざきとしお
28	99.06-9	77-06	瀬戸川猛資さんとの訣れ	川本三郎	かわもとさぶろう
29	99.06-10	77-06	雅楽のこと	平岩弓枝	ひらいわゆみえ
30	99.07-1	77-07	詩人の後姿	辻井　喬	つじいたかし
31	99.07-2	77-07	翼をありがとう	辻野臣保	つじのとみお
32	99.07-3	77-07	躍動する椅子	今福龍太	いまふくりゅうた
33	99.07-4	77-07	ワタシをご存知？	小林聡美	こばやしさとみ
34	99.07-5	77-07	柞〈ははそ〉の森	畠山重篤	はたけやましげあつ
35	99.07-6	77-07	アンコール遺跡修復	中川　武	なかがわたけし
36	99.07-7	77-07	一期一会の録音	青柳いづみこ	あおやぎいづみこ
37	99.07-8	77-07	東大生との遭遇	蒲島郁夫	かばしまいくお
38	99.07-9	77-07	山にまつわる想い	橋本龍太郎	はしもとりゅうたろう

通し篇番号	年・月	巻・号	題　名	筆　者	読み仮名
39	99.07-10	77-07	音声入力	水上　勉	みずかみつとむ
40	99.08-1	77-08	ビジョンとやら	船橋洋一	ふなばしよういち
41	99.08-2	77-08	ビアズレーについて少々	平野啓一郎	ひらのけいいちろう
42	99.08-3	77-08	ソルジェニーツィンのやわらかい手	中村喜和	なかむらよしかず
43	99.08-4	77-08	魔法のバレエ	佐々木忠次	ささきただつぐ
44	99.08-5	77-08	他人の目	雨宮塔子	あめみやとうこ
45	99.08-6	77-08	イヌイットになった私	佐紀子ダオワナ	さきこだおわな
46	99.08-7	77-08	コドモの学級会	斎藤貴男	さいとうたかお
47	99.08-8	77-08	電話をめぐる思い出	篠田正浩	しのだまさひろ
48	99.08-9	77-08	ジャカランダの花	塚本哲也	つかもとてつや
49	99.08-10	77-08	大旅行時代	木村尚三郎	きむらしょうさぶろう
50	99.09-1	77-09	ヒューマン・バイブル	小川国夫	おがわくにお
51	99.09-2	77-09	惜しい、の一言	四方田犬彦	よもたいぬひこ
52	99.09-3	77-09	老犬マフラー	米倉斉加年	よねくらまさかね
53	99.09-4	77-09	叱責の声	小倉寛子	おぐらひろこ
54	99.09-5	77-09	自分の土俵	丸山茂雄	まるやましげお
55	99.09-6	77-09	白夜のペテルブルク	池田理代子	いけだりよこ
56	99.09-7	77-09	ベランダー生活	いとうせいこう	いとうせいこう
57	99.09-8	77-09	山本五十六の手紙	望月良夫	もちづきよしお
58	99.09-9	77-09	電子ペット供養	立川昭二	たつかわしょうじ
59	99.09-10	77-09	人生の長さについて	本間長世	ほんまながよ
60	99.10-1	77-10	宇宙葬	谷川健一	たにがわけんいち

通し篇番号	年・月	巻・号	題名	筆者	読み仮名
61	99.10-2	77-10	H・ノーマンの映画を作る	中谷義雄	なかたによしお
62	99.10-3	77-10	ネット人格	坂村　健	さかむらけん
63	99.10-4	77-10	私の喪失感	車谷長吉	くるまたにちょうきつ
64	99.10-5	77-10	地方発の国際交流	成田　豊	なりたゆたか
65	99.10-7	77-10	インターネットの功罪	逢坂　剛	おうさかごう
66	99.10-8	77-10	五十年ぶりのレガッタ	半藤一利	はんどうかずとし
67	99.10-9	77-10	円仁〈えんにん〉随想	有馬朗人	ありまあきと
68	99.10-10	77-10	煙草をすう男	河合隼雄	かわいはやお
69	99.11-1	77-11	バステリカの幻の栗の樹	奥本大三郎	おくもとだいさぶろう
70	99.11-2	77-11	警察社会の宿命	久保博司	くぼひろし
71	99.11-3	77-11	権威と権力	山本博文	やまもとひろふみ
72	99.11-4	77-11	愛国者・汪兆銘	上坂冬子	かみさかふゆこ
73	99.11-5	77-11	コーカサス公の白い果汁飲料	堀江敏幸	ほりえとしゆき
74	99.11-6	77-11	江藤先生の葬礼	福田和也	ふくだかずや
75	99.11-7	77-11	趣味としての碁	河合秀和	かわいひでかず
76	99.11-9	77-11	新しい家政学	阿部謹也	あべきんや
77	99.11-10	77-11	忘れられた長江文明	梅原　猛	うめはらたけし
78	99.12-1	77-12	現代の百工比照	永　六輔	えいろくすけ
79	99.12-2	77-12	新聞の見出し	森本哲郎	もりもとてつろう
80	99.12-3	77-12	"女優"と呼ばれること	一路真輝	いちろまき
81	99.12-4	77-12	携帯電話の正しい用途	佐々木　譲	ささきじょう
82	99.12-5	77-12	臨界事故とおまじない	長山靖生	ながやまやすお

通し篇番号	年・月	巻・号	題　名	筆　者	読み仮名
83	99.12-6	77-12	武士道、西郷、島倉千代子	田勢康弘	たせやすひろ
84	99.12-7	77-12	シェアウェア作家という職業	斉藤秀夫	さいとうひでお
85	99.12-8	77-12	ナポリの底力	陣内秀信	じんないひでのぶ
86	99.12-9	77-12	歌の話	榊　莫山	さかきばくざん
87	99.12-10	77-12	無常とカメラ	山崎正和	やまざきまさかず
88	00.01-1	78-01	心の変遷	日高敏隆	ひだかとしたか
89	00.01-2	78-01	密かな夢	大島　渚	おおしまなぎさ
90	00.01-3	78-01	エリス島にて	森山大道	もりやまひろみち
91	00.01-4	78-01	河東節を習う	なかにし礼	なかにしれい
92	00.01-5	78-01	象徴天皇の『道』を読む	高橋　紘	たかはしひろし
93	00.01-6	78-01	七年のパリと十日のパリ	川原亜矢子	かわはらあやこ
94	00.01-7	78-01	めぐりあわせ	山川静夫	やまかわしずお
95	00.01-8	78-01	素顔の江藤さん	河竹登志夫	かわたけとしお
96	00.01-9	78-01	アボリジニの魚	水木しげる	みずきしげる
97	00.01-10	78-01	結婚披露宴	吉村　昭	よしむらあきら
98	00.02-1	78-02	図鑑好き	池内　紀	いけうちおさむ
99	00.02-2	78-02	プラハでの喝采	佐藤しのぶ	さとうしのぶ
100	00.02-3	78-02	驕るな経済	藤原　正彦	ふじわらまさひこ
101	00.02-4	78-02	初あかり	松　たか子	まつたかこ
102	00.02-5	78-02	パワーズさんの最期	岡本嗣郎	おかもとしろう
103	00.02-6	78-02	五十七年目のガダルカナル	中田整一	なかたせいいち
104	00.02-7	78-02	イチローの選択	山口文憲	やまぐちふみのり

通し篇番号	年・月	巻・号	題名	筆者	読み仮名
105	00.02-8	78-02	ウボイにまつわる物語	宮原 明	みやはらあきら
106	00.02-9	78-02	東北学、はじまりの風景	赤坂憲雄	あかさかのりお
107	00.02-10	78-02	イギリスの"ぜいたく"	宮脇俊三	みやわきしゅんぞう
108	00.03-1	78-03	音楽有愁	遠山一行	とおやまかずゆき
109	00.03-2	78-03	一発勝負	小沢昭一	おざわしょういち
110	00.03-3	78-03	言葉と音楽の相思相愛	松本 隆	まつもとたかし
111	00.03-4	78-03	トリノの魔力	多木浩二	たきこうじ
112	00.03-5	78-03	映画と風景	縄田一男	なわたかずお
113	00.03-6	78-03	アイドルになった「モーニング娘。」	つんく	つんく
114	00.03-7	78-03	心底驚いたこと	松浦寿輝	まつうらひさき
115	00.03-8	78-03	私はファミコン	進藤晶子	しんどうまさこ
116	00.03-9	78-03	菜の花忌と寒梅忌	向井 敏	むかいさとし
117	00.03-10	78-03	『ラヴェル礼讃』いまいずこ	清岡卓行	きよおかたかゆき
118	00.04-1	78-04	空白恐怖症	石毛直道	いしげなおみち
119	00.04-2	78-04	パンドラの箱をあけて……	松島トモ子	まつしまともこ
120	00.04-3	78-04	海を渡った漱石の手紙	矢島裕紀彦	やじまゆきひこ
121	00.04-4	78-04	胡弓とヴァイオリン	関 容子	せきようこ
122	00.04-5	78-04	家族の記憶	柏木 博	かしわぎひろし
123	00.04-6	78-04	東さんと日本歌曲	服部公一	はっとりこういち
124	00.04-8	78-04	『一人暮らし』	小嵐九八郎	こあらしくはちろう
125	00.04-9	78-04	ジャングル・スクール	河合雅雄	かわいまさを
126	00.04-10	78-04	西暦二〇〇〇年と日本	加賀乙彦	かがおとひこ

通し篇番号	年・月	巻・号	題　　名	筆　　者	読み仮名
127	00.05-1	78-05	因縁というべきこと	千　宗室	せんそうしつ
128	00.05-2	78-05	顔に流れる川	岸　恵子	きしけいこ
129	00.05-3	78-05	長谷川海太郎の夢の跡	出口裕弘	でぐちゆうこう
130	00.05-4	78-05	三船敏郎と股火鉢	伊藤逸平	いとういっぺい
131	00.05-5	78-05	ロックの真髄	宮本浩次	みやもとひろじ
132	00.05-6	78-05	眠りながら考える	木田　元	きだげん
133	00.05-7	78-05	田原淳の手紙	須磨幸蔵	すまこうぞう
134	00.05-8	78-05	タイガー・ウッズに学べ	大宅映子	おおやえいこ
135	00.05-9	78-05	歴史のかげり	川田順造	かわだじゅんぞう
136	00.05-10	78-05	馬書蒐集始末	木下順二	きのしたじゅんじ
137	00.06-1	78-06	会津の古武士	後藤正治	ごとうまさはる
138	00.06-2	78-06	オペラ演出冥利	実相寺昭雄	じっそうじあきお
139	00.06-3	78-06	ふかい哀しみの街	鈴木博之	すずきひろゆき
140	00.06-4	78-06	以芸伝心	和泉元彌	いずみもとや
141	00.06-5	78-06	南北戦争ごっこ	多田幸雄	ただゆきお
142	00.06-6	78-06	銃とアメリカ	岸田　秀	きしだしゅう
143	00.06-7	78-06	マグロ船に淫す	永井　明	ながいあきら
144	00.06-8	78-06	七十五歳の三島さん	内藤孝敏	ないとうたかとし
145	00.06-9	78-06	森こそ生命〈いのち〉だ	高橋延清	たかはしのぶきよ
146	00.06-10	78-06	「黒人作家」のハイク	佐伯彰一	さえきしょういち
147	00.07-1	78-09	本物のヤモメ	古山高麗雄	ふるやまこまお
148	00.07-2	78-09	チンパンジー・アイの子育て	松沢哲郎	まつざわてつろう

通し篇番号	年・月	巻・号	題　名	筆　者	読み仮名
149	00.07-3	78-09	私にとっての十五歳	小山内美江子	おさないみえこ
150	00.07-4	78-09	漢詩のたのしみ	中野孝次	なかのこうじ
151	00.07-5	78-09	いのちの根元	柳澤桂子	やなぎさわけいこ
152	00.07-6	78-09	英国紳士は大和撫子	カズコ　ホーキ	かずこほーき
153	00.07-7	78-09	マッカーサー道路	松山　巌	まつやまいわお
154	00.07-8	78-09	比叡のキツネ	喜多郎	きたろう
155	00.07-9	78-09	幻惑	串田孫一	くしだまごいち
156	00.07-10	78-09	寂光院エレジー	暉峻康隆	てるおかやすたか
157	00.08-1	78-10	シドニーで考えたこと	浅田次郎	あさだじろう
158	00.08-2	78-10	大学生の私語	竹内　洋	たけうちよう
159	00.08-3	78-10	昭和天皇への招待状	尾崎　護	おざきまもる
160	00.08-4	78-10	iモード開発顛（顛）末記	松永真理	まつながまり
161	00.08-5	78-10	六十三歳のチョモランマ	山本俊雄	やまもととしお
162	00.08-6	78-10	屋根に草花を植える	藤森照信	ふじもりてるのぶ
163	00.08-7	78-10	開いた境界へ	中村桂子	なかむらけいこ
164	00.08-8	78-10	クローデルと「カミの国」	平川祐弘	ひらかわすけひろ
165	00.08-9	78-10	変な木	高田　宏	たかだひろし
166	00.08-10	78-10	圏外の歌の面白さ	大岡　信	おおかまこと
167	00.09-1	78-11	日比谷高校の江藤淳	斎藤　明	さいとうあきら
168	00.09-3	78-11	あたりまえのことで悩む	有吉玉青	ありよしたまお
169	00.09-4	78-11	フランス校二十周年	辻　芳樹	つじよしき
170	00.09-5	78-11	「ドラえもん学」って何！？	横山泰行	よこやまやすゆき

通し篇番号	年・月	巻・号	題　名	筆　者	読み仮名
171	00.09-6	78-11	韓国の有名税	水野俊平	みずのしゅんぺい
172	00.09-7	78-11	絵の文章　音の文章	水谷三公	みずたにみつひろ
173	00.09-8	78-11	社交界と芸術家	海野　弘	うんのひろし
174	00.09-9	78-11	新米編集長の弁	保阪正康	ほさかまさやす
175	00.09-10	78-11	「戦争を語り継ごう！」	西　義之	よしよしゆき
176	00.10-1	78-12	クマは走る	小池真理子	こいけまりこ
177	00.10-2	78-12	人類の使命	西丸震哉	にしまるしんや
178	00.10-3	78-12	『宮本武蔵』をはじめて読む	関川夏央	せきかわなつお
179	00.10-4	78-12	クイーン・マザーの素顔	小林章夫	こばやしあきお
180	00.10-5	78-12	お八つを食べて昼寝をしよう	堀　忠雄	ほりただお
181	00.10-6	78-12	古本屋と新古本産業	小田光雄	おだみつお
182	00.10-7	78-12	新しい明治文学全集	坪内祐三	つぼうちゆうぞう
183	00.10-8	78-12	歳月	桶谷秀昭	おけたにひであき
184	00.10-9	78-12	町っ子と田舎と	加島祥造	かじましょうぞう
185	00.10-10	78-12	三つの戦死者墓地	中村正軌	なかむらまさのり
186	00.11-1	78-14	○秒一七の輝き	松本道介	まつもとみちすけ
187	00.11-2	78-14	ロボカップ2000観戦記	瀬名秀明	せなひであき
188	00.11-3	78-14	私は魔女？	松岡佑子	まつおかゆうこ
189	00.11-4	78-14	若乃花の断髪式	小林照幸	こばやしてるゆき
190	00.11-5	78-14	リクール先生の好奇心	中村雄二郎	なかむらゆうじろう
191	00.11-6	78-14	滝沢敬一さんのこと	八木眞幸	やぎまさき
192	00.11-7	78-14	回転スシ世界一周	玉村豊男	たまむらとよお

通し篇番号	年・月	巻・号	題　名	筆　者	読み仮名
193	00.11-8	78-14	私語と居眠りを許さず	篠沢秀夫	しのざわひでお
194	00.11-9	78-14	陽は輝いて躍り	曾野綾子	そのあやこ
195	00.12-1	78-15	店仕舞	高峰秀子	たかみねひでこ
196	00.12-2	78-15	呼出し長八礼讃	村松友視	むらまつともみ
197	00.12-3	78-15	サミット「晩餐会」余聞	安倍　寧	あべやすし
198	00.12-4	78-15	幸福遺伝子を求めて	澤口俊之	さわぐちとしゆき
199	00.12-5	78-15	一日玄米四合の謎	松本健一	まつもとけんいち
200	00.12-6	78-15	WASPの優雅なバカンス	竹下節子	たけしたせつこ
201	00.12-7	78-15	四センチ球	浅葉克己	あさばかつみ
202	00.12-8	78-15	トイレに絵を描く	松永はつ子	まつながはつこ
203	00.12-9	78-15	「アジア・オープン・フォーラム」の十二年	中嶋嶺雄	なかじまみねお
204	00.12-10	78-15	大宅壮一氏の魅力	植田康夫	うえだやすお
205	01.01-1	79-01	米大統領選の真実	本間長世	ほんまながよ
206	01.01-2	79-01	文化史的事件としての音楽会	山口昌男	やまぐちまさお
207	01.01-3	79-01	大病のあと	山川静夫	やまかわしずお
208	01.01-4	79-01	価値のある情報	村上陽一郎	むらかみよういちろう
209	01.01-6	79-01	知られざる野口雨情	藍川由美	あいかわゆみ
210	01.01-7	79-01	私がNHKを辞めた理由	岸　俊郎	きしとしろう
211	01.01-8	79-01	禁衛府〈きんえいふ〉の鳩通信	黒岩比佐子	くろいわひさこ
212	01.01-9	79-01	嘆くな。怒れ	赤瀬川　隼	あかせがわしゅん
213	01.01-10	79-01	蛇の年に思う	杉本苑子	すぎもとそのこ
214	01.02-1	79-02	モナリザの微笑み	家森幸男	やもりゆきお

通し篇番号	年・月	巻・号	題　　名	筆　者	読み仮名
215	01.02-2	79-02	名将軍を支えたもの	小林和男	こばやしかずお
216	01.02-3	79-02	「アゲイン」	木田　元	きだ　げん
217	01.02-4	79-02	人生の安い買物	立松和平	たてまつ わへい
218	01.02-5	79-02	ヴェルサイユを撮る	南川三治郎	みなみかわさんじろう
219	01.02-6	79-02	戦火の下のコンサート	星 吉昭	ほし よしあき
220	01.02-7	79-02	ハノイの朝食	南條竹則	なんじょうたけのり
221	01.02-8	79-02	カストロ議長との昼食	松井孝典	まついたかふみ
222	01.02-9	79-02	FT革命	小泉武夫	こいずみたけお
223	01.02-10	79-02	「静粛に！」	木村尚三郎	きむらしょうさぶろう
224	01.03-1	79-03	陸軍幹部候補生	池部 良	いけべ りょう
225	01.03-2	79-03	「ヘルフゴット現象」	中村紘子	なかむら ひろこ
226	01.03-3	79-03	環境とともに生きる世紀	安藤忠雄	あんどうただお
227	01.03-4	79-03	ロシア帰りの日本映画	山根貞男	やまねさだお
228	01.03-5	79-03	これも一種の学歴信仰	米原万里	よねはらまり
229	01.03-6	79-03	新しい「学問のすすめ」	小山慶太	こやまけいた
230	01.03-7	79-03	ロダンと花子	資延 勲	すけのぶいさお
231	01.03-8	79-03	楽しき哉活弁	澤登 翠	さわとみどり
232	01.03-9	79-03	三人の首相	大河内昭爾	おおこうちしょうじ
233	01.03-10	79-03	宗十郎の死	池内 紀	いけうちおさむ
234	01.04-1	79-04	気配りとずるさ	山内昌之	やまうちまさゆき
235	01.04-2	79-04	猫の死	養老孟司	ようろうたけし
236	01.04-3	79-04	自分の流儀	大石 静	おおいししずか

通し篇番号	年・月	巻・号	題　名	筆　者	読み仮名
237	01.04-4	79-04	「真剣教育」の不在	藤原新也	ふじわらしんや
238	01.04-5	79-04	紫尾村酒寄のこと	海老沢泰久	えびさわやすひさ
239	01.04-6	79-04	上等な世の中	奥本大三郎	おくもとだいさぶろう
240	01.04-7	79-04	大統領とゴルフ	池井　優	いけいまさる
241	01.04-8	79-04	「公金費消」の告白	佐伯彰一	さえきしょういち
242	01.04-9	79-04	パニック障害とつきあって十年	南木佳士	なぎけいし
243	01.04-10	79-04	猫	杉本秀太郎	すぎもとひでたろう
244	01.05-1	79-05	まだだ、まだ……	辺見　庸	へんみよう
245	01.05-2	79-05	同人誌『ほほづゑ』のこと	福原義春	ふくはらよしはる
246	01.05-3	79-05	矢毒と麻酔	天木嘉清	あまきよしきよ
247	01.05-4	79-05	虎口に立った男たち	上坂冬子	かみさかふゆこ
248	01.05-5	79-05	彗星の光芒―井田真木子死去	関川夏央	せきかわなつお
249	01.05-6	79-05	ソウル最初の小津映画	田中眞澄	たなかまさすみ
250	01.05-7	79-05	白髪と大入道	寺内大吉	てらうちだいきち
251	01.05-8	79-05	栄光のエリート号と哀れなおかま牛	森　英介	もりえいすけ
252	01.05-9	79-05	台湾に響いた「サウンド・オブ・ピース」	児玉麻里	こだままり
253	01.05-10	79-05	古代文明を考える	吉村作治	よしむらさくじ
254	01.06-1	79-06	読書の運命	森本哲郎	もりもとてつろう
255	01.06-2	79-06	千二百字が生んだ物語	最相葉月	さいしょうはづき
256	01.06-3	79-06	バドーリオの館で勲章を	澤口知之	さわぐちのりゆき
257	01.06-4	79-06	脳ブームと脳科学	野村　進	のむらすすむ
258	01.06-5	79-06	南極が開かれる日	神沼克伊	かみぬまかつただ

通し篇番号	年・月	巻・号	題　名	筆　者	読み仮名
259	01.06-6	79-06	遺影という能面	中西　進	なかにしすすむ
260	01.06-7	79-06	イタリア・シルバー珍道中	久田　恵	ひさだめぐみ
261	01.06-8	79-06	がん免疫療法はうさん臭いか	江川滉二	えがわこうじ
262	01.06-9	79-06	万引きの綱領	池上永一	いけがみえいいち
263	01.06-10	79-06	古書街の変貌	逢坂　剛	おうさかごう
264	01.07-1	79-07	「ニュートン」とともに二十年	竹内　均	たけうちひとし
265	01.07-3	79-07	世界最大書店の誕生始末記	工藤恭孝	くどうやすたか
266	01.07-4	79-07	クレオパトラは招く	牟田口義郎	むたぐちよしろう
267	01.07-5	79-07	居候四週間	玄　月	げんげつ
268	01.07-6	79-07	森のペンギン、砂漠のペンギン	川端裕人	かわばたひろと
269	01.07-7	79-07	日本人だってアメリカ人じゃないか	田作朋雄	たさくともお
270	01.07-8	79-07	菊池寛と松本清張	平岡敏夫	ひらおかとしお
271	01.07-9	79-07	フジタツグジ先生の庭	梶山俊夫	かじやまとしお
272	01.07-10	79-07	行倒れ、そして仇討	吉村　昭	よしむらあきら
273	01.08-1	79-08	新しい教養教育について	阿部謹也	あべきんや
274	01.08-2	79-08	書けなかったこと	中丸美繪	なかまるよしえ
275	01.08-3	79-08	いっこく堂の秘密	藤井青銅	ふじいせいどう
276	01.08-4	79-08	避けては通れぬグリム	大庭みな子	おおばみなこ
277	01.08-5	79-08	刃のゆくえ	鳥越俊太郎	とりごえしゅんたろう
278	01.08-6	79-08	作家の財産	幸田真音	こうだまいん
279	01.08-7	79-08	イエス、イッツ・ミー	山本一力	やまもといちりき
280	01.08-8	79-08	素晴らしき「料理力」	小林カツ代	こばやしかつよ

通し篇番号	年・月	巻・号	題　　名	筆　者	読み仮名
281	01.08-9	79-08	若い国	尾崎　護	おざきまもる
282	01.08-10	79-08	ロスの王朝絵巻	田辺聖子	たなべせいこ
283	01.09-1	79-09	十七歳の日記	岸田今日子	きしだきょうこ
284	01.09-2	79-09	向田脚本は覚えやすい	鴨下信一	かもしたしんいち
285	01.09-3	79-09	朝令暮改の時代	福島敦子	ふくしまあつこ
286	01.09-4	79-09	チョモランマへの道	石川直樹	いしかわなおき
287	01.09-5	79-09	イキのいい男求む	室井佑月	むろいゆづき
288	01.09-6	79-09	「飛鳥」対「ばしふぃっくびいなす」	内田康夫	うちだやすお
289	01.09-7	79-09	幸せな奴は芝居なんかしない	もたいまさこ	もたいまさこ
290	01.09-8	79-09	二十九年間の模写作業	大野俊明	おおのとしあき
291	01.09-9	79-09	手帖の話	五味由珠子	ごみゆふこ
292	01.09-10	79-09	いいにくい話	山田太一	やまだたいち
293	01.10-1	79-10	中腹にて見下ろし、見上げること	福井晴敏	ふくいはるとし
294	01.10-2	79-10	少女のマジック	瀬戸正人	せとまさと
295	01.10-3	79-10	京都、五山送り火	麻生圭子	あそうけいこ
296	01.10-4	79-10	夢のマウンド、マウンドの夢	周防正行	すおうまさゆき
297	01.10-5	79-10	男の更年期	はらたいら	はらたいら
298	01.10-6	79-10	予防を躊躇〈ためら〉う日本人	江畑謙介	えばたけんすけ
299	01.10-7	79-10	強情な猫	車谷長吉	くるまたにちょうきち
300	01.10-8	79-10	旅のコレクションは語る	兼高かおる	かねたかかおる
301	01.10-9	79-10	散る	小沢昭一	おざわしょういち
302	01.10-10	79-10	母の草むしり	藤堂志津子	とうどうしづこ

通し篇番号	年・月	巻・号	題　名	筆　者	読み仮名
303	01.11-1	79-13	幻の男	北村　薫	きたむらかおる
304	01.11-2	79-13	アフリカのエイズ禍	石　弘之	いしひろゆき
305	01.11-3	79-13	俳優の著書から	宇江佐真理	うえざまり
306	01.11-4	79-13	肺癌と海釣り	石高健次	いしだかけんじ
307	01.11-5	79-13	コソボの日の丸	河崎一夫	かわさきかずお
308	01.11-6	79-13	新たなる人間圏の構築	松井孝典	まついたかふみ
309	01.11-7	79-13	ピアニストのお尻	青柳いづみこ	あおやぎいずみこ
310	01.11-8	79-13	ああ新品のわが家	池部　良	いけべりょう
311	01.11-9	79-13	最新翻訳事情	大岡　信	おおおかまこと
312	01.11-10	79-13	鈴虫のはなし	庄野潤三	しょうのじゅんぞう
313	01.12-1	79-14	考える場所―司馬遼太郎記念館	安藤忠雄	あんどうただお
314	01.12-2	79-14	大使閣下と寅さん	廣淵升彦	ひろぶちますひこ
315	01.12-3	79-14	さらばつるや	団　鬼六	だんおにろく
316	01.12-4	79-14	難病同士でベンチャー起業	串間　努	くしまつとむ
317	01.12-5	79-14	日本甲冑〈ジャパニーズ・アーマー〉の美	笹間良彦	ささまよしひこ
318	01.12-6	79-14	ブルカで国境越え	東郷　隆	とうごうりゅう
319	01.12-7	79-14	離婚のち夏休み	井上麻矢	いのうえまや
320	01.12-8	79-14	九番＆十番手術室	後藤正治	ごとうまさはる
321	01.12-9	79-14	アフガンへ、旧式のマイクにのせて	秋島百合子	あきしまゆりこ
322	01.12-10	79-14	緊急事態	津村節子	つむらせつこ
323	02.01-1	80-01	秘密のコレクション	中野　翠	なかのみどり
324	02.01-2	80-01	牧師志望が社長に	池田守男	いけだもりお

通し篇番号	年・月	巻・号	題　名	筆　者	読み仮名
325	02.01-3	80-01	美味しい牛肉と不味いカンガルー肉	上橋菜穂子	うえはしなほこ
326	02.01-5	80-01	夕刊やめるべし	徳岡孝夫	とくおかたかお
327	02.01-6	80-01	奇妙な符合	小野光則	おのみつのり
328	02.01-7	80-01	長すぎたイタリア	豊福知徳	とよふくとものり
329	02.01-8	80-01	夢のゆくえ	土岐迪子	ときみちこ
330	02.01-9	80-01	「誤認逮捕」三十二年目の核心	祝　康成	いわいやすなり
331	02.01-10	80-01	アフガニスタン	南條範夫	なんじょうのりお
332	02.03-1	80-03	横綱の重み	内館牧子	うちだてまきこ
333	02.03-2	80-03	メール・マガジン発刊の手引き	池澤夏樹	いけざわなつき
334	02.03-3	80-03	ご退院	八木貞二	やぎていじ
335	02.03-4	80-03	いのちのつながり	本橋成一	もとはしせいいち
336	02.03-5	80-03	トミーという名のひいおじいさま	長野智子	ながのともこ
337	02.03-6	80-03	船医をするなら調査船	永井　明	ながいあきら
338	02.03-7	80-03	サッカーW杯もう一つの楽しみ	加部　究	かべきわむ
339	02.03-8	80-03	「右大臣さま」との和解	岩倉具忠	いわくらともただ
340	02.03-9	80-03	書道ぎらい変節す？	高島俊男	たかしまとしお
341	02.03-10	80-03	言葉のこと、さまざま	平岩弓枝	ひらいわゆみえ
342	02.04-1	80-04	鯖漁師と蒲鉾	塩田丸男	しおだまるお
343	02.04-2	80-04	顔のある技術を	小口泰平	おぐちやすへい
344	02.04-4	80-04	『白虎隊』その後	中村彰彦	なかむらあきひこ
345	02.04-5	80-04	教育公務員特例法	中嶋嶺雄	なかじまみねお
346	02.04-6	80-04	マリアの報い	前川麻子	まえかわあさこ

通し篇番号	年・月	巻・号	題　名	筆　者	読み仮名
347	02.04-7	80-04	ことばの変化と乱れ	松井栄一	まついしげかず
348	02.04-8	80-04	半世紀前の「はずかし」漫画	小松左京	こまつさきょう
349	02.04-9	80-04	シルクロードの"日本人伝説"	嶌　信彦	しまのぶひこ
350	02.04-10	80-04	乗りかかった船	上坂冬子	かみさかふゆこ
351	02.05-1	80-06	大統領と戯れ絵	山藤章二	やまふじしょうじ
352	02.05-2	80-06	江沢民主席専用機盗聴事件	鍛治俊樹	かじとしき
353	02.05-3	80-06	前略、北の湖親方	澤村田之助	さわむらたのすけ
354	02.05-4	80-06	医師のお墨つき	服部真澄	はっとりますみ
355	02.05-5	80-06	忍郷〈おしごう〉の子供達	諸井　虔	もろいけん
356	02.05-6	80-06	物さまざまの価値	芦田　淳	あしだじゅん
357	02.05-7	80-06	イデオロギーフリーな天皇制論議	笠原英彦	かさはらひでひこ
358	02.05-8	80-06	ウォトカの誕生日	米原万里	よねはらまり
359	02.05-9	80-06	早すぎた「イムジン河」	きたやまおさむ	きたやまおさむ
360	02.05-10	80-06	スタインの墓	陳　舜臣	ちんしゅんしん
361	02.06-1	80-07	突然消えてゆく	坪内祐三	つぼうちゆうぞう
362	02.06-2	80-07	「ジャズ喫茶」今昔	寺島靖国	てらしまやすくに
363	02.06-3	80-07	太宰治の「妻」	長部日出雄	おさべひでお
364	02.06-4	80-07	レストランの地主となって	西部　邁	にしべすすむ
365	02.06-5	80-07	三杯屋	太田和彦	おおたかずひこ
366	02.06-6	80-07	三人の男たちの手紙	神坂次郎	こうさかじろう
367	02.06-7	80-07	「待つ人」の心	乃南アサ	のなみあさ
368	02.06-8	80-07	チャーチルのホテル	稲葉なおと	いなばなおと

通し篇番号	年・月	巻・号	題　名	筆　者	読み仮名
369	02.06-9	80-07	奇跡を導く力	野沢　尚	のざわひさし
370	02.06-10	80-07	江戸の富士山	高階秀爾	たかしなしゅうじ
371	02.07-2	80-08	生きている不思議	覚　和歌子	かくわかこ
372	02.07-3	80-08	権力者とゴシップ	野口武彦	のぐちたけひこ
373	02.07-4	80-08	ヨーロッパ唯一の仏教国への旅	大野　芳	おおのかおる
374	02.07-5	80-08	死語と遊ぶひととき	片岡義男	かたおかよしお
375	02.07-6	80-08	人の誇り	椎名素夫	しいなもとお
376	02.07-7	80-08	ああ怪物	吉田直哉	よしだなおや
377	02.07-8	80-08	老女の毒	時実新子	ときざねしんこ
378	02.07-9	80-08	半日ラマダン	サンプラザ中野	さんぷらざなかの
379	02.07-10	80-08	四百冊に達せず	笹沢左保	ささざわさほ
380	02.08-1	80-10	アメリカの中の歴史	赤川次郎	あかがわじろう
381	02.08-2	80-10	東京大学特別学生	神谷不二	かみやふじ
382	02.08-3	80-10	宇宙はひとつではない	柴門ふみ	さいもんふみ
383	02.08-4	80-10	タイマイの回帰を待つ	棚橋祐治	たなはしゆうじ
384	02.08-5	80-10	別世界より	穂村　弘	ほむらひろし
385	02.08-6	80-10	灰色の瞳	黒木　亮	くろきりょう
386	02.08-7	80-10	同世代の仕事	大石　静	おおいししずか
387	02.08-8	80-10	二十四分の一秒の相撲	高橋　治	たかはしおさむ
388	02.08-9	80-10	赤いしみ	星野博美	ほしのひろみ
389	02.08-10	80-10	麹町育ち	串田孫一	くしだまごいち
390	02.09-1	80-11	いらぬオマケ	赤瀬川原平	あかせがわげんぺい

通し篇番号	年・月	巻・号	題　名	筆　者	読み仮名
391	02.09-2	80-11	ハマに笑いのいい風を	玉置　宏	たまおきひろし
392	02.09-3	80-11	ラジオ・デイズ	奥田英郎	おくだひでお
393	02.09-4	80-11	御子マヨワと王子ハムレット	三浦佑之	みうらすけゆき
394	02.09-5	80-11	フランス映画の復活	今泉幸子	いまいずみゆきこ
395	02.09-6	80-11	呻吟する学生たち	斎藤貴男	さいとうたかお
396	02.09-7	80-11	韓くにへ	黛まどか	まゆずみまどか
397	02.09-8	80-11	琵琶湖よ、何処へいった	今森光彦	いまもりみつひこ
398	02.09-9	80-11	長篇小説のネット連載	大西巨人	おおにしきょじん
399	02.09-10	80-11	金婚を祝う	中野孝次	なかのこうじ
400	02.10-1	80-13	不便さの効用	坂村　健	さかむらけん
401	02.10-2	80-13	夫婦別姓、ある一家の物語	高市早苗	たかいちさなえ
402	02.10-3	80-13	父、永野護と『敗戦真相記』	永野　健	ながのたけし
403	02.10-4	80-13	日印泰中を巡る鐘の音	田村能里子	たむらのりこ
404	02.10-5	80-13	英国本屋道中ひざくりげ	若竹七海	わかたけななみ
405	02.10-6	80-13	三度目のカンヌ	小林政広	こばやしまさひろ
406	02.10-7	80-13	一葉と半世紀	幸田弘子	こうだひろこ
407	02.10-8	80-13	二十四歳の遍路	月岡祐紀子	つきおかゆきこ
408	02.10-9	80-13	マエストロと阿吽の呼吸で	猪狩光弘	いがりみつひろ
409	02.10-10	80-13	草津の重監房	加賀乙彦	かがおつひこ
410	02.11-1	80-14	新世紀の笑ひもの	阿川弘之	あがわひろゆき
411	02.11-2	80-14	鎌倉かるた	三木　卓	みきたく
412	02.11-3	80-14	役を勤める	松本幸四郎	まつもとこうしろう

通し番号	年・月	巻・号	題名	筆者	読み仮名
413	02.11-4	80-14	「北の国から」	倉本 聰	くらもとそう
414	02.11-5	80-14	「よど号」の三十二年	久能 靖	くのうやすし
415	02.11-6	80-14	自伝信ずべからず…	小林俊一	こばやししゅんいち
416	02.11-7	80-14	田島先生の伝記を終えて	加藤恭子	かとうきょうこ
417	02.11-8	80-14	歌舞伎批評家の陳述書	上村以和於	かみむらいわお
418	02.11-9	80-14	真夜中の美空ひばり	南里慎二	なんりしんじ
419	02.11-10	80-14	裸一貫、父と娘と	若合春侑	わかいすう
420	02.11-11	80-14	胡堂先生にインタヴュウ	三好 徹	みよしとおる
421	02.12-1	80-15	「点と線」が生んだ金メダル	長田渚左	おさだなぎさ
422	02.12-2	80-15	風化しない八十歳の"武人"	山下幸秀	やましたゆきひで
423	02.12-3	80-15	長い一日	鈴木光司	すずきこうじ
424	02.12-4	80-15	拡大EUの同時通訳欠乏症	倉田保雄	くらたやすお
425	02.12-5	80-15	"パンデミック"を描く	瀬名秀明	せなひであき
426	02.12-6	80-15	特殊潜航艇発見	大谷 勲	おおたにいさお
427	02.12-7	80-15	虫のいる家	武田 花	たけだはな
428	02.12-8	80-15	鮎川先生と鎌倉	有栖川有栖	ありすがわありす
429	02.12-9	80-15	美しい邦題をふたたび	眞淵 哲	まぶちさとし
430	02.12-10	80-15	小説的な人	桐野夏生	きりのなつお
431	03.01	81-01	国民との架け橋に	高橋 紘	たかはしひろし
432	03.01	81-01	町内十番以内	川上弘美	かわかみひろみ
433	03.01	81-01	骨董市のみそっかす	菊地信義	きくちのぶよし
434	03.01	81-01	ロシアびいきのチェチェン嫌い	浜崎紘一	はまざきこういち

通し篇番号	年・月	巻・号	題　　名	筆　　者	読み仮名
435	03.01	81-01	こころの森	安藤忠雄	あんどうただお
436	03.01	81-01	韓国から文化勲章をいただいて	佐藤忠男	さとうただお
437	03.01	81-01	いでよ、ダーティハリー	砂守勝巳	すなもりかつみ
438	03.01	81-01	忘れられた社会学者	苅谷剛彦	かりやたけひこ
439	03.01	81-01	児玉隆也さんと「田中角栄研究」	塩田　潮	しおたうしお
440	03.01	81-01	欧州最南端にて	村上　龍	むらかみりゅう
441	03.02	81-02	テレビ政治の名優・小泉首相	渡辺恒雄	わたなべつねお
442	03.02	81-02	母の死	高橋源一郎	たかはしげんいちろう
443	03.02	81-02	バーへの異業種参入	中条　潮	ちゅうじょううしお
444	03.02	81-02	女は燃え続ける	小池真理子	こいけまりこ
445	03.02	81-02	バチカンを撮る	辻村國弘	つじむらくにひろ
446	03.02	81-02	景気と推理小説	猪木武徳	いのきたけのり
447	03.02	81-02	死ぬまで現役	本宮ひろ志	もとみやひろし
448	03.02	81-02	第二のアメリカ	松尾文夫	まつおふみお
449	03.02	81-02	落語のイメージ	立川志らく	たてかわしらく
450	03.02	81-02	浜ゆうのはなし	庄野潤三	しょうのじゅんぞう
451	03.03	81-03	虫の楽園の夢	奥本大三郎	おくもとだいさぶろう
452	03.03	81-03	新訳『夜と霧』の内側	池田香代子	いけだかよこ
453	03.03	81-03	袖闇〈そでやみ〉の柝〈き〉	浅田次郎	あさだじろう
454	03.03	81-03	帳尻	佐藤英彦	さとうひでひこ
455	03.03	81-03	男の顔	福井　惇	ふくいあつし
456	03.03	81-03	「これが最後」	小倉智昭	おぐらともあき

通し篇番号	年・月	巻・号	題　名	筆　者	読み仮名
457	03.03	81-03	大学入試はインドに学べ	芳沢光雄	よしざわみつお
458	03.03	81-03	私の異国行脚	鈴木れいこ	すずきれいこ
459	03.03	81-03	私とは何か	中島義道	なかじまよしみち
460	03.03	81-03	ひとり遊びぞ…	連城三紀彦	れんじょうみきひこ
461	03.04	81-05	国立大学法人化雑感	佐々木　毅	ささきたけし
462	03.04	81-05	執刀医の恐怖	南淵明宏	なぶちあきひろ
463	03.04	81-05	私の理想のクルマ	徳大寺有恒	とくだいじありつね
464	03.04	81-05	雨の日と月曜日と不吉な声	小池昌代	こいけまさよ
465	03.04	81-05	屋上に立つドア	池内　恵	いけうちさとし
466	03.04	81-05	作られた日韓友好のシンボル	荒山　徹	あらやまとおる
467	03.04	81-05	濫の中のエネルギー―江戸っ子寸考	童門冬二	どうもんふゆじ
468	03.04	81-05	ワイナリーをつくる	玉村豊男	たまむらとよお
469	03.04	81-05	本を端から端まで読もう	河合隼雄	かわいはやお
470	03.04	81-05	これでいいのだ	重松　清	しげまつきよし
471	03.05	81-06	人生の転機	葛西敬之	かさいよしゆき
472	03.05	81-06	朝河先生の宿題	加藤良三	かとうりょうぞう
473	03.05	81-06	映画『スパイ・ゾルゲ』で引退する夫	岩下志麻	いわしたしま
474	03.05	81-06	神宮は古くて常に新しい	北白川道久	きたしらかわみちひさ
475	03.05	81-06	都新聞とパソコン	矢野誠一	やのせいいち
476	03.05	81-06	入れ込む	湯本香樹美	ゆもとかずみ
477	03.05	81-06	鼎の中	鈴木清順	すずきせいじゅん
478	03.05	81-06	インド在住六十五年目の死	小島　卓	こじまたく

通し篇番号	年・月	巻・号	題　　名	筆　者	読み仮名
479	03.05	81-06	ロシアの笑い	小林和男	こばやしかずお
480	03.05	81-06	『en-taxi』創刊始末	福田和也	ふくだかずや
481	03.06	81-07	「はじまり」の「前」	堀江敏幸	ほりえとしゆき
482	03.06	81-07	父の万年筆	麻木久仁子	あさぎくにこ
483	03.06	81-07	レームブルックの復権	伊坂重孝	いさかしげたか
484	03.06	81-07	泥棒遭遇記	續　素美代	つづきすみよ
485	03.06	81-07	わが登山は花粉熱	中島誠之助	なかじませいのすけ
486	03.06	81-07	財布の紐	志水辰夫	しみずたつお
487	03.06	81-07	北京大学の第二教室	工藤俊一	くどうとしいち
488	03.06	81-07	仔猫リアを抱いて	朝倉　摂	あさくらせつ
489	03.06	81-07	日本人へ一　イラク戦争を見ながら	塩野七生	しおのななみ
490	03.07	81-08	筍文化	阿川弘之	あがわひろゆき
491	03.07	81-08	老いの夢	瀬戸内寂聴	せとうちじゃくちょう
492	03.07	81-08	紀宮様のお誕生日に	山岸　哲	やまぎしさとし
493	03.07	81-08	映画と料理	酒井園子	さかいそのこ
494	03.07	81-08	地球の上に朝がくる	池内　紀	いけうちおさむ
495	03.07	81-08	「魂のヴァカンス」から帰って	松山　猛	まつやまたけし
496	03.07	81-08	ナポリのピッツアを東京で	渡辺怜子	わたなべれいこ
497	03.07	81-08	グラウンド・ゼロのあとに	坂　茂	ばんしげる
498	03.07	81-08	鈍行列車と四人掛ボックス席と一人旅	西村京太郎	にしむらきょうたろう
499	03.07	81-08	日本人へ・二　アメリカではなくローマだったら	塩野七生	しおのななみ
500	03.08	81-10	「暫〈しばらく〉」	永山武臣	ながやまたけおみ

あとがき

　本書は、平成18年度科学研究費補助金（研究成果公開促進費）「学術図書」（課題番号　185081）の交付を受けて刊行されるものである。

　『文藝春秋』のバックナンバーを探してコピーするところから始まったこの研究が、このたびようやく1冊の書となったことに、ほっとしている。
　はじめの計画では、研究対象とした『文藝春秋』巻頭随筆500編すべてを、データベース化して、付録のようにしてつけることにしていた。ところが、エクセルのデータにすること自体が、なかなか困難であることに加え、著作者の許諾という壁があった。文藝春秋社知財法務部は、学術使用ということで、著者さえ良いと言えば、問題ないが、個人情報保護法でそれぞれの著者の住所を教えるわけにはいかないということであった。自力で500人分調べるには時間も人手もなかったので、今回はそれを見送らざるをえなかった。
　論文における用例としての記述の方法自体も変更を迫られた。とくに、テクスト全体を問題にするときには、1つの随筆の全文を掲載せざるをえなかったが、それを最低限に絞り、その中で著作者の住所を調べ、許諾のお尋ねをした。ここに全文掲載をした随筆は、著作者に各人が聞き合わせて許可を貰ったものである。お返事がなかったものに関しては「否」ということだと解釈し、全文掲載を見送った。
　テクスト分析においては、実際の文章を材料としてこそ、得られる成果が多いと思われる。また、新しい分野であるだけに、材料を公開して広く議論

をしていくことも大切である。今回は1年間しか猶予がなかったので見送ったが、今後、この随筆500編をデータベース化することを1つの目標とし、いろいろな角度から分析を継続して行いたい。また、ウェブ上での「全文検索時代」に、著作権のありかた、引用のマナーとはどうあるべきか、ということについても談話・文章研究者は真剣に議論し、そのこと自体を研究対象にしてもよいくらいの、重要なことであると痛感した。

　最後になってしまったが、科研の研究会から始まって、何かと手間取り、要領の悪い私に耐え、いろいろな面で助けてくださった、新屋映子、立川和美の両氏にお詫びと感謝を申し上げたい。
　そして、ひつじ書房の松本功氏、宮島紘子氏、森脇尊志氏の温かくも厳しい叱咤激励は身に沁みた。心より感謝申し上げたい。

2007年1月12日
申請代表者　　高崎みどり

索引

事項索引

あ
アイキャッチャー　103
アフォリズム　204
暗示的　106
引用　104
エッセイ　201, 204, 206

か
過去形　62
漢語動名詞　137
感動詞　22
観念指示　18, 26, 39
"疑似引用"的　106
形容詞的な名詞述語　139
結束性　17, 20, 40, 45, 48, 93
現場指示　6, 18, 39
語彙としてのネットワーク　98
語彙論　74
広義引用表現　105, 107, 110
後方指示　44
後方照応　8
後方照応（cataphora）　7
国立国語研究所1981　3
後項指定文　141

「こと」　129, 144, 145, 156, 158
固有名詞　100

さ
「～さ」　139
時空的枠組み　161
指示表現に係る助詞　40
指定文　141
ジャンル　29, 34, 40, 46
職業名　78
真髄規定　135
数詞　100
接続詞　20
絶対指示　18, 24, 39
前項指定文　141, 146
前方照応（anaphora）　7
措定文　128
措定文〈1〉　128, 129
措定文〈2〉　128, 135

た
題名　77
段落冒頭　37
中立叙述文　150, 151
徒然草　195, 196
テクスト外指示（deixis）　28
テクスト外的指示（exphora）　7
テクスト内的指示（endophora）　7
"テクストの構造"　57
東斎随筆　193
時を表す名詞　144

な
人称代名詞　100

は
「話」　157
パラテクスト　76
境界テクスト　90
反復のなされ方のパターン　79
非過去形　62
ヒト名詞　132, 144
文章の一般的性質　75
文体　71
文末形式　59
文脈　69
文脈指示　6, 19
文脈指示のコ　38
分類語彙表　93
分裂文　143
本質規定　135

ま
枕草子　195, 196
無主語名詞文　152
無前提後項指定文　141, 147
名詞句独立文　159
名詞中心言語　178
明示的　105
名詞文　121, 123
モダリティ　59, 68
持ち込み詞　5
「もの」　129

や
容斎随筆　194

ら
類比（analogy）　99
「連続」　138
連体構造　154

anaphora(前方指示) 10
cataphora(後方指示) 10
cehesion(結束性) 11
deixis(現場指示) 10
demonstrative 10
Essay 201
Field 190
Genre 188
Mode 190
reference(指示・照応) 10
Register 189, 192
Tenor 190
textual reference(文脈指示) 10

人名索引

あ

芥川龍之介 198
飯間浩明 159
庵功雄 8, 18
五十嵐力 186
池上嘉彦 6, 57, 131
市川孝 4, 20, 75, 186

か

亀山恵 9
川端善明 154
金恩愛 178
金水敏・田窪行則 3, 7
熊本千明 149
グロード, P. & ルエット, J. F. 202
小池清治 153

さ

阪倉篤義 187
佐久間鼎 3
定延利之 56
佐藤里美 133
柴田宵曲他 195
ジュネット、ジュラール 76
砂川有里子 149

た

瀧田恵巳 8
坪内逍遥 185
坪本篤朗 160, 165
時枝誠記 3, 4
長田久男 5

な

野田尚史 160

は

萩原朔太郎 205
波多野完治 171, 186
馬場俊臣 8
林四郎 6, 171
春木仁孝 9
平井昌夫 186
平澤洋一 187
ボウグランド 57
堀口和吉 18

ま

前田愛 90
三上章 153
森田良行 8
諸橋轍次 193

や

山村毅・大西昇・杉江昇 9
吉田精一 188, 197, 200
吉本啓 7, 19

ら

ロッジ、ディヴィッド 90

Brown, G. & Yule, G. 12
Georgakpoulou, A. & Goutsos, D. 190
Halliday, M. A. K. & Hasan, R. 11, 20
Halliday, M. A. K. 190
Just, K. G. 202
Longacre, J. L. 191
Martin, J. R. 192
Wales, K. 10, 189

執筆者紹介

高崎みどり（たかさき　みどり）（Excerpt・序章・3章）
　名古屋市生まれ、お茶の水女子大学大学院人文科学研究科日本文学専攻修了、文教大学文学部、明治大学商学部等を経て2004年4月から現職。
　現在、お茶の水女子大学文教育学部言語文化学科日本語日本文学講座教授。
　主な著書に『表現学大系　現代小説の表現三』（共著　教育出版センター）、『日本語表現ガイダンス』（共著　おうふう）などがある。

新屋映子（しんや　てるこ）（Excerpt・序章・4章）
　広島市生まれ、東京外国語大学外国語学研究科修了、現在、桜美林大学教授。
　主な著書、論文に「'文末名詞'について」（『国語学』159）、『日本語教科書の落とし穴』（アルク　共著）、『日本語運用文法』（凡人社　共著）、「形容詞派生の名詞「〜さ」を述語とする文の性質」（『日本語の研究』2-4）などがある。

立川和美（たちかわ　かずみ）（Excerpt・序章・1章・2章・5章）
　埼玉県生まれ、東京大学大学院総合文化研究科言語情報科学専攻博士課程修了、私立山脇学園中学・高等学校教諭を経て現職。
　現在、流通経済大学専任講師。
　主な論文に、「説明文のマクロ構造把握に関する研究—国語教育の実態とその応用に向けて—」（東京大学大学院博士論文、1997年）、「中心文及びトピックセンテンスに関する再考察—中核文認定への提案—」（『文体論研究』46）、「テクストにおける結束構造に関する一考察—文段成立のマーカーとしての「のだ」文の機能—」（『文体論研究』48）などがある。

ひつじ研究叢書〈言語編〉第51巻
日本語随筆テクストの諸相

発行	2007年2月20日　初版1刷
定価	6800円+税
著者	©高崎みどり・新屋映子・立川和美
発行者	松本　功
本文フォーマット	向井裕一(glyph)
印刷所	三美印刷株式会社
製本所	田中製本印刷株式会社
発行所	株式会社 ひつじ書房
	〒112-0002 東京都文京区小石川5-21-5
	Tel.03-5684-6871　Fax.03-5684-6872
	郵便振替 00120-8-142852
	toiawase@hituzi.co.jp　http://www.hituzi.co.jp

ISBN978-4-89476-327-2

造本には充分注意しておりますが、落丁・乱丁などがございましたら、小社かお買上げ書店にておとりかえいたします。ご意見、ご感想など、小社までお寄せ下されば幸いです。